本书获西南财经大学马克思主义生活哲学研究中心资助出版

马克思主义研究文库

马克思自由时间思想研究
——基于《资本论》及其手稿的文本分析

况 达 | 著

光明日报出版社

图书在版编目（CIP）数据

马克思自由时间思想研究：基于《资本论》及其手稿的文本分析 ／ 况达著 . -- 北京：光明日报出版社，2022.12

ISBN 978 - 7 - 5194 - 7068 - 5

Ⅰ.①马… Ⅱ.①况… Ⅲ.①马克思主义—时间学—研究 Ⅳ.①A811.64

中国版本图书馆 CIP 数据核字（2022）第 253714 号

马克思自由时间思想研究：基于《资本论》及其手稿的文本分析
MAKESI ZIYOU SHIJIAN SIXIANG YANJIU：JIYU《ZIBENLUN》JIQI SHOUGAO DE WENBEN FENXI

著　　者：况　达	
责任编辑：许　怡	责任校对：王　娟　李佳莹
封面设计：中联华文	责任印制：曹　净

出版发行：光明日报出版社

地　　址：北京市西城区永安路 106 号，100050

电　　话：010-63169890（咨询），010-63131930（邮购）

传　　真：010-63131930

网　　址：http：//book. gmw. cn

E - mail：gmrbcbs@ gmw. cn

法律顾问：北京市兰台律师事务所龚柳方律师

印　　刷：三河市华东印刷有限公司

装　　订：三河市华东印刷有限公司

本书如有破损、缺页、装订错误，请与本社联系调换，电话：010-63131930

开　　本：170mm×240mm

字　　数：260 千字　　　　　　印　　张：17

版　　次：2023 年 8 月第 1 版　　印　　次：2023 年 8 月第 1 次印刷

书　　号：ISBN 978 - 7 - 5194 - 7068 - 5

定　　价：95.00 元

摘 要

自由时间问题是关涉人的生存方式和社会价值的重大议题,不仅在马克思思想中占有重要地位,而且长期以来是马克思主义研究中的一个难点。马克思发现,自18世纪工业革命爆发以来,社会生产力的空前发展缩短了必要劳动时间,但人类的自由时间非但没有增加,相反,现代人的劳动时间反而比古代人更长了,自由时间匮乏成为现代人面临的严峻生存考验。围绕工业社会的自由时间悖论,马克思运用唯物史观、剩余价值理论与科学社会主义理论,全面批判了资本逻辑对自由时间的宰制,科学剖析了劳动人民自由时间匮乏的历史形态、内在机理及解决进路,深刻揭示了人类解放的时间向度。

从文本研究的视域看,《资本论》及其手稿是马克思系统论述自由时间问题的核心著作,而且马克思自由时间思想在这几部文本中呈现高度理论化和科学化的表达。大力开掘《资本论》及其手稿的自由时间思想,有利于全面把握马克思自由时间思想的丰富内涵,深刻理解马克思自由时间思想的理论价值,积极回应具有战略高度和现实紧迫感的当代课题,推动马克思主义的当代化。本书主要围绕三个方面展开论述:

第一,梳理马克思自由时间思想的历史逻辑、理论逻辑和实践逻辑。鉴于理论界长期以来缺乏深入分析马克思自由时间思想的相关学理,论文从三个方面予以澄清。首先,探寻马克思自由时间思想的精神史逻辑和形成史逻辑,即古希腊"劳动—闲暇"二元论转向空想社会主义"劳动—闲暇"融合论的演变逻辑,以及马克思从基督教"堕落—拯救"的永生时间观转向历史唯物主义"苦难—解放"的自由时间观的发展逻辑。其次,厘清马克思自由时间思想的双重理论逻辑——生产逻辑与资本逻辑，以及双重逻辑的理论定向——科学社会主义。最后，揭示马克思自由时间思想的双重实践指向——阶级斗争和人类解放。

第二，阐明马克思自由时间思想的四大议题。鉴于理论界对马克思自由时间的内涵存有争议，以及欠缺对马克思自由时间议题的全面把握，本书从以下四个方面展开论述。首先，厘清马克思自由时间的科学内涵。马克思的自由时间作为一个变化的历史范畴，在不同的历史语境中具有政治经济学和哲学的双重含义。具体而言，在阶级社会语境中，自由时间主要指"脑力—体力"强制分工基础上的非劳动时间；在未来社会语境中，自由时间是指融合了"劳动—闲暇"的高质量生命时间。其次，阐述阶级与人类自由时间不平等的内在联系，即统治阶级占有剩余劳动的同时，还从中游离出用于人的发展的自由时间，从而导致人类物质条件和自由时间的双重不平等。再次，阐述资本剥夺工人自由时间的机理，即绝对剩余价值生产是剥夺工人自由时间的直接方式，而相对剩余价值的生产则是剥夺工人自由时间的隐蔽方式。最后，基于马克思自由时间思想双重逻辑的理论定向，阐明实现自由时间的根本道路是消灭私有制和消灭阶级的共产主义革命。

第三，检审马克思自由时间思想的地位、影响及启示。在深刻把握文本的基础上，本书认为，马克思的自由时间思想在其思想体系中具有基础性、全局性和战略性的理论地位，是贯通马克思思想逻辑整体性的一个重要支点；马克思自由时间思想在当代西方学界具有深远影响，其彰显的人类解放新意蕴启发和重构了西方学者对未来文明的想象。

目 录
CONTENTS

1 导 论 …………………………………………………… 1

  1.1 选题背景及价值 ……………………………… 1

  1.2 国内外研究现状 ……………………………… 11

  1.3 研究思路和方法 ……………………………… 25

  1.4 本书重难点与创新点 ………………………… 29

2 马克思自由时间思想的三重逻辑 ……………… 34

  2.1 《资本论》及其手稿自由时间思想的概况 ……… 34

  2.2 马克思自由时间思想的历史逻辑 …………… 49

  2.3 马克思自由时间思想的理论逻辑 …………… 77

  2.4 马克思自由时间思想的实践逻辑 …………… 84

3 自由时间的内涵 ……………………………………… 91

  3.1 马克思著作中的"时间"范畴 ……………… 91

  3.2 自由时间的内在规定 ………………………… 103

  3.3 自由时间与相关概念的澄清 ………………… 114

4 自由时间的不平等 …………………………………… 121

  4.1 自由时间不平等:问题的缘起 ……………… 121

  4.2 阶级:自由时间不平等的根源 ……………… 126

4.3　自由时间不平等的历史形态 ················· 132

5　自由时间的匮乏 ································· **149**
　5.1　劳动时间神话的文化祛魅：商品拜物教与新教伦理 ········· 150
　5.2　绝对剩余价值生产：剥夺工人自由时间的显性维度 ········· 157
　5.3　相对剩余价值生产：剥夺工人自由时间的隐形维度 ········· 169
　5.4　人类自由时间匮乏的生存困境与社会再生产的危机 ········· 181

6　自由时间的实现 ································· **198**
　6.1　共产主义的时间解放之路 ··················· 199
　6.2　共产主义的自由时间特点 ··················· 206
　6.3　共产主义的自由时间文明 ··················· 212

7　马克思自由时间思想的地位与影响 ··········· **221**
　7.1　马克思自由时间思想在马克思思想中的地位 ········· 221
　7.2　马克思自由时间思想对西方学界的影响 ········· 232

结　　语 ································· **240**
参考文献 ································· **243**
致　　谢 ································· **258**

1 导　论

1.1　选题背景及价值

1.1.1　选题背景

1. 现实背景

"时间都去哪儿了?"——自由时间匮乏无疑是当代人面临的严峻考验。20世纪50年代以降,西方步入服务业第三产业占主导的后工业社会①,引发了19世纪和20世纪初思想家未曾设想的新课题——自由时间的严重匮乏。丹尼尔·贝尔(Daniel Bell)指出,"社会主义者和自由派人士曾经谈论商品的匮乏;但是我指出的是,在后工业社会里会出现信息的匮乏和时间的匮

---

① 后工业社会概念是由美国社会学家丹尼尔·贝尔在1973年发表的《后工业社会的来临》一书中提出的。贝尔将人类社会发展的历史分为三个阶段:第一个阶段为前工业社会(或称农业社会),人们依赖于自然界提供的原料和人的体力,经济主要由农业、渔业、矿业和林业部门构成。农业社会的生存模式主要是"人与自然的竞争"。第二阶段为工业社会,人们对自然界的依赖减少,用能源代替体力,依靠技术和机器从事大规模的商品生产。经济主要由制造业、交通运输业和商业等部门构成。工业社会的生存模式主要是"人与机器的竞争"。第三阶段为后工业社会,人们以知识技术作为生产手段,主要是从事加工处理,其中电信和电脑对于信息和知识的交流极其重要。后工业社会的生存模式是"人与人的竞争"。与后工业社会相类似的用以描述当代资本主义新变化的术语主要还有"消费社会"(让·鲍德里亚)、"网络社会"(曼纽尔·卡斯特)、"风险社会"(乌尔里希·贝克)等。

乏。即使人类日益成为经济人，他们在支配休闲时间上仍然不可避免地存在着冷酷的分配问题"。① 时至今日，马克思在一百余年前批判的工人自由时间匮乏问题非但没有缓解，反而不断恶化。这集中表现在以下三个方面：

第一，劳动时间终身化。马克思在《资本论》中揭示了一条残酷铁律，即资本积累的基本趋势是将工人除吃饭睡眠之外的全部时间转变为劳动时间。② 乔纳森·克拉里（Jonathan Crary）用"24/7"概念诠释了晚期资本主义的劳动时间终身化趋势。克拉里在《24/7：晚期资本主义与睡眠的终结》中指出，"24/7"指的是一天24小时一周7天，人的每分每秒都被置于资本严密的时间规制；在资本主义的文化范式中，只有劳动时间才是资本增殖的源泉，资本逻辑与自由时间是不相容的；各大公司对人类有限的时间展开激烈竞争，企图占有和控制人们每天醒着的时间。克拉里认为，"24/7"时间范式作为资本逻辑的时间逻辑是晚期资本主义真实存在的时间结构，它模糊了常规工作日的概念，侵入并重构人类的日常生活领域，尽可能挤压那些不能带来资本增殖的生理时间耗费，如睡眠与生育。克拉里指出，人类睡眠时间的急剧减少贯穿整个20世纪，"如今北美成年人平均每晚睡大约6.5个小时，上一代人睡8个小时，20世纪初的人则要睡10个小时"。③ 美国著名的女性主义经济学家南希·福尔布雷（Nancy Folbre）认为，由于女性在生产与养育子女中要花费大量的个人时间和精力，而这些时间的耗费又不能给资本带来任何收益，因而劳动力市场强烈排斥女性的生育行为。步入21世纪，随着资本不断增加从妇女身上榨取的劳动时间，女性能够用于生育的时间不断减少。④ 美国人口学家罗纳德（Ronald R. Rindfuss）研究了国家妇女就业与生育率之间的关系后指出，工业化国家低生育率的症结在于妇女的劳动时

① 丹尼尔·贝尔. 后工业社会的来临 [M]. 高铦，等译. 北京：新华出版社，1997：15.

② 马克思. 资本论：第1卷 [M]. 北京：人民出版社，2004：294.

③ 乔纳森·克拉里. 24/7：晚期资本主义与睡眠的终结 [M]. 许多，等译. 北京：中信出版社，2015：15，18.

④ FOLBRE N. The Future of the Elephant-bird [J]. Population and Development Review, 1997, 23 (3)：23-24.

间过长。①

　　第二，自由时间不平等化。自由时间作为后工业社会的稀缺资源，被社会各阶级不平等占有，使得自由时间成为引人注目的阶级问题。让·鲍德里亚（Jean Baudrillard）在《消费社会》中指出，自由时间不平等已经成为一套社会阶级结构的符号编码，用以区分人的身份、名誉和社会等级；"城市工业界的影响使得新的稀有之物出现：空想和时间……一些过去无须花钱唾手可得的财富却变成了唯有特权者才能享用的奢侈品""自由时间的品质、它的节奏、它的内涵……这一切重新成为对个体、范畴、阶级进行区分的特征"②。美国社会学家乔恩·维斯曼（Jond Wisman）等则认为，在2008年经济危机前的三十年中，大多数国家的不平等程度显著增加，在美国和英国则更为显著；不同于其他更能直接激起社会矛盾的不平等，如经济、地位、等级、身份、特权等方面的不平等，自由时间不平等被视为正当的不平等；精英阶层拥有更多的自由时间进行健身、听音乐会、参加社交活动，因而他们看上去更加健康、绅士、成熟和体面。在维斯曼看来，精英阶层不断炫耀自身优越感的实质是为了掩盖剥削行为。③ 美国制度经济学家凡勃伦（Thorstein B. Veblen）将资本主义的自由时间不平等诠释为资产阶级建构的"有闲制度"，他指出，"有闲生活是具有金钱力量的，因此也就是优势地位的最简捷、最确凿的证明"④。美国新马克思主义经济学家塞缪尔·鲍尔斯（Samuel Bowles）等认为，在后工业社会，穷人对富人消费模式的模仿延长了劳动时间，扩大了"凡勃伦效应"（Veblen effects），即穷人对奢侈品的挥霍性消费心理，加剧了资本主义社会的自由时间不平等。⑤

————————

① RINDFUSS R R. Fertility and Women's Employment in Industrialized Nations［J］. Annual Review of Sociology, 2000, 26：271-296.

② 让·鲍德里亚. 消费社会［M］. 刘成富，等译. 南京：南京大学出版社，2014：37.

③ WISMAN J D, SMITH J F. Legitimating Inequality：Fooling Most of the People All of the Time［J］. American Journal of Economics and Sociology, 2011, 70：974-1013.

④ 凡勃伦. 有闲阶级论：关于制度的经济研究［M］. 蔡受百，译. 北京：商务印书馆，1964：31.

⑤ Samuel B, Yongjin P. Emulation, Inequality, and Work Hours：Was Thorsten Veblen Right？［J］. The Economic Journal, 2005：23-27.

第三，时间焦虑日常化。德国社会学家乌尔里希·贝克（Ulrich Beck）认为，"一段时间以来，围绕着物质财富分配而进行的斗争已经慢慢淡化，取而代之的是对稀缺性非物质财富的争夺，这些非物质财富，比如休息、闲暇……几乎无法用金钱来弥补和衡量"。[①] 美国社会学者朱丽叶·斯戈（Juliet B. Schor）用"时间荒"描述工作日内无法完成任务从而挤占自由时间的现象。[②] 德国社会学家哈特穆特·罗萨（Hartmut Roas）认为，"时间荒"引发了当代人强烈的时间焦虑。人的时间是稀缺的，自由时间匮乏意味着人的生命成为不能自由支配的奢侈之物。罗萨指出，现代西方社会最令人吃惊的现象是那种壮观且广泛散布的"时间匮乏"，"时间仿佛像是石油一般被消耗的原材料，越来越珍贵，所以其短缺越来越让人感到恐慌"[③]。赫尔嘉·诺沃特尼（Helga Nowotny）认为，在后工业社会，男人和女人对于时间的焦虑感存在显著差异，由于女人"家庭—工作"时间分配存在更加尖锐的冲突，女人对时间的焦虑感知更为剧烈。她指出，"男人与女人处在不同的时间文化中""女人渴望更多的时间……迫切要求工作日的缩短"[④]，资本对两性劳动力无差别的剥削使得女人承受了比男人更大的焦虑。

自由时间在后工业社会具有不可替代的价值。贝克认为，"自己支配'自己的时间'比收入增长和职业成功更重要，因为时间是打开这个自主支配生活的时代所保证的种种财富的大门，这些财富包括：对话、友谊、独立自主、同情心及娱乐等"[⑤]。20 世纪以来，人类尽管在电脑、能源、信息、新材料、空间、生物等领域取得了重大突破，极大缩减了物质生产的必要劳动时间；但吊诡的是，自由时间非但没有增加，反而不断减少。美国社会学

---

① 乌尔里希·贝克. 个体化 ［M］. 李荣山，等译. 北京：北京大学出版社，2011：185.

② SCHOR J B. The overworked American：the Unexpected Decline of Leisure ［M］. New York：Basic Books，1992：398.

③ 哈特穆特·罗萨. 新异化的诞生：社会加速批判理论大纲 ［M］. 郑作彧，译. 上海：上海人民出版社，2018：21.

④ 赫尔嘉·诺沃特尼. 时间：现代与后现代经验 ［M］. 金梦兰，等译. 北京：北京师范大学出版社，2011：93.

⑤ 乌尔里希·贝克. 个体化 ［M］. 李荣山，等译. 北京：北京大学出版社，2011：185.

家斯戈在《过度劳累的美国人》一书中，详细考察了从 1970 年至 1990 年这二十年间美国劳动阶级工作日长度的变化：20 世纪 70 年代以后，美国人的自由时间实际上呈现递减趋势。① 瓦特林（E. Watltins）指出，计算机的出现和应用并没有减少工作时间，相反地，大部分美国人工作得更辛苦，时间也更长了。② 一个匪夷所思的问题摆在我们面前：为什么现代人比古代人的劳动时间还长，即"最发达的机器体系现在迫使工人比野蛮人劳动的时间还要长，或者比他自己过去用最简单、最粗笨的工具时劳动的时间还要长"③？显然，马克思在《1857—1858 年经济学手稿》中提出的工业社会的自由时间悖论不但没有过时，反而在跌宕起伏的时代浪潮中不断彰显新的智识高度。

2. 理论背景

除了回应重大现实关切外，把马克思自由时间思想作为研究课题还有更深的理论考量。近年来，在"996"话语不断占据公共议题的背景下，理论界在马克思自由时间思想研究不断升温的同时，也产生了一些亟待解决的争论。这些争论包括：一是自由时间的界定问题，有的学者主张从量的维度界定自由时间，有的学者则主张从质的维度界定自由时间；二是自由时间与闲暇时间的关系问题，有的学者认为马克思的自由时间概念与社会学的休闲时间概念具有同一性，有的学者则否认二者具有相同内涵；三是自由时间与三大社会形态的关系问题，有的学者认为马克思的自由时间对应的只是第三大社会形态，有的学者则认为自由时间存在于一切社会形态。

鉴于上述争议，通过回溯和整理马克思的经济学著作，从而澄清对马克思自由时间思想的误解显得尤为紧迫。在此基础上，我们还须冷静看到，国内学者主要从哲学视角理解马克思的自由时间范畴，鲜有人揭示自由时间问题背后的政治经济学批判议题，导致马克思自由时间思想研究事实上停留在较低水平。本质上而言，马克思自由时间思想的核心议题并非纠结于自由时

---

① SCHOR J B. The Overworked American: the Unexpected Decline of Leisure [M]. New York: Basic Books, 1992: 13.

② 转引自魏翔. 闲暇时间、不平等与经济增长——理论模型与跨国比较 [J]. 数量经济技术经济研究, 2007 (2): 106-114.

③ 中共中央马克思恩格斯列宁斯大林著作编译局. 马克思恩格斯全集: 第 31 卷 [M]. 北京: 人民出版社, 1998: 104.

间如何界定，而是从唯物史观的理论视野出发，运用剩余价值理论来分析自由时间由谁创造、被谁占有及如何使用，进而立足科学社会主义的历史高度，阐明人类对自由时间的追寻构成的历史驱动力对于解放人类的重大意义。在马克思的思想中，自由时间与所有制一样是具有基础性、全局性和战略性的问题。遗憾的是，国内学界时至今日仍未充分领会马克思自由时间思想的重大价值，倾向于把马克思自由时间思想肢解为独立单元，进而将自由时间议题从马克思思想的总体语境中剥离出来。实际上，只要对马克思的文本尤其是经济学著作进行全面深入的研读就可以发现，寻求和探明自由时间的本真内涵与解放维度贯穿马克思一生思想行程的始终，自由时间作为马克思一生理论思考的基本问题，是架设在马克思三大思想体系，即历史唯物主义哲学、剩余价值理论与科学社会主义理论上的一座桥梁，是一条被学界忽视的建构马克思思想整体性的逻辑主线。

除了消除不必要的学术分歧外，整体推进这一课题研究还能纠偏传统教科书时间观的局限性。传统教科书将马克思的时间概念片面地理解为物理时间，即按照自然界里发生的无机物的运动状况来理解时间，把物质运动理解为时间的基本形式。事实上，除物理时间外，马克思的思想还存在哲学时间、社会时间和生命时间等范畴。生命时间是马克思著作尤其是经济学著作中最重要的时间范畴。在"1861—1863年手稿"中，马克思明确提出了时间的量度与人的生命是不可分割的，即"时间是生命本身的尺度，就如重量是衡量金属的尺度一样"①。物理时间是撇开了生命的抽象数字，而生命时间的主体却是活生生的"现实的人"。

从根本上说，马克思的生命时间既是对旧唯物主义机械时间观的批判，也是对基督教永生时间观的批判。究其实，我们不能忽视这样一条线索：正是在批判基督教的永生时间观的过程中，马克思才转向无神论和唯物主义，并萌生了与之相适应的高扬人的主体性的自由时间思想。因此，对基督教时间观的批判是马克思自由时间思想萌芽的起因。从本体论意义上看，基督教永生时间观的陨灭不仅意味着神学意识形态支柱的焚毁，同时也意味着各种

---

① 中共中央马克思恩格斯列宁斯大林著作编译局. 马克思恩格斯全集：第32卷 [M]. 北京：人民出版社，1998：57.

具有神学内核的唯心主义哲学的解体。在永生幻想坍塌的无神时代，人类必然会从永恒的超验国度出走，进入活生生的生活世界，直面人的短暂生命。在此意义上，自由时间其实为人类的生存意义指明了终极方向——自由与幸福。显然，马克思的自由时间思想蕴含无神论厚重和宏大的伦理意蕴，它回答了人类生存的重大意义问题。在人类解放的大叙事下，马克思自由时间思想内蕴的价值关怀与人的自由全面发展的理念始终处于相互关联、融贯、支撑的关系中，共同奏响了马克思主义高歌生命主体性的壮丽交响乐！

1.1.2 选题价值

1. 现实价值

从社会主义运动史来看，马克思的自由时间思想对于推动实现无产阶级的自由和解放具有重大现实价值。马克思曾非常明确地指出，争取自由时间从而缩短工作日是工人获得解放的第一步，即"缩短工作日之所以必要，还在于要使工人阶级能有更多的时间来发展智力。从法律上限制工作日，这是使工人阶级智力发达、体力旺盛和获得最后解放的第一步"①。恩格斯则认为，英国在 1850 年颁布的 10 小时工作日，是工人历经 40 年的残酷阶级斗争才取得的权益。② 在 1866 年日内瓦召开的"第一国际"工人代表大会上，马克思在他起草的《临时中央委员会就若干问题给代表的指示》中指出，"限制工作日是一个先决条件，没有这个条件，一切进一步谋求工人解放的尝试都将遭到失败……我们建议通过立法手续把工作日限制为 8 小时"③。马克思对第一国际的卓越领导，使工人争取自由走上了科学的道路。震撼历史的十月革命爆发后，苏联率先颁布《关于 8 小时工作日》的法令，在国家层面全面贯彻马克思"8 小时工作日"的思想，巩固了社会主义革命果实；"8 小时

① 中共中央马克思恩格斯列宁斯大林著作编译局. 马克思恩格斯全集：第 16 卷 [M].
　北京：人民出版社，1964：643.
② 中共中央马克思恩格斯列宁斯大林著作编译局. 马克思恩格斯全集：第 7 卷 [M].
　北京：人民出版社，1959：270.
③ 马克思. 资本论：第 1 卷 [M]. 北京：人民出版社，2004：348.

工作日"成为团结和引领全世界劳工大众的伟大旗帜。第一次世界大战后，"8 小时工作日"被世界广泛承认和采纳，我国也在新中国成立后立即实行了这一制度。毋庸置疑，与资本主义早期野蛮、残酷、骇人听闻的 12 小时甚至是 16 小时的工作日相比，当今世界劳动阶级享有的更加文明化的"8 小时工作日"与马克思自由时间思想对工人运动的指导作用是分不开的。

然而，当代资本主义新变化却显示"8 小时工作日"正在被无情侵蚀。随着后工业社会来临，劳动阶级的工作模式正在发生深刻质变。按照齐格蒙特·鲍曼（Zygmunt Bauman）的说法，后工业社会表征"流动的现代性"。所谓"流动"指的是资本运动速度的"即时性"，也就是转瞬即离，行踪莫测。在这种态势下，跨国集团公司势力通过世界范围的运动，摆脱了传统工会、法律、道德的规约。国际资本与地方劳动力短兵相接，其结果是跨国资本在民族国家的话语权和宰制力扩大了，从而产生了更多工作时间长、不稳定和缺乏法律保护的临时性服务工作。长久以来，资本家压榨工人的血汗限制在固定的空间和特定的规则之下，劳动时间存在明确界限，如集中在工厂的工人按照时间表进行强制劳动。20 世纪 50 年代以后，随着劳动力市场从工业向服务业转移，西方国家形成了大卫·哈维（David Harvey）提出的"灵活积累"的资本积累新模式。灵活积累模式从强调"计时工作制"转向"计件工作制"，资方将大量工作任务压缩在极短工作时间内，迫使劳动方难以按时完成任务，超出"8 小时工作制"的"加班"成为常态。后工业社会的就业人群分布在金融、教育、销售、IT、法律等部门，由于这些工作脱离了固定空间的束缚，使得"加班"行为可以在任何时间、地点发生。不仅如此，劳动强度的持续提升也成为常态。哈维指出，"大多数工作时间表都安排得极其紧张，生产的强度和速度，在很大程度上是有利于资方而不是劳动方的方式组织起来的"。[1] 在这种情况下，"灵活积累模式"使得资本能够以隐蔽方式全面渗透劳动者的日常生活，不断僭越工作日的界限，由此造成"8 小时工作制"名存实亡。

对于马克思而言，争取缩短劳动时间的斗争并没有触及私有制，因而没

---

① 大卫·哈维. 后现代的状况：对文化变迁之缘起的探究［M］. 阎嘉，译. 北京：商务印书馆，2003：289.

有从根本上改变资本积累的逻辑。这种局部对抗运动"治标不治本",只能在某种程度上缓和资本的剥削强度。劳动者尽管表面上受法律条款的保护,但资本家在现实操作中总能用各种手段绕过法律限制。马克思提出,要根本解决自由时间问题,就必须彻底消灭私有制,消灭雇佣劳动制。唯有这样,劳动者才能真正实现自由时间量和质的全面解放。哈维从思想史的高度承认了马克思的贡献,认为资本家与工人围绕工作日、工作周(周末休假)、工作年(带薪休假)和工作生涯(退休制度)的激烈斗争一直存在,但在经济思想史中,还没有哪个思想家像马克思那样系统深入地探讨工作日问题,并给出科学的解决方案。①

追根究底,"时间问题"是隐藏在"资本问题"背后的根本问题,只要社会还存在私有制和阶级,劳动人民就不可能获得自由时间解放。从这个意义上说,我们只有从总体性的高度深刻理解马克思的自由时间思想,认识到自由时间解放是攸关全人类命运的当代课题,才能在资本逻辑无情宰制现代人命运的 21 世纪探寻到人类解放的唯一出路——共产主义。马克思自由时间思想内蕴的智识深度以及批判力量在 21 世纪世界社会主义运动中可被重新激活并启发新知。

2. 理论价值

马克思自由时间思想还为我们理解"人类解放"提供了重要的时间维度。因此,大力开掘马克思的自由时间思想,有利于深度激发唯物史观的理论活力,积极回应具有战略高度和现实紧迫感的时代新课题,从而在更高层面上推动实现唯物史观的当代化。

在马克思主义创始人那里,自由时间是宝贵的资源,是从事高度自由的创造活动的前提。共产主义作为崭新的人类文明形态优越于资本主义就在于,只有共产主义才能解放人类的自由时间,进而实现物质文明与精神文明的协调发展。长期以来,人们主要聚焦资本主义的经济矛盾,却忽视了对自由时间的追求是人类社会通向共产主义的重要驱力。马克思在《1857—1858年经济学手稿》中深刻揭示了这一驱力,即随着生产力发展造成的与资本主

---

① 跟大卫·哈维读《资本论》:第 1 卷 [M]. 刘英,译. 上海:上海译文出版社,2013:153.

义生产关系矛盾的加剧，无产阶级革命必然爆发。马克思指出，"资本的趋势始终是：一方面创造可以自由支配的时间，另一方面是把这些可以自由支配的时间变为剩余劳动……这个矛盾越发展，下述情况就越明显：生产力的增长再也不能被占有他人的剩余劳动所束缚了，工人群众自己应当占有自己的剩余劳动。当他们已经这样做的时候，——这样一来，可以自由支配的时间就不再是对立的存在物了"①。在这段论述中，"工人群众自己应当占有自己的剩余劳动"实质上指的就是消灭私有制，消灭阶级，从而让劳动者占有和支配劳动果实。由此可见，人类社会朝共产主义演进存在两重动因——物质财富和自由时间。

马克思所处的时代是工业革命刚刚起步的时代，资本主义文化矛盾暴露得还不充分，人们主要关注工人贫困问题。然而，20世纪50年代以后，伴随西方国家物质与精神矛盾的加剧，人的发展问题逐渐成为影响人类历史走向的重要变量。马克思的自由时间思想不仅为我们理解当代资本主义的文化危机打开了一扇窗，同时也为我们基于唯物史观理解恩格斯的"历史合力论"提供了一把钥匙。19世纪和20世纪一些彪炳史册的思想家所殚精竭虑思考的现代性之谜——人类物质繁荣与精神贫困的文明悖论，或许能在马克思的自由时间思想中探寻答案。究其根本，不同于近代的主体性哲学把自由理解为先验的自我意识，马克思基于社会现实的科学高度把人的自由问题诠释为自由时间的问题，从而把自由的根据从先验王国移回活生生的现实生活。从这个意义上说，人们或许能够从现代人自由时间匮乏的现实困境中找到文明困境的根源。马克思基于三大批判成果对人类自由时间匮乏及其现代性困境的深刻揭示并没有过时，而且马克思的自由时间思想在揭露资本主义阴暗面的同时，为人类文明演进提出了崭新的认知图式、基本立场和价值理想，成为跨越历史时空的思想财富。

---

① 中共中央马克思恩格斯列宁斯大林著作编译局．马克思恩格斯全集：第31卷[M]．北京：人民出版社，1998：104．

1.2　国内外研究现状

1.2.1　国外研究现状

马克思自由时间思想的要义是促进人的高度发展。按照法兰克福学派代表人物施密特（Alfred Schmidt）的看法"马克思把人的自由问题还原为自由时间的问题"① 来说，对马克思思想整体性的把握绕不开对马克思自由时间思想的深刻理解，但现实的情况却是马克思的自由时间思想长期处于遮蔽与解蔽的两重状态。

20 世纪 30 年代，苏联教科书把马克思的时间概念曲解为脱离社会实践的物理时间，认为时间只是物质运动的存在形式，其结果是时间被片面曲解为与人无涉的抽象物理范畴，时间概念的主体性维度被完全遮蔽。苏联教科书生硬构造的机械时间观事实上造成了马克思主义研究退至旧唯物主义的窠臼。在 1938 年至 1949 年的 11 年间，苏联教科书先后重版两百余次，被译成 60 余种文字，总发行量 3500 多万册，对东欧、欧洲"左翼"思想界和中国理论界产生了难以估量的影响。

不同于苏联教科书体系造成的马克思自由时间思想的"理论空场"，从《1844 年经济学手稿》问世以后，西方思想界掀起了对斯大林模式的全面批判和对马克思时间概念的重审。就 20 世纪而言，从马尔库塞、G. A. 科亨、卡莱尔·科西克、鲍德里亚到至今活跃在学术界的内田弘、肖恩·塞耶斯等，都强调基于人的主体性解读马克思思想中的时间问题。他们围绕自由时间思想在马克思思想中的地位、自由时间与人的自由而全面发展、阶级视阈下自由时间的分配、自由时间与休闲时间的关系，提出一系列极具洞见的观点，极大地释放了被苏联教科书禁锢的理论空间。总体来说，当代国外学者

---

① A. 施密特. 马克思的自然概念 [M]. 欧力同，等译. 北京：商务印书馆，1988：153-154.

主要从以下四个方面论述马克思的自由时间思想。

第一，马克思自由时间思想在马克思主义理论中的地位。

马克思自由时间思想究竟在马克思主义理论中处于怎样的地位？自由时间究竟是马克思思想中的边缘问题还是总体问题？显然，这些是解读马克思自由时间思想的基本问题。我们看到，在《联共（布）党史简明教程》中，甚至连"自由时间"这个概念都不存在。然而，在施密特、内田弘、科西克等人看来，自由时间概念是马克思的一个理论制高点，在马克思主义理论体系中具有全局意义，是重构马克思思想整体性的一把钥匙。如果从马克思主义理论体系中剥离了马克思的自由时间概念，就无法理解像"必然与自由"这样的马克思主义核心范畴。

法兰克福的代表人物施密特肯定了自由时间问题在马克思思想体系中的重要性。施密特认为，自由时间问题实际上是马克思自由思想的元问题。马克思一生批判的形形色色的乌托邦主义者，如黑格尔左派、欧文、赫斯、蒲鲁东、傅立叶再到孔德等，都把人的自由理解为抽象自由，即一种知性层面的意识自由，但马克思的深刻和伟大就在于他追求人类的现实和具体的自由，人类从必然王国迈向自由王国的现实条件不仅在于物质的极大丰富，更在于自由时间的全面增加。①

日本马克思主义代表人物内田弘认为，《1857—1858 年经济学手稿》的根本主题是"自由时间论"。内田弘指出，"财富是自由时间"是重要理论命题；马克思政治经济学的本质就是将"资本"与作为未来文明标识的"自由时间"概念联系起来，揭示在资本主义的扬弃中，社会个体重获自由时间的历史过程。简而言之，"作为文明的资本概念的发生史"即"自由时间主体的形成过程"②，按此逻辑展开，马克思的自由时间观是马克思主义经济学体系不可或缺的骨架。

东欧新马克思主义者科西克（Karel Kosik）认为，马克思的自由时间思

---

① A. 施密特. 马克思的自然概念 [M]. 欧力同，等译. 北京：商务印书馆，1988：145.

② 内田弘. 新版《政治经济学批判大纲》的研究 [M]. 王青，等译. 北京：北京师范大学出版社，2011：29.

想是通向"自由王国"文明大厦的一把钥匙，在马克思的概念大厦中具有举足轻重的地位。科西克指出，"必然与自由"的关系是马克思人类解放理论的基本命题。自由是受历史条件制约的，这种关系在历史上不断上演。人类的劳动具有双重意义：一方面，劳动建构了人类生存的物质基础，这是无法逾越的必然王国；另一方面，劳动是闲暇的基础，是人类在必然王国构建自由王国的现实条件。因此，离开马克思的自由时间思想便无法理解和想象"自由王国"的内在本质。①

第二，自由时间与人的自由而全面的发展。

在马克思那里，"可以自由支配的时间"是人自我实现的必不可少的条件。以下概述马尔库塞、安德烈·高兹、肖恩·塞耶斯等人对于自由时间与人的自由而全面发展的关系的代表性看法。

马尔库塞（Herbert Marcuse）作为法兰克福学派的代表人物之一，阐释了马克思自由时间思想与未来社会的联系。马尔库塞试图融合西格蒙德·弗洛伊德（Sigmnnd Freud）和马克思的思想，以"爱欲解放论"为基础构建新型乌托邦理论。马尔库塞提出"决定人类生存的不是劳动时间，而是自由时间"② 的基本观点。他在《爱欲与文明》一书中指出，资本主义的劳动时间具有高度压抑的性质，"个体为了生活不得不工作，这种工作不仅要求他每天耗费 8 个或 10 个或 12 个小时，并转移了相应的能量"。③ 在这个过程中，劳动成为一种"压抑"的再生产。马尔库塞乐观地认为，随着生产自动化趋势的加深，用于物质生产的必要时间降到最低，发达的工业社会届时会为人的发展腾出充裕的自由时间。

安德烈·高兹（André Gorz）作为当代生态学马克思主义的主要代表人物之一，他在后工业社会背景下讨论了马克思的自由时间思想对于实现人的自由而全面发展的重要意义。高兹在《告别工人阶级》一书中指出，争取自

---

① 卡莱尔·科西克. 具体的辩证法［M］. 傅小平，译. 北京：社会科学文献出版社，1989：164-165.

② 赫伯特·马尔库塞. 爱欲与文明［M］. 黄勇，等译. 上海：上海译文出版社，2012：164.

③ 赫伯特·马尔库塞. 爱欲与文明［M］. 黄勇，等译. 上海：上海译文出版社，2012：78-79.

由时间是"新工人阶级"获得自由而全面的发展的条件，"个人要想获取全面的发展，就必须从工作中解放出来"①。高兹将"工作"解释为职业，他认为，在资本主义工业社会中，工作让人感到极度压抑，不再是一种自我实现的活动，而是人性的深度异化的体现；工作只是自由的手段，而自由只能在工作之外的自由时间中获得，因此必须减少工作日，增加"自由的时间"，以便人们投入富有创造性的生活之中。高兹还举证说："1977 年大量的欧洲调查显示，大多数（55%）工作的人们，假如让他们就做工作的需要做出选择，与增加工资相比，他们更渴望工作时间的缩短。"②

肖恩·塞耶斯（Sean Sayers）是当代国际著名的新黑格尔主义的马克思主义学者，他进一步阐释了马克思的自由时间概念在不同社会形态语境下的多维内涵。在《马克思与人性》一书中，他从质的层面把自由时间界划为消极自由时间和积极自由时间，并认为具有高层次的自由时间才是真正实现人的创造性发展的条件。塞耶斯指出，前工业社会的人们拥有大量的自由时间，但这不是真正"作为自身的目的的人类能力的发展"的自由时间；前工业社会的人们并不缺乏自由时间，但古代人在工作以外的自主活动是散漫的、极其有限的。③ 塞耶斯接着指出，人民群众创造性地利用工作以外的时间，是一种现代现象。塞耶斯将消极自由时间向积极自由时间的跃迁看作"必然王国"向"自由王国"的飞跃。也就是说，自由王国并不是自由时间量的简单增加，高质量自由时间的扩大是人类文明不断进步的表现。

第三，自由时间不平等的阶级分析。

对自由时间分配问题的解读一般有两条路径：一条解读路径以马尔库塞为代表，从生产力出发，论述技术的进步会使现代人自由时间增多；另一条解读路径以柯亨、凡勃伦、鲍德里亚等人为代表，他们从生产关系出发，运用阶级分析法阐述阶级的存在必然造成现代人自由时间匮乏。以下概述凡勃

---

① André Gorz. Farewell to the Working Class：An Essay on Post-industrial Socialism ［M］. London：Pluto Press，1982：19.

② André Gorz. Farewell to the Working Class：An Essay on Post－industrial Socialism ［M］. London：Pluto Press，1982：140.

③ 肖恩·塞耶斯. 马克思主义与人性 ［M］. 冯颜利，译. 北京：东方出版社，2008：70.

伦、鲍德里亚等人的基本观点。

G. A. 柯亨（G. A. Cohen）是分析马克思主义学派的领军人物。他在《卡尔·马克思的历史理论：一个辩护》一书中认为，自由时间不平等是分析马克思阶级范畴的重要命题；所谓阶级划分指的是"社会划分为生产的人和不生产的人"，社会阶级的存在必定造成自由时间被少数人垄断，由此导致人类精神发展的极度不平等。柯亨在《卡尔·马克思的历史理论：一个辩护》中指出，"自由时间曾经为特权人们所专有，高级文化的兴盛也只是在统治阶级的范围内"，在阶级社会中，"文明只有在保持彻底的不平等时才能发展"①。柯亨基于唯物史观的理论逻辑划分了四个"社会形态发展的时代"：前阶级社会（原始社会）、前资本主义阶级社会（奴隶社会和封建社会）、资本主义社会、后阶级社会，并阐明了共产主义与自由时间解放的历史逻辑。

美国制度经济学鼻祖凡勃伦深入探讨了自由时间不平等与意识形态再生产的内在机制。传统观点认为，阶级政治的维持主要凭借统治阶级对经济资料的垄断。凡勃伦在《有闲阶级论：关于制度的经济研究》中认为，统治阶级光凭财富和暴力并不能证明自己统治的优越性，还必须通过自由时间垄断产生的文化魅力来确证其统治的合理性。他指出，"有闲"指的并非"游手好闲"，而是指非生产性地消耗时间，其目的是追求荣誉，以获得劳动阶级的尊重和服从。② 因此，自由时间不平等实际上具有阶级统治的政治功能，其产生的文化不平等是维护统治阶级的社会基础。

法国哲学家鲍德里亚全面反思了马克思的自由时间思想，他在《消费社会》中通过"符号理论"阐释了消费与自由时间不平等背后的阶级逻辑。鲍德里亚指出，自由时间成为消费社会的稀缺财富形式，占据了财富的优先地位。"在'消费社会'或幻想的大量财富中，时间占据着一种优先地位。仅仅对这种财富的需求就几乎相当于对其他任何财富需求之总和"，但是"自

① 柯亨. 卡尔·马克思的历史理论：一个辩护［M］. 岳长龄，译. 重庆：重庆出版社，1989：220.
② 凡勃伦. 有闲阶级论：关于制度的经济研究［M］. 李华夏，译. 北京：中央编译出版社，2012：23.

由时间的普及并不比其他方面的财富或服务来得更多"①，"［自由］时间……变成了唯有特权者才能享用的奢侈品"②。鲍德里亚认为，自由时间不平等实际上已是一套社会阶级结构的符号编码，具有区分阶级属性的社会功能，"自由地耗费时间"成为社会阶级不平等的重要象征。鲍德里亚指出，自由时间作为一种阶级标识"在古代对富庶阶级而言长期意味着'游手好闲'，现在变成了对无用时间的'消费'""休闲，其分配依旧很不公平，在我们的民主社会中，仍然是文化选拔和区分的一个因素"③。

第四，自由时间与休闲时间的关系。

在美国马歇尔计划（The Marshall Plan）④ 的帮助下，欧洲在二战后的废墟中重建家园，并经历了一段时期的高速经济增长。与资本主义的早期阶段相比，这一时期人们生活水平得到很大提升，闲暇时间明显增多。日本著名社会学家清水郁太郎提出"休闲时代已经到来"的观点。那么问题在于，社会学意义的休闲时间概念与马克思的自由时间概念是否具有同质性？二者是否可以作为同义词互换？马尔库塞、科西克、鲍德里亚等人给予明确的否定回答。

马尔库塞认为，自由时间并非休闲时间，后者盛行于发达工业社会，受到资本逻辑的支配，因而其本质是不自由的。马尔库塞指出，后工业社会通过资本与技术的整合，成为高度抽象的新式极权社会；文化工业通过电视、电影、电台、画报、小说等媒介无孔不入地侵入闲暇领域，人们完全屈服于消费主义的意识形态统治。马尔库塞还在《走进社会批判理论》中指出，"马克思的'自由时间'（free time）不是'休闲时间'（leisure time），因为实现个人的全面发展并不是一种闲暇的事情。自由时间是属于自由社会的，

---

① 让·鲍德里亚. 消费社会 ［M］. 刘成富，等译. 南京：南京大学出版社，2014：168.

② 让·鲍德里亚. 消费社会 ［M］. 刘成富，等译. 南京：南京大学出版社，2014：37.

③ 让·鲍德里亚. 消费社会 ［M］. 刘成富，等译. 南京：南京大学出版社，2014：174.

④ 马歇尔计划又名为欧洲复兴计划（European Recovery Program），是第二次世界大战结束后美国对被战争破坏的西欧各国进行经济援助，协助重建的计划，对欧洲国家的经济复苏和世界政治格局产生了深远的影响。

而闲暇时间是属于强制性社会的"①。

科西克认为，"作为有组织的闲暇的自由时间概念与马克思毫不相干。自由时间与闲暇不同，后者可以是历史性异化的一部分"②。因此，被资本的物化逻辑完全宰制的工业社会并不存在真正属于人的自由时间，自由时间只有在扬弃了以物的依赖为特征的共产主义社会才可能存在；"自由时间的存在，不仅假定劳动时间的缩短，而且还以物象化的扬弃为前提"③。

鲍德里亚认为，资本主义的休闲具有自由的假象，"'自由'时间在逻辑上是不可能的，只可能存在着受制约的时间。消费的时间即是生产的时间"④。鲍德里亚指出，资本主义的劳动时间与非劳动时间没有本质不同，二者都受资本操控服从价值交换规律；时间和商品可以彼此通约，从这个意义上说，时间在资本主义本质上可以还原为一种物品，一切被生产出来的物品均可被看作凝固的时间，这不仅包括商业价值计算中的劳动时间，而且包括休闲时间。因此，"休闲时间"其实是"异化劳动"的延伸形式，是一种更加深刻的异化。

总体而言，上述思想家都深刻洞察了马克思自由时间思想的极端重要性，但立足马克思的著作，我们必须纠正他们观点中的一些重大误区。这主要表现在以下两个方面：

第一方面，除柯亨、科西克外，其他学者都没有阐明消灭私有制对于解放自由时间的决定性意义，他们对马克思自由时间思想的解读暴露了巨大的保守性。例如，马尔库塞想当然地认为，不通过生产关系的革命，仅凭工业的高度自动化就能开辟通往爱欲乌托邦的现实道路。这一技术乌托邦的观点也代表了国内外很大一批学者的看法。实际上，自由时间的解放不仅以生产

---

① Herbert. Marcuse. Towards A Critical Theory of Society：Collected Paper of Herbert Marcuse Volume 2 ［M］． London and New York：Routlege of Taylor & Francis Group，2001：74-75.

② 卡莱尔·科西克．具体的辩证法［M］．傅小平，译．北京：社会科学文献出版社，1989：164-165 页注 52。

③ 卡莱尔·科西克．具体的辩证法［M］．傅小平，译．北京：社会科学文献出版社，1989：164-165 页注 52。

④ 让·鲍德里亚．消费社会［M］．刘成富，等译．南京：南京大学出版社，2014：172.

力的发展为前提，而且还依赖资本主义生产关系的根本变革。否则，在不推翻私有制的情况下，工业社会生产力的进步只会扩大资本的权力，使得资本家对工人自由时间的剥夺变本加厉。为此，马克思在《资本论》"机器和大工业"一章中考察相对剩余价值生产时详细剖析了这一问题。

第二方面，除塞耶斯外，其他学者都没有立足三大社会形态的特征，厘清休闲时间与自由时间的历史辩证关系，而将休闲时间与自由时间错误地对立起来。这严重违背了马克思自由时间思想的原意。马克思在著作中明确表示，在人类社会发展的第二大阶段，自由时间包括休闲时间，即"可以自由支配的时间……这种时间不被直接生产劳动所吸收，而是用于娱乐和休闲"①。因此，事实上，马克思的自由时间除了包括较高层次活动的时间外，还包括日常生活世界的一般层次的非劳动时间，即"维持自己的肉体生存所必需的自由时间"②。显然，《资本论》及其手稿出现的"吃饭时间""休息时间""生活时间""空闲时间""空余时间""游戏时间""闲暇时间""余暇时间"等概念实际上指的都是较低层次自由时间。正如塞耶斯解读的那样，自由时间质的提升是一个历史过程。在第二社会形态下，工人阶级的首要目标是争取自由时间的量，即缩短工作日，迈出"解放的第一步"。随着共产主义社会的来临，物质财富增加，人类活动层次不断提升，"从事较高级活动的时间"在自由时间的比例将会极大增加。

1.2.2　国内研究现状

虽然马克思主义在中国的传播和发展已有百年历史，但马克思的自由时间思想在理论界不仅是崭新的研究对象，而且也是引发诸多争议的课题。从1923年瞿秋白首次把苏联教科书的观点引入国内，到1982年王雅林发表第一篇研究马克思自由时间思想的论文为止，在近60年的时间里，马克思自由时间思想研究在中国马克思主义理论界始终处于沉寂状态。20世纪80年

---

① 中共中央马克思恩格斯列宁斯大林著作编译局．马克思恩格斯全集：第35卷[M]．北京：人民出版社，2013：229．

② 中共中央马克思恩格斯列宁斯大林著作编译局．马克思恩格斯全集：第37卷[M]．北京：人民出版社，2019：238．

代后，伴随改革开放的全面启动，中国的现代化社会转型急剧加速。工业社
会的自由时间匮乏——"时间都去哪儿了"逐渐成为普遍且日常的问题。在
这一现实语境下，理论界对马克思自由时间思想的研究旨趣不断升温。截至
目前（2019 年 8 月 23 日），理论界发表了关于马克思自由时间思想的专著一
本（李金霞的《马克思自由时间理论》）；硕士论文 16 篇；博士论文 1 篇
（黄杰的《论马克思的自由时间思想》），期刊论文 92 篇（其中 CSSCI 来源
文献 50 篇）。总括起来，理论界对马克思自由时间思想的研究主要围绕自由
时间概念的界定，自由时间与休闲时间的关系，以及马克思自由时间思想的
时代价值这三方面展开。

　　1. 马克思自由时间概念的界定

　　就目前的研究进展而言，理论界对于自由时间如何界定的争议较多，且
至今仍无定论。具体而言，理论界主要从量、质和社会形态三大维度界定马
克思的自由时间概念。

　　(1) 量的维度界定马克思的自由时间概念

　　就从量的维度厘定自由时间而言，有的学者主张"两分法"界定自由时
间，有的学者主张"三分法"界定自由时间。

　　第一，马克思自由时间界定的"两分法"。持这类观点的学者主张将人
的时间划分成劳动时间和非劳动时间两大部分，并认为马克思的自由时间指
的就是非劳动时间。例如，马惠娣、成素梅认为，"人的生命活动主要由两
部分时间组成：劳动时间和自由时间"①，因而人一天的自由时间等于 24 小
时减去工作时间后剩下的时间。持这类观点的论文还有李洋的《马克思的社
会时间理论及其当代启示》②；陈彦霞、庞晓光的《自由时间和人的全面发
展》③ 等。

　　第二，马克思自由时间界定的"三分法"。持这类观点的学者将人的时
间分为三部分：劳动时间、生理时间和自由时间，并认为生理时间不是自由

---

① 马惠娣，成素梅. 关于自由时间的理性思考 [J]. 自然辩证法，1999（1）：56-59.
② 李洋. 马克思的社会时间理论及其当代启示 [J]. 社会主义研究，2016（4）：36-42.
③ 陈彦霞，庞晓光. 自由时间和人的全面发展 [J]. 自然辩证法研究，2002（9）：45-47.

时间，因此，自由时间是指人的时间减去劳动时间和生理活动时间后的余值。例如，曾宇辉等认为，"马克思根据人类活动的社会领域和发展状况，把满足必要生理活动时间以外的人的生存时间划分为劳动时间和自由时间"①。张永红等认为，"人的生命时间=劳动时间+满足生理需要的时间+自由时间"②。赵华飞等认为，"以一个人的一天即 24 小时为活动时间的单元，他的生理活动如吃饭、喝水、睡眠等要占去 10 小时，为保证这一天的物质生活资料的正常供应需要从事 8 个小时的劳动，而剩余的 6 个小时就是这个人在这天可以自由支配的时间"③。持这类观点的论文还有阎孟伟的《人的生命活动的时间结构及其当代意义》④。

（2）质的维度界定马克思的自由时间概念

与"三分法"厘定自由时间的学者不同，还有部分学者认为马克思的自由时间主要是质的概念，主张将自由时间区分为两大层次——较低层次和较高层次，从而将生理时间也纳入自由时间的范畴。

第一，较低层次自由时间。刘新刚等认为，满足人的生理活动、休息和娱乐所需要的时间是自由时间的初级层次，人每天必须耗费一定的时间满足生理需要，这部分时间虽不能摆脱自然属性，但相对于异化劳动而言，人对生理活动的安排仍具有相当程度自主性。人吃什么、穿什么都由人自己说了算。因此，生理时间也属于自由时间的一部分，只是它属于低层次的自由时间。⑤ 徐晓宇认为，马克思的自由时间与具有强制性的劳动时间相对；作为满足人生理活动的时间，如吃饭、睡眠、社交、游戏活动等，虽然不能摆脱自然必然性，但相对于强制劳动而言，这些时间仍然是人可以自由支配的时

---

① 曾宇辉，刘艺. 马克思的"自由时间"及当代启示 [J]. 学术论坛，2005（12）：29-33.

② 张永红，胡若痴. 关于马克思自由时间范畴的再思考 [J]. 教学与研究，2011（6）：52-58.

③ 赵华飞，周丽. 马克思的"自由时间"思想及其现实意义 [J]. 理论月刊，2018（10）：18-24.

④ 阎孟伟. 人的生命活动的时间结构及其当代意义 [J]. 江汉论坛，2019（6）：28-34.

⑤ 刘新刚，盛卫国. 关于马克思自由时间范畴的思考——兼与余静教授商榷 [J]. 马克思主义研究，2008（12）：106-112.

间；生理时间和游戏时间作为消极自由时间，存在于一切社会形态和阶级。①

第二，较高层次自由时间。徐晓宇认为，较高层次自由时间是指发展自己的精神智力的时间，如从事文艺、科学创造，发展自己的兴趣、爱好。这种时间能够最大限度地激发人的发展潜能。王猛认为，较高层次自由时间是从事文化、艺术、科学、体育等充满创造性活动的时间，这种时间可以提升人的整体素质，使人真正成为"人"。②张永红等认为，高级自由时间是促进人的全面发展的发展时间；马克思推崇人们在自由时间从事高雅、高尚的创造性活动。③

（3）社会形态的维度界定马克思的自由时间概念

还有学者认为马克思的自由时间概念是未来社会的特定范畴，因而自由时间只存在于共产主义社会。例如，余静认为，"自由时间是指未来社会的个人可以自由支配的时间"④。也就是说，马克思的自由时间内涵着未来社会的特定语境，是马克思对未来社会人的发展状态做出的一种预见。余静指出，只有到了共产主义社会，自由时间才会涌现出来。在这种社会形态下，人的活动摆脱了物质需要的束缚，人可以在文化、科学、艺术和社会交往等方面充分施展才华，人的自由而全面的发展成为"目的本身"。但也有学者反对这种观点，认为自由时间存在于一切社会形态之中。⑤

2. 自由时间与休闲时间的关系

关于自由时间与休闲时间的关系，理论界持两种针锋相对的观点。

第一种观点认为，马克思的自由时间与社会学的休闲时间是一组对立范畴。任爱玲认为，马克思的自由时间是有强烈批判性的哲学范畴，其根本是为了凸显人的主体性存在，因而与西方消费主义语境下的休闲时间不是同一

---

① 徐晓宇. 实践·解放·自由时间：马克思哲学自由观研探 [J]. 人民论坛, 2017 (15)：116-117.
② 王猛. 试析马克思的自由时间观 [J]. 湖北民族学院学报（哲学社会科学版），2014 (1)：106-109.
③ 张永红，胡若痴. 关于马克思自由时间范畴的再思考 [J]. 教学与研究, 2012 (6)：52-58.
④ 余静. 马克思的时间范畴及其当代意义 [J]. 马克思主义研究, 2008 (3)：71-74.
⑤ 刘新刚，盛卫国. 关于马克思自由时间范畴的思考——兼与余静教授商榷 [J]. 马克思主义研究, 2008 (12)：106-112.

个概念；在资本主义社会，休闲时间具有异化性质，消费社会的现实是人们一般把休闲时间用于各种消费和享乐，注重感官层面的快感。因而，休闲时间与马克思心目中的自由时间是两个根本不同的概念。① 宋健林认为，马克思的自由时间概念具有反抗资本逻辑的批判维度，而在资本主义社会中，休闲时间沦为资本剥削的帮手；资本主义生产力的发展客观上为劳动者提供了更多的休闲时间，但休闲时间并未真正成为拒斥资本逻辑的自由时间，而是成为滋生消费主义的腐败土壤；资本主义通过休闲时间的商品化、货币化和消费化，使得资本逻辑渗透劳动者的日常生活，从而实现资本剥削方式的精致化。②

第二种观点认为，社会学的休闲时间与马克思的自由时间具有同一性。曾宇辉等认为，休闲时间从事的活动受人的主体意志支配，并不来自任何外在压力、目的和义务，而是出于人的自由意志。③ 乔荣生认为，马克思所说的自由时间是一种不同于"劳动时间"的"休闲时间"。因为只有在"休闲时间"里，人才有条件进行各种社会交往、娱乐和休息，接受教育和培训，从事较高级的活动，发展自身的智能，获得体力和智力等多方面的发展。④此外，持有这类观点的论文主要还有李士坤的《马克思自由时间理论与休闲》⑤，董瑞华的《马克思的闲暇时间理论与休闲经济》⑥，武慧俊的《休闲消费视阈下马克思人的解放理论及其当代价值》⑦，刘海春的《论马克思人

---

① 任爱玲. 马克思"自由时间"的哲学内涵及现实启示 [J]. 晋阳学刊，2012（5）：65-69.

② 宋健林. 马克思时间视域中的西方消费主义批判 [J]. 思想教育研究，2019（6）：61-65.

③ 曾宇辉，刘艺. 马克思的"自由时间"及当代启示 [J]. 学术论坛，2005（12）：132.

④ 乔荣生. 自由时间：衡量人的全面自由发展实现的标准与尺度 [J]. 河北学刊，2012（4）：133.

⑤ 李士坤. 马克思自由时间理论与休闲 [J]. 北京联合大学学报（人文社会科学版），2014（1）：22.

⑥ 董瑞华. 马克思的闲暇时间理论与休闲经济 [J]. 当代经济研究，2002（3）：8.

⑦ 武慧俊. 休闲消费视阈下马克思人的解放理论及其当代价值 [J]. 山西师大学报（社会科学版），2017（4）：44.

类解放的"劳动—休闲"之维》① 等。

3. 马克思自由时间思想的时代价值

立足人的自由而全面的发展，理论界从多角度阐述了马克思自由时间思想的时代价值。

余静认为，马克思自由时间思想的当代意义在于，人们追求物质富足的同时，更要追求精神生活的充实。因而，应当全面提高人的自由时间质量，使自由时间成为促进人的全面发展的新天地。② 乔荣生认为，马克思的自由时间思想围绕人的发展的根本主题，揭示了"自由时间"对于个人发展与社会发展的重大价值；自由时间是衡量人的全面自由发展实现的基本标准与尺度。③ 王雅林认为，马克思自由时间思想有益于社会主义精神文明建设；合理规划和使用自由时间，既能使劳动者享有必要的休闲，又能使劳动者身心愉悦，有助于造就体质优良、情操高尚、感情丰富、智力发达的社会主义新人。④

由上观之，理论界近年来对马克思自由时间思想的研究取得了丰硕成果。作为一种新的理论范式，马克思的自由时间思想实际上渗透经济学、社会学、文学、美学、教育学等众多学科领域，衍生出一系列极具社会前瞻性的交叉学科主题，如张圣兵的《引入自由时间的小康社会指标体系及评价》⑤、徐潇亮的《自由时间理论视域下的休闲教育》⑥、刘浏的《论创新驱动发展战略的价值与实现路径——以马克思自由时间理论为视角》⑦、徐俊武和吴伟杰的《自由时间、收入与幸福感——基于中国家庭追踪调查数据的经

---

① 刘海春. 论马克思人类解放的"劳动—休闲"之维［J］. 马克思主义与现实，2016（6）：20-26.

② 余静. 马克思的时间范畴及其当代意义［J］. 马克思主义研究，2008（3）：71-75.

③ 乔荣生. 自由时间：衡量人的全面自由发展实现的标准与尺度［J］. 河北学刊，2012（4）：182-185.

④ 王雅林. 自由时间利用的理论和实践度［J］. 求是学刊，1982（4）：77-82.

⑤ 张圣兵. 引入自由时间的小康社会指标体系及评价［J］. 管理学刊，2017（5）：1-12.

⑥ 徐潇亮. 自由时间理论视域下的休闲教育［J］. 学理论，2019（1）：74-75.

⑦ 刘浏. 论创新驱动发展战略的价值与实现路径——以马克思自由时间理论为视角［J］. 延边党校学报，2016（3）：16-18.

验分析》①、庄友刚和王砚的《马克思自由时间思想视阈下的当代失业问题研究》②、刘方喜的《"自由时间"论：马克思主义美学在消费时代的新拓展》③ 等。同时，我们也必须清醒地意识到，理论界对马克思自由时间思想的研究仍然存在一些问题。这主要突出表现在以下三个方面：

第一，缺乏扎实的文本研究。由于欠缺对《资本论》及其手稿一手资料的全面梳理和系统把握，许多学者断章取义，按照主观意志裁剪马克思的自由时间思想。在缺乏对论点充分论证的情况下，许多学者在诸如自由时间界定、自由时间与休闲时间的关系、自由时间存在的社会形态等议题方面陷入争执不休的泥沼。

第二，缺失应有的文化观照。自由时间思想是马克思早期无神论转向的重要产物。从这个视角上看，自由时间不仅是哲学、经济学议题，同时也是文化人类学议题。众所周知，马克思从小生活在宗教氛围浓厚的家庭环境之中，新教文化对马克思少年时期的世界观产生过重大影响。生命的有限性与基督教虚假的永生信仰构成的紧张关系是马克思自由时间思想萌芽的重要动因。因此，言及马克思的自由时间思想不能回避对基督教文化的观照。很明显，文化分析的视角在相关研究中是完全缺席的。

第三，欠缺多维的逻辑视角。马克思的自由时间思想中存在双重逻辑，即哲学批判的生产逻辑与资本批判的资本逻辑。马克思在经济学手稿时期主要采用生产逻辑视角，即基于唯物史观的宏大视野阐述自由时间与社会的再生产、阶级与自由时间不平等、共产主义与自由时间的解放等议题。在《资本论》中，马克思思想的主导逻辑是资本逻辑，即运用剩余价值理论剖析工人自由时间被剥夺的微观机理，从而揭示资本与自由时间的根本对立。很显然，理论界并没有厘清两种逻辑在马克思自由时间思想中的作用，因而无法揭示马克思自由时间议题的完整框架，使得相关论见浮于皮相。

---

① 徐俊武，吴伟杰. 自由时间、收入与幸福感——基于中国家庭追踪调查数据的经验分析 [J]. 南京审计学院学报，2016（2）：40-47.

② 庄友刚，王砚. 马克思自由时间思想视阈下的当代失业问题研究 [J]. 理论学刊，2014（10）：97-102.

③ 刘方喜. "自由时间"论：马克思主义美学在消费时代的新拓展 [J]. 湖北大学学报（哲学社会科学版），2008（6）：25-30.

1.3　研究思路和方法

1.3.1　研究思路

本书坚持以问题为导向，紧紧围绕马克思自由时间思想蕴含的关键议题，采用"总分总"的逻辑思路展开写作（见图1-1）。

首先，总体把握马克思著作相关的自由时间议题。在第二章"马克思自由时间思想的文本分析"中，在马克思自由时间思想的历史逻辑、理论逻辑和实践逻辑的基础上，提炼出马克思自由时间思想关涉的四大核心议题，即自由时间的科学内涵、阶级社会的自由时间不平等、资本主义的自由时间匮乏和共产主义的自由时间实现的问题。

其次，分别阐述马克思对四个自由时间议题的深刻思考。第三章"自由时间的内涵"阐述并分析了马克思自由时间思想的逻辑基础，即自由时间内涵的科学界定。第四章"自由时间的不平等"探讨了马克思在生产逻辑主导时期对自由时间的思考，主要包括自由时间不平等的历史形态和深层原因。第五章"自由时间的匮乏"探讨了马克思在资本逻辑视域主导时期对自由时间的思考，主要包括工人自由时间匮乏的内在机理和现代社会的再生产危机。第六章"自由时间的实现"阐述了马克思思想对自由时间问题的最终解决，即通过消灭私有制和阶级的共产主义革命，实现人类劳动和自由时间的全面解放。

最后，全面总结马克思自由时间思想的重大意义。在第七章"马克思自由时间思想的地位、影响及启示"中，评价了自由时间思想在马克思思想体系中的地位，评判了西方学界解读马克思自由时间思想的得失，并运用马克思的自由时间思想研判了当代中国社会自由时间问题的表现、原因与解决路径。

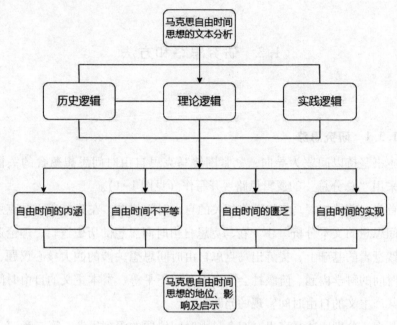

图 1-1　论文写作思路

1.3.2　研究方法

1. 文本研究法

走进马克思自由时间思想深处离不开文本的深度耕犁。马克思的自由时间议题主要分布在《资本论》及其手稿，因此《资本论》及其手稿的文本研究是我们解读马克思自由时间思想的根本依据。当前，理论界存在三类马克思著作的文本研究方法，分别是解释学方法、版本考证法和历史唯物主义方法。前两种方法有一定的应用空间，对于我们开掘马克思自由时间思想具有启发价值。但文本研究最根本的方法还是历史唯物主义方法，因为无论马克思著作的版本考证有何新发现，抑或是理论界通过对马克思个别词句的重新翻译产生何种新的见解，马克思思想的历史唯物主义根基都不可能被颠覆，这一思想基地在"政治经济学批判序言"中被马克思完整和准确地表述为："人们在自己生活的社会生产中发生一定的、必然的、不以他们意志为转移的关系，即同他们的物质生产力的一定发展阶段相适应的生产关系。这些生产关系的总和构成社会的经济结构……物质生活的生产方式制约着整个社会生活、政治生活和精神生活的过程。"① 从这个意义上说，解读马克思思想的客观标准在于马克思主义的根本方法、立场和观点，只有这样，才不至于在文本的细枝末节问题上纠缠不清，从而还原马克思自由时间思想的"庐山真面目"。

2. 症候阅读法

本书的研究还采用了阿尔都塞（Louis Althuser）等在《读〈资本论〉》开创的"症候阅读法"（symptomatic reading）。"症候"原是医学概念，指某种疾病表现出的一系列症状，如感冒表现为鼻塞、流涕、喷嚏、头痛、发热、恶寒以及全身不适等症候。阿尔都塞借用这个概念表明，马克思的文本并非完美无缺，包含了许多矛盾、沉默、错误、疏漏等内容。"症候阅读法"主要阅读充满歧义以及那些最易被忽视的文字、病语，尤其是在作者自相矛盾的论述中挖掘出深层问题域，进而在理论层面实现一种"认识的生产"②。通过清理文本"症候"，研究者能够挖掘作者思想深层的问题意识——"问题式"。阿尔都塞马克思思想的问题式区分为青年马克思的意识形态问题式和成熟马克思的科学问题式。"症候阅读法"作为一种理论生产方法，对于深刻把握马克思自由时间思想的"问题式"，从而弄清马克思自由时间思想的双重逻辑及其转变轨迹具有一定的方法论意义。

3. 文化哲学分析法

本书对马克思自由时间思想的解读还借助了文化哲学（cultural philosophy）的方法。按照文化哲学家恩斯特·卡西尔（Ernst Cassirer）的说法："一种所谓人的哲学，必然地同时就是一种科学哲学，必然地同时就是一种艺术哲学、语言哲学、神话哲学……一句话，人的哲学归根到底不能不是一种人类文化哲学"③，因此，人区别于动物的根本标志在于"人是符号

---

① 中共中央马克思恩格斯列宁斯大林著作编译局．马克思恩格斯全集：第 31 卷 [M]．北京：人民出版社，1998：412．

② 路易·阿尔都塞，艾蒂安·巴里巴尔．读《资本论》[M]．李其庆，等译．北京：中央编译出版社，2001：29．

③ 恩斯特·卡西尔．符号形式的哲学 [M]．赵海萍，译．长春：吉林出版集团，2017：11．

的动物"①。从这个意义上说，人类不仅置身机械的物理世界，更置身有意义的文化世界。实际上，马克思恩格斯在《德意志意识形态》中也论述过意识形态生产对于社会生活的重要影响。作为人类的伟大思想家，马克思本人拥有极高的文艺素养。在《资本论》及其手稿中，马克思经常引用古希腊罗马神话、圣经典故来阐发他对自由时间的理解，这使得我们对马克思自由时间思想的探索决不能止步于经验层面，而是需要上升到更高的知识境界，运用文化哲学的方法来解析马克思文本中的各种隐喻。

4. 逻辑与历史相统一的方法

逻辑与历史的辩证统一不仅是马克思书写《资本论》及其手稿的基本原则，同时也是指导我们开展马克思思想研究的重要方法论。"历史"包括社会的历史和思想的历史，呈现了纷繁复杂的历时态表象，"逻辑"是人运用抽象思维把握住历史过程的本质规律，历史是偶然性和必然性的辩证统一。运用历史与逻辑相统一的方法，我们能够深刻厘清马克思自由时间思想发展过程中的视角转换，即从《1857—1858 年经济学手稿》的生产逻辑转向《资本论》的资本逻辑。资本逻辑实质上是生产逻辑自身演绎的必然结果，马克思自由时间思想在不同时间、不同文本呈现的变化都是围绕这一逻辑转换展开的。马克思在《德意志意识形态》时期揭示了人类历史嬗变的一般规律，那么作为这一基本原理的内在规定和要求，马克思在成熟时期的《资本论》及其手稿中进一步探索了资本主义灭亡的特殊规律。与之相适应，马克思对自由时间的论述必然合乎逻辑地首先从生产逻辑的宏大视角出发，揭示自由时间与社会再生产的联系、人类自由时间的不平等与历史形态；其次再从资本逻辑的微观视角出发，剖析资本对工人自由时间剥夺的内在机理及其导致的社会再生产的危机。阶级斗争构成了双重逻辑的实践联结，而科学社会主义构成了双重逻辑的理论定向。

---

① 恩斯特·卡西尔. 人论 [M]. 甘阳，译. 上海：上海译文出版社，2013：45.

1.4 本书重难点与创新点

1.4.1 本书重点

本书有三大重点：

第一，揭示马克思的自由时间是一个生命范畴。通常而言，人们将时间理解为抽离生命的物理范畴，即海德格尔所言的遮蔽了存在的"流俗的时间概念"①。但与物理时间表征数的抽象流逝不同，在根本意义上，马克思的自由时间表征人的自由活动，尤其关联的是具有高度自觉的创造性活动。因此，人的活动与自由时间密不可分，以人为主体的自由时间实际上是有血有肉的生命范畴。在唯物史观的理论平台上，自由时间不仅有助于揭示"社会的再生产"是包含物质生产、精神生产和人自身的生产在内的相互联系的有机整体，还有助于揭示人类时间资源在三大再生产领域的分配与社会发展之间的内在规律。显然，运用生命范畴能够廓清自由时间的概念图像，有利于我们准确地把控唯物史观的逻辑完整性。

第二，阐释过度劳动是资本主义的特有现象。立足唯物史观的要义，马克思认为，人类自由时间的多寡是由生产方式决定的。前现代社会的生产主要追求有限的使用价值，即用于满足"吃喝住穿"等生活必需品，"自给自足"的生产模式使得过度劳动并不常见。因而，古代人事实上能够支配一定量的自由时间。而资本主义生产方式追求无限的交换价值，即"绝对的致富欲"，由此激励资本家对工人生命时间的疯狂剥削。骇人听闻的过度劳动成为现代工业社会的常见现象，现代人生理时间的严重挤压也是在资本主义这一特定历史时期才发生的。

第三，彰明共产主义是解放人类自由时间的根本道路。《资本论》及其

---

① 马丁·海德格尔. 存在与时间［M］. 陈嘉映，等译. 北京：生活·读书·新知三联书店，2014：21.

手稿表明，构筑在资本主义私有制基础的阶级对立是现代劳动者自由时间匮乏的根源，要实现人类自由时间的解放就必须消灭私有制、消灭阶级，建立公有制社会，只有共产主义才能彻底解决物质繁荣与精神贫困的文明悖论。马克思指出，在资本主义生产方式下，劳动时间被视为财富的唯一形态，由于自由时间不具有资本增殖的价值，其结果是工业社会对人的自由全面发展的敌视，进而造成物质文明与精神文明发展的严重不协调；只有共产主义才能够打破和超越资本主义单向度的劳动时间结构，使得"财富的尺度绝不再是劳动时间，而是可以自由支配的时间"，进而实现物质文明与精神文明的良性、均衡发展。在这个思想坐标上，共产主义是走出困扰无数伟大思想家的现代性危机的唯一出路。

1.4.2 本书难点

本书有三大难点：

第一，厘清马克思自由时间思想双重逻辑的复调视角。一般认为，马克思的思想在 1845 年实现哲学革命以后存在两种逻辑。一种是生产逻辑，这是从《关于费尔巴哈的提纲》《德意志意识形态》到《1857—1858 年经济学手稿》的主导性思路。另一种是资本逻辑，这是《资本论》的主导性思路。[①]马克思自由时间思想的复杂之处在于，马克思是基于生产逻辑与资本逻辑的复调语境探讨自由时间问题的。从生产逻辑出发，马克思探讨的是自由时间与社会再生产、阶级与自由时间不平等以及未来社会自由时间特点的宏观历史问题；从资本逻辑出发，马克思揭示和批判的是资本与雇佣劳动造成现代人自由时间极度匮乏的生存困境的微观机理问题。两种逻辑在《资本论》及其手稿中相互交织、相互消长，呈现一种动态的互动关系，给马克思自由时间思想的解读带来极大难度。

第二，阐述自由时间议题的性别视角。在《资本论》及其手稿中，妇女的自由时间匮乏问题是一个重要议题。在被马克思多次引述的《英国工人阶

---

① 仰海峰. 马克思资本逻辑场域中的主体问题［J］. 中国社会科学，2016（3）：4-23.

级状况》一书中，恩格斯全面揭露了女工被资本剥削的悲惨境况。比如，女工在工厂长时间的过度劳动，必然不可避免地导致家庭解体，并且对小孩产生最严重的道德败坏的恶果。恩格斯认为，女人重要的社会职能是成为一个合格的母亲，"一个没有时间照顾自己的孩子、没有时间让孩子在初生的几年中享受最普通的母爱的母亲，一个很少能见到自己的孩子的母亲，是不能称其为孩子的母亲的"。① 在《资本论》中，马克思深化了恩格斯的这一批判理路。但到目前为止，理论界鲜有人深究自由时间与妇女问题的联系。本书力图借助性别视野重构马克思自由时间思想的完整性，无疑具有一定挑战。

第三，评价马克思自由时间思想在马克思主义中的地位。科学研判自由时间思想在马克思思想中的地位是本书的最大难点。客观而言，在传统哲学教科书模式语境中，与人具体活动无涉的抽象物理时间顽固地支配了人们的认识，以至于理论界对马克思时间观的阐释基本围绕旧唯物主义范式兜圈子。实际上，马克思的自由时间既不是纯粹讨论物质运动的物理范畴，也不是形而上学意义上的哲学范畴，而是基于历史唯物主义的范式——"有血有肉的人"——出发的生命范畴。与传统哲学教科书把马克思的自由时间置于边缘位置不同，本书认为，自由时间概念在马克思主义中的地位是实质性的、基础性的。自由时间是解答马克思主义根本问题——人类解放的一把钥匙，是架设在马克思三大批判——哲学批判、政治经济学批判、空想社会主义批判上的思想桥梁。自由时间与私有制一样在马克思主义中具有全局性的理论高度。不可否认，这一大胆论见极有可能招致理论界的质疑和批判。因此，我们拿出最诚实和严谨的学术态度，科学和审慎地处理马克思自由时间思想的定位问题，尽可能减少评价马克思自由时间思想地位时可能产生的分歧。

1.4.3 本书创新点

本书有三大创新之处：

---

① 中共中央马克思恩格斯列宁斯大林著作编译局. 马克思恩格斯全集：第 2 卷［M］.
北京：人民出版社，1957：430.

第一，研究思路更加科学。马克思经典著作是解读马克思思想的客观准绳。本书严格基于《资本论》及其手稿的文本分析，力图为学界提供经得起严格检验的马克思自由时间思想解读报告。我们看到，理论界对马克思的自由时间探讨很多，涉及众多学科领域，包括经济学、管理学、社会学、休闲哲学、马克思主义理论等，但鲜有人专门立足《资本论》及其手稿系统地阐释马克思的自由时间思想。由于缺乏扎实可靠的文本分析作为马克思思想解读的客观标准，理论界长期以来对马克思自由时间思想的认识存在一定混乱。我们认为，马克思原著始终是阐释马克思思想的唯一客观凭据，因而绝不能任个人的旨趣主观地建构或抽象地演绎马克思自由时间议题。不但如此，为了防止对马克思文本的断章取义，还必须对马克思的全部著作（包括早期文本、书信）进行完整阅读和全景掌控，厘清马克思自由时间思想的科学内涵、历史逻辑、理论逻辑和实践逻辑，并在此基础上形成解读马克思自由时间思想的整体性视野。唯其如此，我们才能在接近马克思思想高度的基础上，实事求是和高屋建瓴地把握马克思自由时间思想的真义。

第二，研究议题更加丰富。长期以来，理论界对自由时间的思考主要聚焦于自由时间的价值维度，即自由时间对于人的全面发展的作用。这在一定程度上忽视了马克思自由时间思想蕴含的丰富社会议题，包括阶级与自由时间不平等、资本剥夺工人自由时间的内在机理的探讨等。尤为值得注意的是，马克思极其关注妇女问题，《资本论》及其手稿曾用很大的篇幅探讨现代妇女的自由时间匮乏困境。但迄今为止，妇女的时间问题并没有引发马克思主义理论界的广泛关注。马克思认为，妇女是资本时代的更大的受害者；在资本社会，妇女不仅承受父权制家庭的压迫，还要遭受资本的残酷剥削；资本家完全不顾及妇女的"特殊生理机制"①，随意地剥夺她们的生育时间和发展时间，妇女沦为资本增殖的罪恶工具。而且，尤为不公的是，作为就业市场的"廉价劳动力"，妇女并没有获得"同工同酬"的平等地位，妇女的痛苦与牺牲并没有换来应得的报酬。毫无疑问，对妇女命运的关切凸显了马克思自由时间思想的深刻时代性。

---

① 中共中央马克思恩格斯列宁斯大林著作编译局. 马克思恩格斯文集：第 10 卷 [M]. 北京：人民出版社，2009：536.

第三，研究结论更加客观。本书重新评价了马克思自由时间思想在马克思思想体系中的地位，认为马克思自由时间思想实际上在马克思的整体思想架构中占有基础性、全局性和战略性的理论地位。在全面掌握马克思文本的情况下，我们不难发现，自由时间其实是贯穿马克思一生思考的基本问题。马克思的自由时间思想绝不是马克思思想中独立、边缘的思想单元，而是马克思三大批判结晶——唯物史观、剩余价值理论和科学社会主义理论的重要组成部分，是贯通马克思思想逻辑整体性的支点和桥梁。比如，马克思在论述唯物史观的"全面生产"概念时，特别强调社会生产不仅包括物质生产，还包括精神生产和人自身的生产；又如，马克思在论述剩余价值理论时，强调工作日缩短是实现"自由王国"的根本条件；再如，马克思在阐述科学社会主义理论时，建构了未来社会运行的基本原则，包括自由时间有计划地合理分配与社会再生产（物质生产、精神生产与人自身的生产）的均衡发展，自由时间与劳动时间的对立的消融，以及财富尺度从劳动时间转变为自由时间，等等。这些都是涉及科学社会主义理论发展和社会主义国家发展的重大问题。毫无疑问，人们之前将马克思自由时间思想的讨论囿于狭窄范畴，低估了这一思想在理论和现实层面的重大意义。事实上，通过深入分析《资本论》及其手稿，并将马克思自由时间思想与他的整个思想历程勾连起来，我们不难发现，自由时间作为一种思想视域和问题意识，始终存在于马克思人类解放叙事的各个环节。

2 马克思自由时间思想的三重逻辑

回顾一百多年来的马克思思想研究史，那些随着个人旨趣的凸显和转换而生发出来的对马克思思想各式各样的阐释大都"昙花一现"，成为历史的"过眼云烟"；而那些基于严格的文本研究做出的理论阐释和思想生产，仍有跨越历史的思想价值。从这个意义上说，扎扎实实、深入系统、原原本本地梳理《资本论》及其手稿，是我们精准解码马克思自由时间思想的前提性工作。虽然《资本论》及其手稿中对自由时间的论述较为分散，但从理论范式和逻辑自洽性来看，马克思的自由时间思想包含了历史逻辑、理论逻辑与实践逻辑的辩证统一，是内蕴唯物史观、资本批判与未来社会学说三大话语系统的相互联系、内在统一、逻辑缜密、结构完整的科学体系。

2.1 《资本论》及其手稿自由时间思想的概况

《资本论》及其手稿不仅是政治经济学从批判走向成熟的标志，同时也是马克思自由时间思想的系统表达。马克思在这几部著作中对自由时间的论述呈现出高度理论化和科学化的特点。对《资本论》及其手稿进行严格的文本分析，是我们进一步发掘马克思自由时间思想要义的必不可少的基础工作。

2.1.1 《资本论》及其手稿文本的概况

在青年时期，政治经济学批判就成为马克思最重要的学术事业。探索资本主义灭亡的规律和未来文明诞生的条件贯穿了马克思的整个思想历程。与传统哲学宣扬的带有中世纪痕迹的唯心主义哲学不同，崇尚科学一直是马克思思想最鲜明的智识特征。将政治经济学批判上升为"硬科学"一直是马克思的伟大抱负。成熟时期的马克思极其鄙夷唯心主义构建的观念迷信和概念迷宫，他将"新时代"哲学的地基构建在最为世俗的经验领域——物质生产。马克思认为，唯物史观不带有"任何神秘和思辨的色彩""在思辨终止的地方，在现实生活面前，正是描述人们实践活动和实际发展过程的真正的实证科学开始的地方"①。从这个角度上看，剩余价值理论是唯物史观的进一步发展，即马克思的思想从哲学向科学的进一步飞跃。在此意义上，马克思把握自由时间的思想水平完全超过了前人，达到了前所未有的崭新的科学高度。本书对马克思自由时间思想的解读主要依据《资本论》及其手稿。以下，我们简要概述《资本论》及其手稿的形成轨迹（见表2-1）。

表 2-1 《资本论》及其手稿的形成轨迹

时间	著作
1857 年 7 月—1858 年 10 月	《1857—1858 年经济学手稿》
1861 年 8 月—1862 年春天	《1861—1863 年经济学手稿》第一大部分
1862 年春天—1863 年 1 月	《1861—1863 年经济学手稿》第二大部分（又称《剩余价值理论》）
1863 年 1 月—1863 年 7 月	《1861—1863 年经济学手稿》第三大部分
1863 年夏天—1865 年下半年	《1863—1865 年经济学手稿》
1867 年 9 月	《资本论》第一卷出版
1885 年 7 月	《资本论》第二卷出版
1894 年 11 月	《资本论》第三卷出版

---

① 中共中央马克思恩格斯列宁斯大林著作编译局. 马克思恩格斯选集：第 1 卷［M］. 北京：人民出版社，2012：153.

马克思早在 19 世纪 40 年代初就开始研究经济学了。大约在 1844 年春天，马克思萌生了为工人阶级创作《政治经济学批判》的构想。在 1848—1849 年欧洲革命期间，马克思因投身革命暂时中断了研究。革命退潮后，马克思侨居伦敦重新着手经济学研究。从 1857 年 7 月到 1858 年 10 月，马克思完成了第一部篇幅庞大的手稿，这就是《1857—1858 年经济学手稿》。马克思称"它是十五年的、即我一生的黄金时代的研究成果""这部著作第一次科学地表述了对社会关系具有重大意义的观点"[①]。马克思完成了七本经济学笔记，合在一起并称《1857—1858 年经济学手稿》。这些笔记本包括：《巴师夏和凯里》《导言》《〈政治经济学批判）（1857—1858 年草稿）》《七个笔记本的索引（第一部分）》《〈政治经济学批判）第一分册第二章初稿片段和第三章开头部分》和《〈政治经济学批判）第三章提纲草稿》。《马克思恩格斯全集》中文第二版的第 31 至 32 卷收录了《1857—1858 年经济学手稿》。

《1861—1863 年经济学手稿》是马克思研究自由时间从生产逻辑转向资本逻辑的过渡本文。手稿写作分为三个阶段。第一个写作阶段是从 1861 年 8 月到 1862 年春天。马克思在这一阶段完成了三大板块的写作：《货币转化为资本》（笔记本Ⅰ—Ⅲ）、《绝对剩余价值》（笔记本Ⅲ）、《相对剩余价值》（笔记本Ⅲ—Ⅴ）。第二个写作阶段是从 1862 年春天到 1863 年 1 月。马克思在这一阶段写作的笔记本Ⅵ—ⅩⅤ被称为《剩余价值理论》，里面详细梳理和评述了古典经济学的学说史。第三个写作阶段是从 1863 年 1 月到同年 7 月。马克思在这一阶段的写作主要是对前两个阶段写作的完善。完成《1861—1863 年经济学手稿》后，马克思接着又写了三卷《资本论》的手稿：第一卷《资本的生产过程》（写于 1863 年夏天至 1864 年夏天），第二卷《资本的流通过程》（写于 1865 年上半年），第三卷《总过程的各种形态》（写于 1865 年下半年）。其中，第三卷手稿是恩格斯编辑《资本论》第三卷的依据。1867 年，马克思的《资本论》的第一卷《资本的生产过程》出版。1885 年和 1894 年，恩格斯编辑和整理的《资本论》的第二卷《资本的流通过程》和第三卷《资本主义生产的总过程》出版。

[①]　中共中央马克思恩格斯列宁斯大林著作编译局．马克思恩格斯全集：第 29 卷［M］．北京：人民出版社，1972：546.

毋庸置疑，《资本论》是马克思毕生科学研究的思想结晶，1867 年出版的《资本论》是人类经济学理论发展史的伟大里程碑。《资本论》凝结了马克思毕生的心血，是马克思最重要的著作。从某种意义上说，《资本论》也是迄今为止人类精神史上最为深刻的一部"时间经济学"著作。纵观经济学说史，从以亚当·斯密、大卫·李嘉图为代表的古典经济学再到萨缪尔森为代表的新古典经济学，没有哪一部经济学著作像《资本论》那样如此重视时间问题。正如哈维指出的，《资本论》的特点就在于把时间作为理解人类经济活动的关键变量。①

需要说明的是，文书引用的《资本论》为人民出版社 2004 年版，引用的经济学手稿为《马克思恩格斯全集》中文第二版。在引述《资本论》及其手稿时，为了呈现马克思著作的原貌，本书保留了马克思笔记中的着重记号，并用粗体字呈现。

2.1.2 《资本论》及其手稿自由时间议题的概况

厘清《资本论》及其手稿自由时间议题分布，对于我们把握马克思自由时间思想的轮廓，进而梳理马克思自由时间思想的历史逻辑、理论逻辑和实践逻辑，具有不可或缺的理论意义。从《资本论》及其手稿的内容看，马克思对自由时间的论述与唯物史观理论的演进是一致的。马克思自由时间思想呈现出两种相互交叉、紧密联系的研究范式，即表征生产逻辑的哲学批判范式和表征资本逻辑的政治经济学批判范式，二者都布展在唯物史观的科学平台。具体而言，《1857—1858 年经济学手稿》自由时间议题布展以生产逻辑为中心；《1861—1863 年经济学手稿》对自由时间的论述呈现了两种视角的交叉；《资本论》自由时间议题的布展则以资本逻辑为中心。

1. 《1857—1858 年经济学手稿》自由时间议题的文本分布

《〈政治经济学批判〉（1857—1858 年草稿）》的手稿是写作《资本论》

---

① 跟大卫·哈维读《资本论》第一卷［M］. 刘英，译. 上海：上海译文出版社，2013：153.

的草稿①，包含在马克思用罗马数字注明的Ⅰ-Ⅶ七个笔记本。《〈政治经济学批判〉（1857—1858年草稿）》一共分为两章：货币章和资本章。货币章一共分为两部分：第一部分主要批判皮埃尔-约瑟夫·蒲鲁东（Piere-Joseph Proudon）的政治经济学；第二部分主要阐述商品流通和货币流通。资本章一共分为三篇：第一篇阐述资本的生产过程；第二篇阐述资本的流通过程；第三篇阐述剩余价值与利润的关系问题。其中，"资本的流通过程"一篇主要分为五部分：第一部分论述资本在流通过程中的再生产和积累；第二部分分析前资本主义的各种生产方式；第三部分阐述资本的循环和周转；第四部分批判古典经济学的各种观点；第五部分阐述固定资本和流动资本的问题。从文本分布的情况看，马克思对自由时间的阐述主要集中在资本章中的"资本的流通过程"部分。大体说来，马克思在《1857—1858年经济学手稿》中主要论述了四个自由时间议题（见表2-2）。

表2-2　"1857—1858年手稿"自由时间议题的内容范围

主要思想议题	具体思想细节	内容范围
自由时间与社会再生产	自由时间的内涵	笔记本Ⅶ5（31卷p107）
	自由时间与物质生产	笔记本Ⅶ5（31卷p108）
	自由时间与精神生产	笔记本Ⅰ27（30卷p123） 笔记本Ⅱ24（30卷p227） 笔记本Ⅵ15（30卷p379）
	自由时间与人自身的生产	笔记本Ⅲ8（30卷p251）
	资本主义物质生产与艺术生产的不平衡关系	笔记本M21~22（30卷上p51~53）

① 注：马克思在1858年11月29日致恩格斯的信中，明确将《1857—1858年经济学手稿》指认为"草稿"。他说："我把自己的手稿从头到尾看一遍差不多就要花一个星期。困难的是，这些手稿（印出来有很厚一大本）很乱，其中有许多东西只是以后的篇章才用得上。"参见马克思恩格斯全集：第29卷［M］.北京：人民出版社，1972：316-317.

续表

主要思想议题	具体思想细节	内容范围
自由时间与 人的全面发展	自由时间对人的文艺、科学素养的培养	笔记本Ⅶ5（31卷p101） 笔记本Ⅶ5（31卷p103）
	自由时间对智力的发展	笔记本Ⅶ24（31卷p179）
自由时间与 财富观	劳动时间财富观的批判	笔记本Ⅶ3（31卷p101） 笔记本Ⅶ3（31卷p104）
	自由时间财富观的构建	笔记本Ⅶ3（31卷p103） 笔记本Ⅶ3（31卷p104）
阶级与自由 时间不平等	资本家终生都有"自由时间"	笔记本Ⅵ24（31卷p23）
	工人终生只有"劳动时间"	笔记本Ⅶ3（31卷p104） 笔记本Ⅴ24（31卷p531）
资本与自由 时间匮乏	资本的趋势是使工作日得到最大程度的延长	笔记本Ⅶ3（31卷p104） 笔记本Ⅶ23（31卷p173）
	机器应用延长劳动时间	笔记本Ⅶ1（31卷p96）
	自由时间重新转化为劳动时间	笔记本Ⅵ27（31卷p23） 笔记本Ⅶ3（31卷p104）

凡例：笔记本Ⅲ1~4（30卷p3~11），是指笔记本Ⅲ第1~4页，即《马克思恩格斯全集》中文第2版第30卷第3~11页。

第一，自由时间与社会再生产。首先，马克思界定了自由时间的内涵与特征，认为自由时间既包括"从事较高级活动的时间"，也包括一般意义的"闲暇时间"。自由时间的根本意义在于标示出人的主体性，即"自由时间……自然要把占有它的人变成另一主体"①。其次，马克思还谈到了自由时间对物质生产的反作用，认为自由时间作为"个人得到充分发展"的手段事

---

① 中共中央马克思恩格斯列宁斯大林著作编译局．马克思恩格斯全集：第31卷[M]．北京：人民出版社，1998：108．

实上是解放生产力的利器，即"增加使个人得到充分发展的时间，而个人的充分发展又作为最大的生产力反作用于劳动生产力"①。最后，马克思重点阐述了共产主义将节约的劳动时间用于人的自由而全面的发展，即未来社会"由于给所有的人腾出了时间……个人会在艺术、科学等方面得到发展"②。

第二，自由时间与财富观。首先，马克思批判了资本主义单向度的财富观，即将劳动时间作为财富的唯一尺度，忽视了自由时间对于人的自由发展的重大意义。马克思指出，"以劳动时间作为财富的尺度，这表明财富本身是建立在贫困的基础上的。"③马克思认为，将劳动时间作为财富的尺度表明人类尚处于"史前史阶段"，这是文明没有充分发展的表现。其次，马克思将自由时间设定为衡量财富水平的最高标准，并揭示出共产主义社会的财富尺度不再是劳动时间，而是可以自由支配的时间，即"真正的财富就是所有个人的发达的生产力"④。由此马克思揭示了共产主义的财富观："财富的尺度决不再是劳动时间，而是可以自由支配的时间。"⑤

第三，阶级与自由时间不平等。马克思运用唯物史观的阶级分析法揭示了资本主义社会巨大的自由时间不平等问题。首先，资本家凭借资本免于雇佣劳动，因而其终生都有自由时间。"资本家用不着劳动，因而他的时间表现为非劳动时间，以致他甚至在必要时间内也不从事劳动……资本家的必要劳动时间也是自由时间。"⑥其次，在资本主义生产方式的裹挟下，工人被迫将吃饭睡眠外的全部生活时间变成生产剩余价值的劳动时间。马克思在笔记本Ⅴ"不同于特殊生产条件的一般生产条件"中指出，"工人必须把全部时

① 中共中央马克思恩格斯列宁斯大林著作编译局．马克思恩格斯全集：第31卷[M]．北京：人民出版社，1998：108.
② 中共中央马克思恩格斯列宁斯大林著作编译局．马克思恩格斯全集：第31卷[M]．北京：人民出版社，1998：101.
③ 中共中央马克思恩格斯列宁斯大林著作编译局．马克思恩格斯全集：第31卷[M]．北京：人民出版社，1998：104.
④ 中共中央马克思恩格斯列宁斯大林著作编译局．马克思恩格斯全集：第31卷[M]．北京：人民出版社，1998：104.
⑤ 中共中央马克思恩格斯列宁斯大林著作编译局．马克思恩格斯全集：第31卷[M]．北京：人民出版社，1998：104.
⑥ 中共中央马克思恩格斯列宁斯大林著作编译局．马克思恩格斯全集：第31卷[M]．北京：人民出版社，1998：23.

间都用来工作，从而形成剩余劳动时间"①。

第四，资本与自由时间匮乏。首先，在《〈政治经济学批判〉（1857—1858 年草稿）》第三篇"资本是结果实的东西"中，马克思指出，资本的基本趋势是把工作日延长到最大限度。其次，马克思揭示了在资本主义制度下，技术的发展绝不是工人的福音，而是资本家进一步压榨工人时间的有力手段。马克思指出，"最发达的机器体现在迫使工人比野蛮人劳动的时间还要长，或者比他自己过去用最简单、最粗笨的工具时劳动的时间还要长"②。

由上可知，《1857—1858 年经济学手稿》的自由时间议题主要凸显的是生产逻辑视域，即在"生产""阶级""未来社会"三大视野中，阐述自由时间对于社会再生产的功能、阶级与自由时间不平等的关系以及未来社会自由时间的特点。虽然马克思在文本中也言及资本与自由时间匮乏的关系，但剩余价值理论尚处于摸索阶段，所以，马克思主要依循《德意志意识形态》的哲学思维理解资本的作用，不适当地夸大了资本对于自由时间的正面作用。《1861—1863 年经济学手稿》尽管在剩余价值理论的构建上比《1857—1858 年经济学手稿》前进了一步，但马克思在《1861—1863 年经济学手稿》中仍大量使用"剩余劳动"这个含义模糊的非经济学术语。这说明，《1861—1863 年经济学手稿》实际上仍未完全超越《德意志意识形态》的生产逻辑，导致《1861—1863 年经济学手稿》中自由时间思想呈现生产逻辑与资本逻辑相互并置、相互交织的情况。显然，在完成《资本论》后，马克思的思想才彻底超越生产逻辑，并运用更成熟和精确的经济学理论科学剖析自由时间问题。

2. 《1861—1863 年经济学手稿》自由时间议题的文本分布

从这一文本上看，马克思的自由时间思想集中在 1861—1863 年第一阶段的"绝对剩余价值"和"相对剩余价值"两章，以及第二阶段评述李嘉图学

---

① 中共中央马克思恩格斯列宁斯大林著作编译局．马克思恩格斯全集：第 30 卷［M］．北京：人民出版社，1995：531．
② 中共中央马克思恩格斯列宁斯大林著作编译局．马克思恩格斯全集：第 31 卷［M］．北京：人民出版社，1998：104．

派的章节中。归纳起来，马克思从五个方面发表了论见（见表2-3）。

表2-3　"1861—1863年手稿"自由时间议题的内容范围

主要思想议题	具体思想细节	内容范围
自由时间的本质与来源	时间实际上是人的积极存在，它不仅是人的生命的尺度，而且是人的发展空间	笔记本XX1244（32卷p532）
	自由时间是精神发展所必需的空间	笔记本Ⅴ175（32卷p343） 笔记本Ⅴ219（32卷p408）
	资本家的自由时间来源于工人的剩余劳动时间	笔记本Ⅲ104（32卷p215） 笔记本Ⅲ106（32卷p221）
自由时间不平等的历史形态	前资本主义的自由时间不平等	笔记本Ⅲ106（32卷p221）
	资本主义的自由时间不平等	笔记本Ⅲ99（32卷p202） 笔记本Ⅲ100（32卷p205） 笔记本Ⅲ105（32卷p215） 笔记本Ⅲ105（32卷p216） 笔记本Ⅲ108（32卷p258）
绝对剩余价值生产对工人自由时间剥夺的显性尺度	资本尽可能地剥夺工人的自由时间	笔记本Ⅱ59（32卷p123） 笔记本Ⅱ86（32卷p149） 笔记本Ⅱ92（32卷p189） 笔记本ⅡA（32卷p190）
	剥夺工人自由时间是资本增殖的秘密	笔记本Ⅲ97（32卷p199）
相对剩余价值生产对工人自由时间剥夺的隐性尺度	机器应用延长劳动时间	笔记本Ⅴ190（32卷p363）
	工厂制度使劳动时间的延长超出了自然的界限	笔记本Ⅲ99（32卷p205） 笔记本Ⅲ199（32卷p376）

续表

主要思想议题	具体思想细节	内容范围
自由时间与阶级斗争	阶级的二重性：阶级表征物质条件和自由时间的双重不平等	笔记本Ⅲ104（32卷p213）
	工人缩短工作日的斗争	笔记本Ⅲ121～124b（32卷p242～248） 笔记本Ⅲ101（32卷p208） 笔记本Ⅴ219（32卷p408）
共产主义文明的时间向度	自由时间财富观的确立	笔记本ⅩⅣ860（35卷p229）
	"劳动—闲暇"的融合	笔记本ⅩⅣ860（35卷p229）

第一，自由时间的本质。在笔记本XX《相对剩余价值》的"机器"一节中，马克思探讨了自由时间的本质。马克思认为，时间不是脱离具体社会情境的抽象概念，而是与人的社会活动紧密联系的实践概念。"工厂制度的特点是，它本身显示出剩余价值的真正本质。在这里……劳动时间问题成了决定性的东西。"马克思接着指出了自由时间的根本特征，"时间实际上是人的积极存在，它不仅是人的生命的尺度，而且是人的发展的空间"①。马克思认为，自由时间不仅是量的标定，其根本在于质的界划，即人的高级活动是"自由"的根本维度。

第二，自由时间不平等的历史形态。首先，第一大社会形态自由时间不平等主要是质的不平等。马克思认为，生产方式决定了自由时间的分配方式；以使用价值为目的生产方式制约了统治者对劳动者的剥削，因而过度劳动在前资本主义并不是普遍现象，即"在使用价值占支配地位的一切社会情况下，劳动时间在某种程度上是无关紧要的"②。前资本主义自由时间不平等

① 中共中央马克思恩格斯列宁斯大林著作编译局. 马克思恩格斯全集：第 37 卷 [M]. 北京：人民出版社，2019：161.

② 中共中央马克思恩格斯列宁斯大林著作编译局. 马克思恩格斯全集：第 32 卷 [M]. 北京：人民出版社，1998：221.

主要表现为质的不平等，即统治阶级垄断了高级活动，使得少数人获得自由发展而多数人处于精神依附的愚昧状态。其次，第二大社会形态自由时间的不平等主要是量的不平等。马克思认为，以交换价值为目的的生产方式激励了过度劳动，使得现代劳动者自由时间的匮乏成为普遍问题，即"随着交换价值日益成为生产的决定要素，劳动时间的延长超过必不可少的自然需要的界限，也就越来越具有决定性的意义"①。马克思指出，资本主义对工人的残酷剥削超过了先前的一切制度，如奴隶制和农奴制，将自由时间不平等扩大到史无前例的程度。

第三，剩余价值的生产与工人自由时间的匮乏。《1861—1863 年经济学手稿》中将剩余价值的生产区分为绝对剩余价值生产和相对剩余价值生产。首先，在"绝对剩余价值"一章中，马克思论述了绝对剩余价值生产的内在逻辑是尽可能延长工作日，揭示了资本主义过度劳动的基本趋势："资本家的最强烈的愿望就是要工人尽可能不间断地滥用他的生命力。"② 其次，在"相对剩余价值"一章中，马克思重点论述了资本主义为了追求相对剩余价值，机器的广泛应用非但没有缩短工人的劳动时间，反而成为进一步压榨工人时间的手段。

第四，阶级斗争的自由时间向度。首先，马克思在"绝对剩余价值"中的"剩余劳动的性质"一节中分析了阶级的二重性，认为统治者对劳动者剥夺了两种东西——物质条件和自由时间，因此，资本主义的阶级斗争必然围绕工资与工作日展开。其次，马克思在"绝对剩余价值"中的"增补"中，用大量实证材料阐述了工人争取缩短工作日的艰苦历程，认为自由时间是人的自由而全面发展的关键条件，而工人争取自由时间的胜利对于改善工人的生存境遇产生了显著的影响。

第五，共产主义的自由时间向度。在"1861—1863 年手稿"写作的第二阶段，马克思在"剩余价值理论"中通过评述李嘉图学派的思想，进一步阐

---

① 中共中央马克思恩格斯列宁斯大林著作编译局. 马克思恩格斯全集：第 32 卷 [M]. 北京：人民出版社，1998：221.

② 中共中央马克思恩格斯列宁斯大林著作编译局. 马克思恩格斯全集：第 32 卷 [M]. 北京：人民出版社，1998：405.

明了共产主义与自由时间的关系。马克思认为，消灭阶级的共产主义革命是通向人类自由时间解放的根本道路，即"如果过度劳动者和有闲者之间的对立消灭了……如果资本不再存在……所有的人都将有可以自由支配的时间，发展自己的自由时间"①。

　　总的来说，从马克思大量使用"剩余劳动"这个过渡性术语可以看出，马克思此时的思想呈现哲学思维与经济学思维重叠构成的张力。一方面，"1861—1863年手稿"第一阶段的写作形成了《资本论》基本骨架，表明马克思的经济学研究取得了重大突破；另一方面，马克思在此时仍未完全脱离《德意志意识形态》的哲学批判话语，阶级与自由时间不平等的宏大叙事仍是马克思聚焦的中心。这说明，生产逻辑作为隐性话语仍然强势影响马克思对自由时间的论述，如马克思对自由时间不平等的历史形态的分析，实际上就是《德意志意识形态》生产逻辑的进一步演绎。《资本论》完成后，马克思才构建出成熟的经济学理论，进而科学地剖析了资本剥夺工人自由时间的发生机制。

　　3.《资本论》自由时间议题的文本分布

　　《资本论》共分为七篇："商品和货币""货币转化为资本""绝对剩余价值的生产""相对剩余价值的生产""绝对剩余价值和相对剩余价值的生产""工资"以及"资本的积累过程"。直接从文本内容上看，《资本论》七大总议题最终都可以还原为工人的时间问题。不同于《1857—1858年经济学手稿》用生产逻辑直接正面阐述自由时间。在《资本论》中，马克思主要是从资本逻辑出发剖析工人的劳动时间问题，即绝对剩余价值与相对剩余价值生产对于延长劳动时间的机制，批判性地引申出工人的自由时间问题。总括起来，《资本论》对自由时间的阐述主要包括了如下五大议题（见表2-4）。

---

① 中共中央马克思恩格斯列宁斯大林著作编译局. 马克思恩格斯全集：第35卷
　　[M]. 北京：人民出版社，2013：229.

表 2-4 "资本论"自由时间议题的内容范围对照表

主要思想议题	具体思想细节	内容范围
自由时间三大层次的划分	用于休息的生理时间	《资本论》第 1 卷 p269 《资本论》第 1 卷 p558
	用于娱乐的闲暇时间	《资本论》第 1 卷 p454 《资本论》第 1 卷 p589
	用于创造的发展时间	《资本论》第 1 卷 p306
资本对工人自由时间的剥夺	资本最大限度地压榨工人的生活时间	《资本论》第 1 卷 p349 《资本论》第 1 卷 p297 《资本论》第 1 卷 p301 《资本论》第 1 卷 p281 《资本论》第 1 卷 p336
	机器的资本主义应用是延长劳动时间的手段	《资本论》第 1 卷 p469 《资本论》第 1 卷 p549 《资本论》第 1 卷 p572
	工人终生只有"劳动时间"	《资本论》第 1 卷 p306 《资本论》第 1 卷 p312 《资本论》第 1 卷 p469
工人自由时间匮乏后果	人的畸形发展	《资本论》第 1 卷 p307 《资本论》第 1 卷 p535 《资本论》第 1 卷 p558
	现代妇女自由时间匮乏的生存困境	《资本论》第 1 卷 p453 《资本论》第 1 卷 p541 《资本论》第 1 卷 p743 《资本论》第 1 卷 p534 《资本论》第 1 卷 p549 《资本论》第 1 卷 p572

主要思想议题	具体思想细节	内容范围
工人自由时间匮乏后果	人自身的生存危机：人类的"退化"与"灭绝"	《资本论》第 1 卷 p199 《资本论》第 1 卷 p660 《资本论》第 1 卷 p311 《资本论》第 1 卷 p579
阶级斗争的时间向度	阶级斗争的基本目标：争取自由时间	《资本论》第 1 卷 p250 《资本论》第 1 卷 p272 《资本论》第 1 卷 p627
	国家立法对工作日的限制	《资本论》第 1 卷 p277 《资本论》第 1 卷 p312 《资本论》第 1 卷 p345
共产主义的时间解放	自由王国缩短工作日	《资本论》第 3 卷 p929

凡例：《全集》32 卷 p322，即《马克思恩格斯全集》中文第 2 版第 32 卷，第 322 页。

第一，自由时间由低到高分为三个层次。不同于《1857—1858 年经济学手稿》从生产逻辑出发一般性地阐述自由时间的内涵。在《资本论》中，马克思是从资本主义剩余价值生产的现实语境出发具体阐述自由时间的内涵。马克思在第八章"工作日"和第十三章"机器和大工业"中将自由时间区分为由低到高三大层次。首先，较低层次自由时间是指生理时间，包括"吃饭、盥洗、穿衣""家庭本身惯常需要的、在家庭范围内从事的自由劳动的时间"①。其次，中间层次自由时间是娱乐时间，包括"用于消费产品""娱乐和休息"。最后，较高层次自由时间是发展时间，包括"个人受教育的时间，发展智力的时间，履行社会职能的时间，进行社交活动的时间，自由运

---

① 马克思. 资本论：第 1 卷［M］. 北京：人民出版社，2004：433.

用体力和智力的时间"①。

第二，运用剩余价值理论剖析资本剥夺工人自由时间的发生机制。首先，在第三篇"绝对剩余价值的生产"中，马克思揭示了最大限度地延长工作日是绝对剩余价值生产的本质。其次，在第四篇"相对剩余价值的生产"和第二十三章"资本主义积累的一般规律"中，马克思揭示了"机器的资本主义应用……创造了无限度地延长工作日的新的强大动机"②。资本主义生产力的发展不是工人的"自由之路"，而是"奴役之源"。

第三，工人自由时间匮乏的生存困境。马克思在《资本论》全书的各个部分都有对工人自由时间匮乏生存困境的揭示和批判。概括起来，马克思在这一议题中贯穿了三条主线：一是工人的畸形发展；二是劳动妇女的"家庭—工作"冲突困境；三是整个人类的"退化"和"灭绝"。

第四，阶级斗争与自由时间。在"工作日"一章中，马克思阐述了阶级斗争与自由时间的关系，揭示了国家出台限制工作日的法令是阶级斗争的结果。首先，马克思指明了资本主义阶级斗争的焦点之一是缩短工作日，即"工作日界限的斗争，这是全体资本家即资本家阶级和全体工人即工人阶级之间的斗争"③。其次，国家在调和阶级斗争中扮演了重要角色。马克思认为，工作日立法是国家对阶级斗争的压力反馈，一定程度上节制了资本家对工人时间的过度压榨。马克思指出，"英国的工厂法是通过国家，而且是通过资本家和地主统治的国家所实行的对工作日的强制的限制，来节制资本无限度地榨取劳动力的渴望"④。

第五，共产主义对人类自由时间的解放。马克思在"劳动力价格和剩余价值的量的变化"一章中，揭示了人类自由时间不平等的根源在于私有制；私有制造成了劳动时间不平等分配。在资本主义社会，资本家凭借生产资料所有权免除劳动，而工人却不得不将自己一生的时间用于劳动。只有通过共产主义革命，才不会发生一个社会阶层把劳动全面转嫁给另一个社会阶层的

---

① 马克思．资本论：第1卷［M］．北京：人民出版社，2004：306.
② 马克思．资本论：第1卷［M］．北京：人民出版社，2004：469.
③ 马克思．资本论：第1卷［M］．北京：人民出版社，2004：272.
④ 马克思．资本论：第1卷［M］．北京：人民出版社，2004：276-277.

情况。马克思在《资本论》第 3 卷中还指出,"自由王国只有建立在必然王国的基础上,才能繁荣起来"[①]。

概而言之,既不同于《1857—1858 年经济学手稿》的生产逻辑为主导视角,也不同于《1861—1863 年经济学手稿》自由时间思想双重逻辑并置的视角,《资本论》对自由时间的阐述是以资本逻辑为主导,即基于"现代资本主义生产方式和它所产生的资产阶级社会的特殊的运动规律",科学剖析工人的自由时间困境,指明工人通向自由时间解放的唯一道路是消灭私有制的共产主义革命。

2.2 马克思自由时间思想的历史逻辑

探究《资本论》及其手稿自由时间话语的历史文化背景,不难厘清,马克思自由时间思想包含两条清晰的历史逻辑脉络:一是自由时间的精神史逻辑,即从古希腊阶级社会视域下"劳动—闲暇"二元论到空想社会主义人类社会视域下"劳动—闲暇"融合论的演变逻辑。这一逻辑建构了马克思自由时间在不同社会形态语境的多重内涵。二是马克思自由时间思想的形成史逻辑,即从基督教"堕落—拯救"永生时间观提升为唯物史观"苦难—解放"自由时间观的发展逻辑。这一理路建构了马克思解放理论的逻辑基点——人的自由全面发展,为进一步阐释人类自由时间的不平等、匮乏与实现构建了科学的理论平台。

2.2.1 马克思自由时间思想的精神史逻辑

从《资本论》及其手稿呈现的文字线索看,马克思的自由时间思想吸收和发展了三种西方精神史资源:古希腊自由时间思想、犹太—基督教自由时间思想及空想社会主义自由时间思想。这三种自由时间思想的出场映现了自由时间在西方精神史中的视域变迁,即从阶级社会"劳动—闲暇"的二元对

---

① 马克思. 资本论:第 3 卷 [M]. 北京:人民出版社,2004:926.

立转向无阶级社会"劳动—闲暇"的深度融合，深刻反映了空想社会主义思想家对于追求没有阶级、没有剥削、没有"脑力—体力"分工的"新世界"的伟大构想。具体而论，传统的"劳动—闲暇"二元论的基础是阶级社会的"脑力劳动与体力劳动的对立"。空想社会主义对自由时间概念的伟大变革在于，它要求全面废除私有制和消灭阶级，在打破"脑力—体力"劳动分化的基础上，彻底终结了"劳动—闲暇"的对立，实现了"劳动—闲暇"的有机统一，使未来社会的每一个人获得高度自由的发展。

显然，空想社会主义对自由时间的探讨已从剥削阶级立场转向劳动人民立场，这一政治站位和价值取向根本地影响了马克思。具体而言，自由时间精神史的逻辑在马克思那里表现为，自由时间概念具有政治经济学与哲学的双重含义。马克思在两种社会语境下使用自由时间：一种是阶级社会语境，另一种是共产主义社会语境。本书依照马克思的文本线索按图索骥，梳理了马克思与之前西方自由时间思想的演变逻辑，以便我们从思想史视野清晰地观察自由时间内涵的历史变迁。值得注意的是，考察自由时间精神史的基本脉络，既要运用历史的和阶级的分析方法，也要在此基础上注意对学科内部范畴发展逻辑的分析。

1. 古希腊自由时间思想："劳动—闲暇"的二元对立

古希腊悠久的贵族"闲暇"文化是马克思的重要思想资源。古希腊是一个成熟的奴隶制社会，奴隶主贵族在阶级不平等分工的事实基础上构建了崇尚闲暇、贬抑劳动的二元论世界观，对后世产生了难以磨灭的影响。一方面，马克思继承了古希腊"闲暇"思想的合理之处，认为统治阶级运用"沉思""求知""社交"的时间对于培养人的教养具有重要价值。另一方面，马克思也猛烈批判了古希腊思想家刻意制造的劳动与闲暇的对立，强调劳动也是人的高贵本性，只有将劳动融入闲暇，人的自由本性才能在更高维度彰显。

（1）赫西俄德的"休息"思想

赫西俄德（Hesiod）是一位于公元前 8 世纪出生在古希腊比奥西亚的富裕农民。古希腊这一时期步入奴隶制盛行的阶级社会，社会不平等愈加凸显，赫西俄德的思想可以看作人类对"文明世界"的最初反应。赫西俄德在这个历史时期创作的神话史诗《工作与时日》《神谱》决定性地塑造了青年马克思的世界观。他塑造的普罗米修斯的英雄形象深深地根植在马克思内心，成为马克思日后为全人类谋幸福的精神源泉。马克思说："像普罗米修斯从天上盗来天火之后开始在地上盖屋安家那样，哲学把握了整个世界以后就起来反对现象世界。"① 赫西俄德的另一首闻名于世的《工作与时日》一诗也在马克思的笔记本中被多次提及。② 总体而言，赫西俄德强调"休息"对于物质生产与人自身生产的重要意义，这启发了马克思对于自由时间的思考。概括起来，赫西俄德从以下三个方面论述了自由时间：

第一，自由时间源于剩余产品。赫西俄德说："诸神不让人类知道生活的方法，否则，你工作一天或许就能轻易地获得足够的贮备，以至一整年都不需要再为生活而劳作了。"③ 赫西俄德认为，富人之所以不需要劳动，是因为他们占有了大量剩余产品，劳动阶级则因为贫困而必须终日劳作。

第二，"人类时代"的五个阶段。赫西俄德把产生阶级以来的历史视为不断退化和衰败的过程。赫西俄德认为，随着人类在黄金时代、白银时代、青铜时代、英雄时代和黑铁时代相继堕落，人类的劳动时间也越来越长。"黄金时代"的人类"没有劳累和忧愁……他们拥有一切美好的东西"，而到了赫西俄德生活的"黑铁时代"，也就是古希腊的奴隶制社会，"人们白天没完没了地劳累烦恼，夜晚不断地死去"④。赫西俄德的"黑铁时代"生动折射出随着阶级社会的来临，古希腊劳动人民深陷劳役的苦海。

第三，"休息"时间对于人自身的生产的作用。赫西俄德认为，人自身的生产是物质生产的前提。他说："你就要让你的奴隶们休息他们可怜的膝

① 中共中央马克思恩格斯列宁斯大林著作编译局．马克思恩格斯全集：第40卷［M］．北京：人民出版社，1982：136.
② 中共中央马克思恩格斯列宁斯大林著作编译局．马克思恩格斯全集：第40卷［M］．北京：人民出版社，1982：56.
③ 赫西俄德．工作与时日·神谱［M］．张竹明，等译．北京：商务印书馆，1991：12.
④ 赫西俄德．工作与时日·神谱［M］．张竹明，等译．北京：商务印书馆，1991：25.

盖，从耕牛颈上卸下辕头也让它们休息。"① 赫西俄德极为重视人口生产对物质生产的交互作用，为此他特别强调了把握婚育时机的重要性："你应该在风华正茂的 30 岁左右娶妻完婚，别太早也别太迟了。这是适时的婚姻。女性在青春期之后四年才发育成熟，在第五年应娶她过门。"②

从文本研究的视域看，赫西俄德所说的"休息"实际上是马克思思想语境中的较低层次自由时间，即生理时间。不同于柏拉图和亚里士多德从"高、大、上"的视角来理解自由时间，赫西俄德从劳动人民的生产实践来理解自由时间的功能。我们可以看到，马克思在《资本论》中极为关注工人的生理境况，他把这类生理时间称为"睡眠、盥洗、穿衣、吃饭所需要的时间"③，并论述了这些时间对于工人获得解放的价值。显然，赫西俄德的"休息"思想是马克思自由时间思想的重要来源。

（2）柏拉图的"空闲"思想

柏拉图（Plato）是西方精神史中第一个系统建构"劳动—闲暇"二元论的思想家，他对"阶级—分工"的论述对马克思的思想产生了深刻影响（见表2-5）。柏拉图基于阶级社会的脑力劳动和体力劳动分化的事实，强化了劳动与闲暇的等级鸿沟。后世对自由时间的理解基本遵循了柏拉图的二元论模式。在《理想国》中，柏拉图把社会阶级划分为两大阵营——统治阶级和劳动阶级。前者由哲学家和战士组成，后者由农民和奴隶组成。柏拉图认为，社会分工是阶级划分的重要表现，"分工乃是正义的影子"④；统治阶级理应终生从事高级的统治活动，而劳动阶级则终生承担繁重的体力劳动。柏拉图将统治阶级的生活时间称为"空闲"，并认为"空闲"对城邦的精神文化发展起决定性作用。概括起来，柏拉图的"空闲"思想主要表现在以下四个方面。

① 赫西俄德. 工作与时日·神谱 [M]. 张竹明，等译. 北京：商务印书馆，1991：10.
② 赫西俄德. 工作与时日·神谱 [M]. 张竹明，等译. 北京：商务印书馆，1991：21.
③ 马克思. 资本论：第1卷 [M]. 北京：人民出版社，2004：293.
④ 柏拉图. 理想国 [M]. 郭斌和，等译. 北京：商务印书馆，1986：49.

表 2-5　《资本论》及其手稿对《理想国》的引述

文本	引述内容	具体章节	内容范围
"1861—1863 年手稿"	劳动者把"他的全部时间都用于做一件事情，因而他就不仅为自己而且也为别人，例如生产粮食"	第三章　相对剩余价值生产	笔记本 Ⅳ 162（《全集》32 卷 p322）
《资本论》	"劳动者必须坚持劳动""在适当的时间内不做别的工作，而只做一件事，那么他就能做得更多、更出色、更容易。"	第十二章　分工和工场手工业	《资本论》第 1 卷 p405~406

凡例：《全集》32 卷 p322，即《马克思恩格斯全集》中文第 2 版第 32 卷，第 322 页。

　　第一，统治者的空闲时间来源于对剩余劳动时间的占有。在柏拉图的《理想国》中，城邦对自由时间的分配极不平等，劳动阶级必须终生承担城邦所需的全部物质生产，而统治阶级则通过"空闲"时间从事音乐、体育、哲学等创造性活动。劳动人民如果不供养统治阶级，将会有充裕的自由时间干自己想干的事情。柏拉图指出，农夫"不管别人，只为他自己准备粮食——花四分之一的时间，生产自己的一份粮食，把其余四分之三的时间，一份花在造房子上，一份花在做衣服上，一份花在做鞋子上"①。但由于古希腊城邦的阶级存在，统治者拿走了本该属于劳动人民的"四分之三的时间"，"农夫要为四个人准备粮食，他要花四倍的时间和劳力准备粮食来跟其他的人共享"②。

---

① 柏拉图.理想国 [M].郭斌和，等译.北京：商务印书馆，1986：59.
② 柏拉图.理想国 [M].郭斌和，等译.北京：商务印书馆，1986：59.

第二，自由时间不平等与社会分工的正当性。柏拉图认为，城邦基于分工的原则将人划分为治国者、武士、劳动者三个等级的安排是公正的。分工是"一个人根据自己的天生才能，在适当的时间内不做别的工作，而只做一件事，那么他就能做得更多、更出色、更容易"①。在柏拉图眼中，"各司其职"是城邦最神圣的准则，每个人都不能逾越自己的位置。柏拉图认为，正义就是城邦中的每个人终生只做一件工作。换句话说，每个人不必同时做许多工作，而是做一份特别而适当的工作，不论年轻或老年，男性或女性，自由人，奴隶，工匠，统治者和被统治者。② 这样一来，分工的固化必然导致阶级的固化，劳动人民必须终生从事体力劳动。

第三，护卫者对"空闲"时间的利用。柏拉图认为，护卫者担负着保卫雅典城邦的神圣使命，因而"护卫者的工作是最重大的，他就需要有比别种人更多的空闲，需要有更多的知识和更多的训练"③。护卫者利用"空闲"时间接受完备的体育锻炼和系统的音乐教育，这样使得护卫者不至于过分软弱或过分粗暴。柏拉图特别强调"空闲"是高级活动的代名词，护卫者的"空闲"不等于"清闲"或"游手好闲"，"假使他全部时间都沉溺于丝弦杂奏歌声婉转之间……结果就会激情烟消云散，使他萎靡不振，成为一个软弱的战士"④。

第四，哲学家空闲时间的分配。在柏拉图看来，"空闲时间"就其本质而言是一种"教育时间"。对于立志成为哲学家的人来说，合理分配时间是柏拉图思考的重点。柏拉图为哲学家的成才之路精心设计了一张时间表：立志成为哲学家的人将用三年的时间（3~6岁）接受启蒙教育；十年的时间（7~17岁）学习基本军事知识和技能；三年的时间（17~20岁）进行体育训练；十年的时间（20~30岁）学习算术、几何、天文学与和声学等学科；五年的时间（30~35岁）学习辩证法；十五年的时间（35~50岁）参加实际管理工作；50岁以后"在剩下的岁月里他们得用大部分时间来研究哲学"⑤。

---

① 柏拉图. 理想国 ［M］. 郭斌和，等译. 北京：商务印书馆，1986：97.
② 柏拉图. 理想国 ［M］. 郭斌和，等译. 北京：商务印书馆，1986：138.
③ 柏拉图. 理想国 ［M］. 郭斌和，等译. 北京：商务印书馆，1986：66.
④ 柏拉图. 理想国 ［M］. 郭斌和，等译. 北京：商务印书馆，1986：78.
⑤ 柏拉图. 理想国 ［M］. 郭斌和，等译. 北京：商务印书馆，1986：129.

  理想国实际上是柏拉图心目中最理想的奴隶制社会，这种严苛的等级制度是通过强制分工的固化实现的。从这个意义上说，"劳动—闲暇"的二元论实际上是阶级对立的理论写照。柏拉图把自由时间等同于教育时间（音乐、体育、哲学）的观点不仅对西方思想史产生了深远影响，也深刻地影响了马克思。在西方，"学校"一词源于希腊语 skholk 和拉丁语 schola，意即统治者的闲暇和教育的场所。马克思在《资本论》中认为，"个人受教育的时间"是一种较高层次的自由时间，并指出这种时间是培养人的教养和个性的关键条件。

  （3）亚里士多德的"闲暇"思想

  正如国外学者欧文斯（J. Owens）所言："几乎所有这一领域的学者在探讨闲暇时都以亚里士多德为出发点，但很少有离开那一点的。"① 亚里士多德把自由时间看作专属于贵族阶级用于社交和思辨的时间，这一论见无疑深刻影响了马克思的思想（见表 2-6）。亚里士多德认为，"闲暇是全部人生的唯一本原""一切事物都是围绕着一个枢纽在旋转，这个枢纽就是闲暇"②。亚里士多德的"闲暇"（σχολή）不同于赫西俄德的"休息"（ξεκούραση）。亚里士多德认为，休息与闲暇不同：休息是为了更好地劳动，而劳动是为了闲暇。也就是说，休息低于劳动，劳动低于闲暇。概括起来，亚里士多德的"闲暇"思想主要表现为如下三个方面。

表 2-6 马克思对亚里士多德"闲暇"思想的继承

亚里士多德的"闲暇"议题	马克思对"闲暇"的论述	内容范围
闲暇与幸福	"在古希腊哲学意识的作坊里"，哲人"像亚里士多德的神一样享受着最高的幸福——理论"	"关于伊壁鸠鲁的哲学笔记"《全集》40 卷 p71

---

① J. OWENS. Aristotle on Leisure［J］. Canadian Journal of Philosophy，1981（4）：713-723.

② 亚里士多德. 政治学［M］. 吴寿彭，译. 北京：商务印书馆，1965：143.

续表

亚里士多德的"闲暇"议题	马克思对"闲暇"的论述	内容范围
闲暇与社交	工人的自由时间应该包括"进行社交活动的时间"	《资本论》第 1 卷 p294
闲暇与求知	"自由时间……对于正在成长的人来说，这个直接生产过程就是训练，而对于头脑里具有积累起来的社会知识的成年人来说，这个过程就是知识的运用，实验科学，有物质创造力的和物化中的科学"	"1857—1858 年手稿"Ⅶ 5《全集》30 卷 p108

第一，崇尚闲暇，贬抑劳动。亚里士多德认为，闲暇是文化的基础，"农民和工匠忙于生计而没有闲暇培育德性"①，因而城邦中凡有教养之人皆是有闲之人。亚里士多德指出，"假如两者都是必需的，那么闲暇也比劳作更为可取，并且是后者的目的"②。贬抑劳动与亚里士多德对人的本质的看法有关，亚里士多德把最超越性的智慧和德性与闲暇联系起来，认为劳动虽是闲暇的前提，但却是人为克服自然必然性的身不由己的活动。亚里士多德进而指出，唯有闲暇之人才能钻研哲学，从而培养灵魂的高贵神性。

第二，闲暇与社会关系的生产。亚里士多德认为，人的本质是一种社会动物，"人在本性上是社会性的""是天性就要和别人生活在一起的一种动物"③。人的社会性要通过参与城邦的公共活动来实现，而这需要耗费大量时间。亚里士多德指出，"古代的祭祀和庆典往往作为丰收节在谷物收获之后举行。因为，在这个季节里，人们才有最多的闲暇。所有这些共同体都是政

---

① 亚里士多德. 亚里士多德全集：第 9 卷［M］. 苗力田，译. 北京：中国人民大学出版社，1994：247.
② 亚里士多德. 政治学［M］. 吴寿彭，译. 北京：商务印书馆，1965：269.
③ 亚里士多德. 尼各马可伦理学［M］. 廖申白，译. 北京：商务印书馆，2003：18.

治共同体的一部分,友爱也随着这些具体的共同体的不同而不同"①。虽然参与公共活动的闲暇时间对于人的社会属性建构至关重要,但在亚里士多德的眼中,占人口大多数的奴隶不配享有闲暇,闲暇只能视为高等级阶层的特权。

第三,闲暇与幸福。亚里士多德认为,"如果人可以获得的自足、闲暇、无劳顿以及享福祉的人的其他特性都可以在沉思之中找到,人的完善的幸福——就人可以享得一生而言,因为幸福之中不存在不完善的东西——就在于这种活动"②。亚里士多德认识到劳动之外的闲暇对于人获取幸福的重要作用,但他没有像柏拉图那样追问闲暇的物质来源。亚里士多德持有精英主义观点,他认为最好的幸福只属于少数有闲的哲学家,大多数人只是产生圣贤的手段。

亚里士多德和柏拉图都身处古希腊贵族制走向没落的时代,在当时古典民主制已经成为不可阻挡的历史趋势。从这个意义上讲,亚里士多德的"闲暇"思想和柏拉图的"空想"思想实际上是企图通过证明统治阶级比劳动人民"高人一等",从而为不平等的阶级制度的存在辩护。一方面,亚里士多德的《形而上学》《政治学》《尼各马可伦理学》等著作成为《资本论》及其手稿的重要资源,这表明亚里士多德的"闲暇"思想的合理性。另一方面,马克思也批判了亚里士多德将劳动与闲暇对立起来的观点。马克思认为,自由时间的真正形态不是与劳动时间的对立,而是"物质创造"与"知识的运用"的结合。

2. 犹太—基督教自由时间思想:"劳动—闲暇"二元关系的重大调整

犹太—基督教在马克思早年的成长中扮演了决定性角色,马克思最初的思想无疑是直接从这一"母腹"文化中生长出来的。犹太—基督教的自由时间思想强化了"劳动—闲暇"二元论图式,并衍生出二重世界的紧张关系:神圣世界与世俗世界的对立。与古希腊的"劳动—闲暇"二元对立不同,在犹太—基督教的文化发展历程中,劳动与闲暇的关系是一个动态的演变过程,呈现复杂的变奏维度。"劳动—闲暇"二元关系的演变大致分为三个阶

---

① 亚里士多德. 尼各马可伦理学 [M]. 廖申白,译. 北京:商务印书馆,2003:269.
② 亚里士多德. 尼各马可伦理学 [M]. 廖申白,译. 北京:商务印书馆,2003:336.

段。第一阶段，前基督教时期，希伯来人在《旧约·圣经》中对工作日与休息日做了明确划分，强化了古希腊关于"劳动—闲暇"二元对立的思想。第二阶段，中世纪时期，基督教全面提高了劳动的价值。第三阶段，基督教改革时期，马丁·路德的"天职观"与加尔文的"预定说"构建出一套贬抑闲暇和崇尚劳动的新教伦理，强调"时间就是金钱"，颠倒"劳动—闲暇"的传统关系。经过宗教改革，特别是古典经济学对于劳动价值论的宣扬后，劳动范畴彻底压倒闲暇，取得工业社会的话语权。总的说来，尽管"劳动—闲暇"的价值关系被不断重构，但犹太—基督教的立足点——阶级社会的不平等分工，特别是脑力劳动与体力劳动的对立，并没有根本变化。犹太—基督教的自由时间思想表现在以下三方面：

第一，犹太教的安息日崇拜。"工作日"制度起源于犹太教。希伯来人在《旧约·圣经》"创世纪"一章中，用"上帝创世"的故事对工作世界与闲暇世界做了明确的时间界划。希伯来人通过原罪故事贬斥劳动，认为劳动是有罪、卑微和受罚的表现。《旧约·圣经》记载：人类的第一代祖先亚当和夏娃因为不服从耶和华的命令而承受原罪，被驱逐出伊甸园。上帝对亚当的判罚是："你必终身劳苦，才能从地里得吃的""你必汗流满面才得糊口，直到你归了土"（创世纪 3：17~19）。马克思在《1857—1858 年经济学手稿》中对此诠释道："'你必须汗流满面地劳动！'这是耶和华对亚当的诅咒。"①犹太教赋予安息日以神圣地位，将其视为人类与上帝和解的本真时刻。安息日（the Sabbath）源于阿卡德语，意思是七，即犹太历中一周的第七天，希伯来语意为"停止工作""休息"的意思。"安息日"是一种不同于工作世界的神圣时间，是时间的最高等级。《旧约·圣经》"十诫"中的第四诫记载："当照耶和华你神所吩咐的，守安息日为圣日。六日要劳碌作你一切的工，但第七日是向耶和华你神当守的安息日。"（申命记5：12）犹太教认为，在安息日里工作是亵神行为，可判处死刑。"耶和华晓谕摩西说：'你们要守安息日，以为圣日。凡干犯这日的，必要把他治死；凡在这日做工的，必从民中剪除……凡在安息日作工的，必要把他治死。'故此，以色列人要世世

---

① 中共中央马克思恩格斯列宁斯大林著作编译局．马克思恩格斯全集：第30卷［M］．北京：人民出版社，1995：615．

代代守安息日为永远的约。这是我和以色列人永远的证据，因为六日之内耶和华造天地，第七日便安息舒畅。"（出埃及记 31：13~17）安息日作为传统节日，构成劳动时间的长度限制。在《资本论》中，马克思在多处提及安息日的问题。马克思认为，资本逻辑的扩张必然与西方的传统形成巨大张力，资本家"把所有传统的假日都变成了工作日"①，其结果是"一切神圣的东西都被亵渎了"。

第二，基督教对劳动时间价值的提升。不同于《旧约·圣经》将劳动视为上帝的"诅咒"，《新约·圣经》赞扬人类劳动的意义，重估劳动的伦理价值。据《新约·圣经》记载，耶稣是木匠出身，他最初的四位门徒也都是渔夫出身。因救世主耶稣的缘故，基督教将劳苦大众视为"上帝伟大的创造事工的同工"，认定日常劳作分享了耶稣的荣耀。耶稣说："凡劳苦担重担的人，可以到我这里来，我就使你们得安息。"（马太福音 11：28）耶稣的使徒保罗作为一个手艺匠人，他时常一边劳作，一边传扬福音，他教导说："若有人不肯做工，就不可吃饭。"（帖后 3：8）保罗不能容忍基督徒游手好闲，他对帖撒罗尼迦教会信徒说："未尝不按规矩而行，也未尝白吃人的饭，倒是辛苦劳碌，昼夜做工，免得叫你们一人受累。"（帖后 3：7）早期基督徒基本是社会底层的劳苦大众，劳动是他们谋生的基本手段。因此，基督教对劳动的尊重源自信徒的阶级基础。通过强调劳动的尊严与神圣，中世纪的"劳动—闲暇"的矛盾有所缓和。

第三，宗教改革对自由时间价值的罢黜。宗教改革的革命意义在于彻底调整了"劳动—闲暇"的传统关系，建构了崇尚劳动、贬斥闲暇的现代价值谱系。马丁·路德把劳动视为上帝安排的天职，赋予劳动世俗价值和神圣价值的双重维度。他认为，修道生活不仅在上帝面前证明是毫无价值的手段，而且他还将修道生活视为自私和逃避世俗义务的表现。此外，加尔文认为劳动类似于一种禁欲行为，并指出世俗成功是教徒获得上帝救恩的标志。由此，宗教改革的重大思想遗产是催生了崇拜劳动、贬抑闲暇的新教伦理观。美国新教徒代表富兰克林认为，"时间就是金钱""一个人如果白白浪费了可

---

① 马克思. 资本论：第 1 卷［M］. 北京：人民出版社，2004：317.

以值五先令的时间，其实就是损失了五先令的金钱，就好像故意把五先令扔进大海一样。"① 马克思在《1857—1858 年经济学手稿》中揭露了新教时间观的世俗面目："货币崇拜产生禁欲主义，节欲，自我牺牲——节俭和悭吝，藐视世俗的、一时的、短暂的享受，追求永恒的财宝。因此，英国的清教和荷兰的新教都离不开搞钱。"②

总之，经过宗教改革，新教罢黜了古代世界对于闲暇的崇高看法，将劳动的价值提升到新的高度，决定性地塑造了近代以来对劳动时间的价值判断。古典经济学认为，劳动是价值的唯一源泉应当说是对新教伦理的理论复写。在《资本论》及其手稿中，马克思对新教伦理进行了深刻地批判。进入资本时代，劳动时间不仅事实上成为工业世界的枢纽，而且本身也被建构成意识形态神话，劳动纪律作为一种商业伦理，成为实现资本积累的不可或缺的文化建构。

3. 空想社会主义自由时间思想：探寻劳动人民的自由时间解放之路

空想社会主义（英语：utopian socialism；德语：utopischer Sozialismus）诞生于 16 世纪初西欧封建主义开始解体的时期。这一时期是资本主义最早显露各种现代性弊病的时期。空想社会主义对自由时间问题的关注分为三个时期。16、17 世纪是空想社会主义发展的第一阶段，这一时期诞生了三部经典的乌托邦文献，即托马斯·莫尔（St. Thomas More）的《乌托邦》、托马斯·康帕内拉（Tommas Campanella）的《太阳城》和约翰·凡·安德里亚（Johannes Valentinus Andreae）的《基督城》。这些著作已经开始关注劳动人民与统治阶级的自由时间对立问题。17、18 世纪是空想社会主义发展的第二阶段。在这一时期，关于自由时间讨论的重要文献有英国杰拉德·温斯坦莱（Gerrard Winstanley）的《自由法》、法国摩莱里（Morelly）的《自然法典》、让·梅叶（Jean Meslier）的《遗书》、马布利（Gabri-el Bonnot de Mably）的《论法治或法律的原则》。这些著作已经从唯理论的基础探讨消灭私有制从而解放自由时间的

① 马克斯·韦伯. 新教伦理与资本主义精神［M］. 马奇炎，等译. 北京：北京大学出版社，2012：43-45.

② 中共中央马克思恩格斯列宁斯大林著作编译局. 马克思恩格斯全集：第 30 卷［M］. 北京：人民出版社，1995：186.

可行性。19 世纪初到 19 世纪三四十年代是空想社会主义发展的第三阶段。资本主义现实弊端在这一时期愈演愈烈，资本家对工人自由时间的侵占达到史无前例的状态，过度劳动已经成为工人的"人间炼狱"。19 世纪初，三大空想社会主义者的著作直接从现实出发，要求干涉工作日制度、缩短劳动时间，保障劳动者自由时间的生活权益，主张建立一个没有资本主义弊端的理想社会。

总的说来，空想社会主义将自身学说的合法性立足在基督教核心价值——平等，要求打破"阶级—分工"造成的脑力劳动与体力劳动的对立，从而彻底打碎"劳动—闲暇"的二元对立。这一点深刻地启迪了马克思对未来社会的构想（见表 2-7）。概括起来，空想社会主义者对自由时间问题的探讨主要集中在如下两个方面：

表 2-7 《资本论》及其手稿对空想社会主义自由时间思想的继承

空想社会主义的自由时间议题	马克思未来社会关于自由时间的论述	内容范围
莫尔：限制生产时间	"真正的自由王国……工作日的缩短是根本条件"	《资本论》第 3 卷 p929
摩莱里：未来社会劳动时间有计划的分配	"劳动时间在不同的生产部门之间有计划的分配，在共同生产的基础上仍然是首要的经济规律"	"1857—1858 年手稿" I 27《全集》30p 卷 123
	"劳动时间的社会的有计划的分配，调节着各种劳动职能同各种需要的适当的比例"	《资本论》第 1 卷 p96
安德里亚：提升自由时间质量，严禁游手好闲	"如果音乐很好，听者也懂音乐，那么消费音乐就比消费香槟酒高尚"	"1861—1863 年手稿"第二部分（剩余价值理论）《全集》33 卷 p361

续表

空想社会主义的自由时间议题	马克思未来社会关于自由时间的论述	内容范围
巴贝夫：人人劳动，人人有自由时间	"如果资本不再存在，那么工人将只劳动6小时，有闲者也必须劳动同样多的时间"，这样"所有的人都将有自由时间"	"1861—1863 年手稿"第二部分（剩余价值理论）《全集》35 卷 p229
欧文：自由时间反作用于生产力进步	"增加自由时间，即增加使个人得到充分发展的时间，而个人的充分发展又作为最大的生产力反作用于劳动生产力"	"1857—1858 年手稿" Ⅶ 5《全集》31 卷 p108

（1）劳动人民自由时间的匮乏与解放

作为现代性体验的最初反应，空想社会主义将现代社会弊病的根源归结于私有制。空想社会主义者都指认了私有制造成财富与自由时间双重分化的事实。比如，莫尔认为，劳动人民辛勤劳动，不仅要养活贵族，而且要养活贵族的大批仆从，而"贵族像雄蜂一样，终日无所事事，强迫自己田庄上的佃农为他们工作"①。让·梅叶认为，"一些人是什么事也不干，只是随心所欲地休息、游戏、闲荡、睡觉、大吃大喝，在愉快而充满安乐的游手好闲的生活中发胖；可是另一些人则在工作中疲劳不堪，日夜不得安静，流尽血汗，勉求一饱"②。私有制必然造成严重的社会不平等，人间一切欢愉的东西都由统治阶级享受，而尘世的一切不幸、忧虑、依附、不安、惊惶，一切累人的脏活都由劳动人民承担。

至19世纪，随着资本主义全球市场的急剧扩张，私有制固化为更加不平等的社会制度，劳动人民自由时间的匮乏达到史无前例的地步。欧文指出，工人在工厂经常每天劳动十四、十六甚至十八小时，工人的工作毫无舒

---

① 托马斯·莫尔. 乌托邦 [M]. 戴镏龄，译. 北京：商务印书馆，2017：138.
② 梅叶. 遗书 [M]. 陈太先，译. 北京：商务印书馆，1985：83, 108, 109.

适感，并且对身体产生了极大损害。① 欧文愤慨地指出，雇佣劳动制"使广大人民群众的家庭生活习惯遭到了破坏。它剥夺了他们受教育和享受合理娱乐的时间，它剥夺了他们的实际利益，并且由于使他们养成了上小酒铺买醉寻乐的习惯而毒化了他们社会生活中的全部享乐"②。欧文作为一个才华横溢、功绩卓越的工人运动领袖，他犀利的思想、振聋发聩的演讲和发人深省的文字不仅给当时的英国社会带来了极大震动，也吸引和鼓舞了马克思参与工人解放事业。

空想社会主义的学脉源于基督教。早期的基督徒社团是由使徒亲自参与并直接领导的，信徒们过的是集体生活，实行财物公有制、社团成员一律平等的原则。空想社会主义者基本上都是基督徒，他们把基督教的平等理念贯彻现实批判，除圣西门和傅立叶外，所有空想社会主义者都明确提出，扬弃自由时间不平等的根本途径是消灭私有制、建立公有制社会。莫尔指出，消灭了私有制的社会，所有人都将拥有大量自由时间，即每个人"只工作六小时……这六小时不但够用，而且绰有余裕"③。空想社会主义者将人类自由时间解放的全部希望寄托在公有制上。安德里亚认为，基督城的公有制具有无可比拟的优越性，城中公民"每天工作时数并不多，可是他们完成的工作并不比其他地方的人少"④。摩莱里认为，公有制社会的优势是可以对劳动者的劳动时间进行合理分配和科学管理；只要立法者不建立私人占有的社会制度，他就不会碰到不服从他安排的人，他可以向社会成员合理分配工作时间。⑤ 欧文不仅把公有制视为公平的社会分配制度，同时将其视为高效的社会生产制度，即公有制的最大优势是公平的分配制度有利于增强人民参与生产建设的热情和动力，加速生产力的进步，使单位时间的经济产出最大化。

（2）探寻"劳动—闲暇"的融合之路

马克思在《1857—1858年经济学手稿》中高度肯定了傅立叶对未来社会

---

① 欧文. 欧文选集 [M]. 柯象峰，等译. 北京：商务印书馆，2017：152.
② 欧文. 欧文选集 [M]. 柯象峰，等译. 北京：商务印书馆，2017：144.
③ 托马斯·莫尔. 乌托邦 [M]. 戴馏龄，译. 北京：商务印书馆，2017：57.
④ 约翰·凡·安德里亚. 基督城 [M]. 黄宗汉，译. 北京：商务印书馆，1991：30-31.
⑤ 摩莱里. 自然法典 [M]. 黄建华，等译. 北京：商务印书馆，2000：37.

的基本构想，即劳动时间与自由时间对立的消融。马克思指出，傅立叶的"一大功绩"在于，傅立叶将生产方式提高到更高的高度，从而使生产活动具有了"自由活动"的属性。因此，劳动人民被排斥在高级活动领域外也只是人类历史的特定现象。空想社会主义主张在废除阶级与"脑力—体力"分工的基础上，彻底打破劳动与闲暇的阶层固化，并在劳动成为愉悦的情况下，进一步探索人民群众实现德智体美劳全面发展的途径。

第一，缩短物质生产的时间。空想社会主义者认为，要实现人民的全面发展就必须合理分配时间，只有缩短用于谋生的必要劳动时间，才能为其他活动腾出时间。他们认为，在消灭了剥削和人人参与劳动的情况下，缩短物质生产时间并不会导致社会的贫困，社会只投入少量时间就能获得充裕的产出。在莫尔规划的乌托邦中，"乌托邦人把一昼夜均分为二十四小时，只安排六小时劳动""这六小时不但够用，而且绰有余裕"①。在康帕内拉构想的太阳城，"每人每天只做不超过四小时的工作"②。同时，空想社会主义者还充分考虑到妇女生理的特殊性，特别限定了妇女的劳动时间。欧文指出，妇女由于要看管儿童和照顾家庭，因而妇女"每天工作不得超过四至五个小时"③。安德里亚在《基督城》中规定："妇女的产假是四十二天，期满后，她们对上帝表示隆重的感谢。在产假期间，由公共日用供销店供应适合于产妇吃的、易于消化的食物。"④ 欧文认为，公平是激发劳动热情和提高生产效率的决定因素，"在公有制条件下同在私有制条件下比较起来，所节约的时间、劳动和资本，将超过人的理性所能想象的程度"⑤。因此，通过合理的劳动时间规划，人们只需要很短的时间就可以获得充裕的产品。欧文指出，"在为劳动阶级做出的妥善安排下，他们只需要很短的时间就可以十分轻松愉快地取得自己的必需品和享用品，从而体验到工作简直就是足以使他们保持最健全的身体和精神、能够合理地享受生活的一种娱乐"⑥。

---

① 托马斯·莫尔.乌托邦［M］.戴馏龄，译.北京：商务印书馆，2017：54，57.
② 康帕内拉.太阳城［M］.陈大维，等译.北京：商务印书馆，1980：24.
③ 欧文.欧文选集：第1卷［M］.柯象峰，等译.北京：商务印书馆，2017：188.
④ 约翰·凡·安德里亚.基督城［M］.黄宗汉，译.北京：商务印书馆，1991：130.
⑤ 欧文.欧文选集：第1卷［M］.柯象峰，等译.北京：商务印书馆，2017：14.
⑥ 欧文.欧文选集：第1卷［M］.柯象峰，等译.北京：商务印书馆，2017：331.

第二，加强体育锻炼。空想社会主义者特别重视体育。安德里亚认为，基督城的公民"倘有闲暇还可以随意在城里的空地上或者在旷野里做点高尚的体育活动。他们可以举行赛跑、摔跤，也可以打球，或者甚至使用兵器从事操练，或者，要是他们已经年纪大了，可以做驯马的游戏"①。康帕内拉认为，体育是培育人健全人格的重要环节，太阳城的公民"不准许玩骨牌、掷骰子和下棋以及其他静止不动的赌博游戏"，但对于"打球、棒球、套环、摔跤、射箭、射击和标枪等"② 这类强身健体的体育运动则极为支持。欧文特别强调体育运动对儿童成长的重要性。他指出，"儿童如果没有健康的体格和良好的习惯，就不能成为国家真正有用的臣民，他们在生活中也不能自享安乐而对人无害"，因此对处于发育期的儿童，"按他们的年龄来说，他们的时间完全应当用来上学读书以及在户外进行健身运动"，而不是将他们"禁锢在室内，日复一日地进行漫长而单调的例行劳动"③。

第三，加强精神发展。莫尔与柏拉图一样，把自由时间的本质理解为学习时间。莫尔指出，"乌托邦人……大部分公民，无分男女，总是把体力劳动后的剩余时间一辈子花在学习上"④，"空闲一般是用于学术探讨。他们照例每天在黎明前举行公共演讲"⑤。莫尔认为，自由时间用于精神智力发展的结果是：乌托邦的全体公民都变成有高度文化教养的人，"人人都将完全有可能得到生活的喜悦。人人的身心都将健康而高尚；他们将永远朝气蓬勃，精神焕发。他们在进入这一生活阶段的时候，就已获得了各种各样的有用知识，其中既有理论知识，又有实践知识，而且在广度和深度方面，都超过人们至今所达到的水平。他们将很好地了解最新成就，以充实自己在理论和实践上所得到的有用知识"⑥。康帕内拉这样构想他的太阳城："每人每天只做不超过四小时的工作；其余的时间都用来愉快地研究各种科学、开座谈会、阅读、讲故事、写信、散步以及从事发展脑力和体力的活动，而且大家都乐

---

① 约翰·凡·安德里亚. 基督城［M］. 黄宗汉，译. 北京：商务印书馆，1991：79.
② 康帕内拉. 太阳城［M］. 陈大维，等译. 北京：商务印书馆，1980：24.
③ 欧文. 欧文选集：第1卷［M］. 柯象峰，等译. 北京：商务印书馆，2017：159.
④ 托马斯·莫尔. 乌托邦［M］. 戴馏龄，译. 北京：商务印书馆，2017：70.
⑤ 托马斯·莫尔. 乌托邦［M］. 戴馏龄，译. 北京：商务印书馆，2017：56-57.
⑥ 托马斯·莫尔. 乌托邦［M］. 戴馏龄，译. 北京：商务印书馆，2017：178，71.

意从事这一切活动。"① 安德里亚认为，人最大的快乐是精神的快乐，因而将自由时间用于精神发展最为合理。他指出，对于基督城的公民而言，"他们这种休假多半是为着精神，而较少为着肉体，更多地为着灵魂，而不单纯为着躯壳。我们极其需要尽可能经常地豪迈的决心重新把我们的思想充实起来，抵制邪恶，这是良好的开头所必需的"②。马克思充分继承了空想社会主义的这一主张，在《资本论》的"工作日"一章中，马克思极力批判了资本对工人发展智力的时间的剥夺。③

第四，加强社会交往。空想社会主义还继承了古希腊的"闲暇"文化，认为人的本性是一种社会动物，因而自由时间运用于社交对于提高生活质量极为重要。莫尔指出，乌托邦的公民每天将其自由时间用在自己喜爱的事情上，例如，同他人交谈，或拜访亲友，或到临近公社去收集和传达信件，这段时间是积极享受人生乐趣的美妙时期。④ 安德里亚认为，"近朱者赤，近墨者黑"，基督城的公民若想变得更加优秀，就必须充分利用自由时间跟卓越的人建立友谊。他指出，为了"振作我们心灵上疲惫的器官，磨砺我们的智慧，为此我们就得接近能激励我们的人，或者干脆就和他们朝夕相处"⑤。马克思也认为，人"不仅是一种合群的动物，而且是只有在社会中才能独立的动物"⑥。所以，在《资本论》中，马克思极为重视工人的社交活动时间。⑦

第五，提高时间质量，严禁"游手好闲"。空想社会主义者继承了古希腊的贵族闲暇观，认为自由时间必须用于人的高质量发展，因而他们的乌托邦都严厉禁止"游手好闲"。比如，在莫尔设计的理想乐园中，人们能够合理掌控工作、睡眠及用餐时间当中的空隙，绝不会将零碎的自由时间用于闲荡。⑧ 摩莱里认为，游手好闲将是新社会的唯一的恶习、唯一的罪行和唯一

---

① 康帕内拉. 太阳城 [M]. 陈大维，等译. 北京：商务印书馆，1980：24.
② 约翰·凡·安德里亚. 基督城 [M]. 黄宗汉，译. 北京：商务印书馆，1991：32.
③ 马克思. 资本论：第 1 卷 [M]. 北京：人民出版社，2004：203.
④ 欧文. 欧文选集：第 1 卷 [M]. 柯象峰，等译. 北京：商务印书馆，2017：42.
⑤ 约翰·凡·安德里亚. 基督城 [M]. 黄宗汉，译. 北京：商务印书馆，1991：32.
⑥ 中共中央马克思恩格斯列宁斯大林著作编译局. 马克思恩格斯全集：第 30 卷 [M]. 北京：人民出版社，1995：21.
⑦ 马克思. 资本论：第 1 卷 [M]. 北京：人民出版社，2004：306.
⑧ 托马斯·莫尔. 乌托邦 [M]. 戴馏龄，译. 北京：商务印书馆，2017：56.

的耻辱。① 安德里亚认为，基督城居民的自由时间主要用于精神的全面发展，他们的休假主要是为了精神世界的升华，"这样一来，你就不可能像你所预料那样看到愚人寻欢作乐，也不可能听到游手好闲的喧嚣"②。温斯坦莱（Gerrard Winstanley）甚至为理想社会拟定了严刑峻法，以防游手好闲的发生。他说："如果有人想靠他人劳动过游手好闲的生活，就有法律对他进行严厉的制裁。"③ 就反对"游手好闲"而言，马克思的思想与空想社会主义是一脉相承的。在《资本论》及其手稿中，马克思极力批判了资本主义闲暇的俗化，即工人把闲暇用来参与"下流的娱乐"。换言之，时间只能用来做有价值的事情，而绝不能肆意挥霍。

总体而言，空想社会主义从人类文明形态演变的进程，深刻阐明了废除"劳动—闲暇"二元对立对于人类解放的意义，从而把对自由时间的思考推向新高度。空想社会主义启发马克思从无阶级的"人类社会"视域思考废除"体力—脑力"劳动对立的可能性，成熟时期的马克思在《哥达纲领批判》中将未来社会的劳动明确定位为"生活的第一需要"。从这个意义上说，西方精神史从"劳动—闲暇"二元论到融合论的演变逻辑不仅是马克思自由时间思想的重要来源，而且还成为马克思人类解放理论不可分割的组成部分。

2.2.2 马克思自由时间思想的形成史逻辑

除了自由时间的精神史逻辑外，马克思自由时间思想还蕴含自身形成的历史逻辑。这一逻辑行程与马克思整个思想历程的进展是一致的。从更宏大的历史背景看，马克思对时间与自由的理解反映了近代以来西方文化从中世纪的永生信仰向无神世界的世俗生活的过渡。与之相适应，自由时间思想的孕育、深化和成熟展现了马克思从青年时期的"堕落—拯救"的永生时间观转向成熟时期的"苦难—解放"的自由时间观的发展逻辑。自由时间思想内蕴无神论的隐秘话语是马克思后来进一步"两个转向"的深层动机。把握马

---

① 摩莱里. 自然法典 [M]. 黄建华，等译. 北京：商务印书馆，2000：25.
② 约翰·凡·安德里亚. 基督城 [M]. 黄宗汉，译. 北京：商务印书馆，1991：31-32.
③ 温斯坦莱. 温斯坦莱文选 [M]. 任国栋，译. 北京：商务印书馆，1965：106.

克思自由时间思想的形成脉络，有利于我们更深刻地掌握马克思整个思想运动的内在逻辑。具体而言，马克思自由时间思想的形成经历了三个阶段。

第一个阶段（1836—1841）是自由时间思想的孕育时期。马克思在大学求学期间经历了有神论与无神论碰撞引发的精神焦虑，在浪漫主义和青年黑格尔思想的冲击下，马克思彻底放弃了基督教的永生信仰，构建了否定来生、重视今生的无神论价值观；无神论对生命价值的重估是马克思自由时间思想孕育的标志；这一阶段的文本包括马克思的中学作文、诗歌、戏剧、哲学笔记和博士论文等。第二个阶段（1842—1857）是自由时间思想的发展时期。马克思和恩格斯在参与工人运动时关注到围绕工作日的阶级斗争问题，并开始思考自由时间对于工人解放的现实意义；这一阶段的著作包括《神圣家族》《德意志意识形态》《哲学的贫困》《雇佣劳动与资本》《关于自由贸易问题的演说》和《共产党宣言》等。第三个阶段（1857—1867）是自由时间思想的成熟时期。马克思在这一时期暂别革命舞台，返回书斋潜心治学，构建了伟大的政治经济学批判体系——剩余价值理论，系统地厘清了自由时间的内涵，探究了自由时间不平等的根源，并剖析了资本剥夺工人自由时间的内在机理；这一阶段的重要著作主要是《资本论》及其三大手稿。

1. 马克思自由时间思想的孕育：对基督教永生观的质疑

在《资本论》及其手稿中，马克思对未来社会自由时间做了如下表述："时间实际上是人的积极存在，它不仅是人的生命的尺度，而且是人的发展的空间"。[①] 这一生命时间观在其博士论文哲学语境中的表达是："人的感性就是形体化的时间，就是感性世界的存在着的自身反映。"[②] 应当说，马克思最初的时间观诠释了一种人生态度，即摒弃基督教虚假的永生信仰，积极拥抱有限的今生。从这个意义上看，马克思自由时间思想的孕育其实是马克思新旧世界观交替的重要"副产品"。

按照列宁的说法，马克思在 1842 至 1844 年间完成了"两个转变"。事

---

① 中共中央马克思恩格斯列宁斯大林著作编译局. 马克思恩格斯全集：第 37 卷 [M]. 北京：人民出版社，2019：161.

② 中共中央马克思恩格斯列宁斯大林著作编译局. 马克思恩格斯全集：第 1 卷（上册）[M]. 北京：人民出版社，2006：53.

实上，马克思在转向唯物主义之前还存在一个革命性的思想变革，即从基督教的永生信仰转向无神论信仰。马克思早年的无神论信仰是作为一种伦理观出场的，它是对基督教"复活信仰"的摒弃和对世俗生活的价值重估。理解了"少年马克思"的形象，也就领会了马克思缘何将自由时间作为他一生思考的基本问题。众所周知，马克思是一个地地道道的犹太人，他的家庭也是名副其实的"宗教家庭"。从家庭的文化结构来看，马克思的母亲先前是一位虔诚的犹太教徒，后来在马克思受洗的次年改宗了路德教派。马克思的父亲也曾是犹太教徒，后来为了取得在特里尔从事法律职业的资格皈依了基督教。马克思本人也在6岁时正式受洗成为一名新教徒。马克思就读的特里尔中学是有名的教会学校，马克思的同学中有4/5是保守的天主教徒。① 显然，早年马克思完全浸润在浓郁的宗教氛围中，他的世界观打上了犹太—基督教文化的印痕。这一点可以在马克思的中学作文《根据约翰福音第15章第1至14节论信徒和基督的一致，这种一致的原因和实质，它的绝对必要性及其影响》中得到印证。17岁以前的马克思由于信仰福音教派，所以他对时间的理解深受基督教永生观的影响。

正如马克思在"关于伊壁鸠鲁的哲学笔记"中指出的，"永生"是"一切欲望中最古老和最强烈的欲望"，宗教信仰的本质是"对不死的希望"②。基督教认为，只要从心底承认耶稣是上帝派到人间拯救全人类的弥赛亚，那么人便"因信称义"，死后复活升入天堂获得永生。《新约·圣经》说："耶稣从死里复活者的灵，若住在你们心里，那叫基督耶稣从死里复活的，也必借着住在你们心里的圣灵，使你们必死的身体又活过来。"（罗马书8：11）马克思在作文中虔诚地确证了这种永生体验："我们深信这种结合是绝对必要的……这种崇高的赐予，这道从更高的世界照入我们心中、使我们的心受到鼓舞并在被净化以后升入天堂的光芒。"③

马克思思想的革命性转折发生在大学时代。在柏林时期，受浪漫主义思

① 戴维·麦克莱伦.马克思传［M］.王珍，译.北京：中国人民大学出版社，2016：8.
② 中共中央马克思恩格斯列宁斯大林著作编译局.马克思恩格斯全集：第40卷［M］.北京：人民出版社，1982：86.
③ 中共中央马克思恩格斯列宁斯大林著作编译局.马克思恩格斯全集：第1卷（下册）［M］.北京：人民出版社，2006：451.

潮和青年黑格尔学派尤其是鲍威尔的影响，马克思开始质疑和批判基督教贬低今生、宣扬来世的人生价值观。作为德国狂飙突进运动的两位巨人，歌德和席勒对生命的高歌和赞美以及他们才华横溢的文艺作品影响了马克思一生的价值观、思维方式和语言风格。马克思崇敬地称席勒是"新思潮的预言家"，称歌德是"伟大的天才"。席勒是歌颂追求自由和个性解放的天才，他猛烈地批判基督教对人性的压抑。席勒在《我的信仰》一诗中用直白的方式表达了他对基督教的不满："我信什么教？你举出的宗教，我一概不信。为什么全不信？因为我有信仰。"① 歌德在《浮士德》中无情嘲讽了永生观："什么来世不来世，我才不关心呢！"② 浪漫主义对生命的礼赞和对虚假信仰的鞭挞重构了少年马克思对基督教的看法，马克思开始质疑基督教将来世凌驾于今生的价值观。马克思在诗歌中写道："天堂和灵魂与我何干，昏暗的永恒有何用途？""如果我不能赢得她（燕妮）的青睐，纵然是长生不老，永世荣华，对我也不过是一抔粪土！"③ 基督教的话语坍塌后，新世界观当以何种的价值取向作为人生信仰的支撑，已经成为站在十字路口的马克思必须面对的人生课题。如果生命没有时间的永恒，那么生命的什么东西是不朽的呢？马克思的答案是：生命的意义是永恒的！马克思在写给燕妮的诗中写道："我们的结合经历了烈火的考验，它已经超越了时间的局限；是爱情成就了我们的姻缘，爱情岂能用时间来测算？让我把你紧紧地搂在胸前，深切地感受你那灼热的情感，尘世的事情终究要被遗忘，永恒的东西会永驻长在。"④ 马克思与燕妮一生的真挚爱情向世人诠释了何谓生命意义的不朽！

如果说德国浪漫主义思潮帮助马克思建构了以生命为最高价值的伦理观，那么青年黑格尔派则使马克思进一步实现了哲学层面的无神论转向。其结果是，马克思不再痴迷基督教编织的永生信仰，而是急迫地关切今生幸福，将自由时间视为通向生命终极意义的媒介。布鲁诺·鲍威尔（Bruuo

① 席勒. 席勒诗选 ［M］. 钱春绮，译. 北京：人民文学出版社，1984：69.
② 歌德. 浮士德 ［M］. 绿原，译. 北京：人民文学出版社，1994：43.
③ 中共中央马克思恩格斯列宁斯大林著作编译局. 马克思恩格斯全集：第 1 卷（下册）［M］. 北京：人民出版社，2006：598、918.
④ 中共中央马克思恩格斯列宁斯大林著作编译局. 马克思恩格斯全集：第 1 卷（下册）［M］. 北京：人民出版社，2006：670-671.

Bauer）是马克思大学时的老师、朋友兼战友，他给予大学时代马克思深远的影响。鲍威尔认为，人们过去将幸福寄托于虚无缥缈的彼岸天国，甘愿为获取救赎忍受尘世无尽的苦难；而进入天国的幻想在今天破灭以后，世人便不可避免地燃起在尘世寻求拯救的渴望；宗教末世学衰落之后，取而代之的是这样的信念：把政治解放作为拯救人类的手段。① 马克思在鲍威尔的授意下把西方第一个无神论者伊壁鸠鲁作为研究对象，撰写了宗教批判的博士论文《德谟克利特的自然哲学和伊壁鸠鲁的自然哲学的差别》。马克思认为，伊壁鸠鲁是"古代真正激进的启蒙者，他公开地攻击古代宗教，如果说罗马人有过无神论，那么这种无神论就是由伊壁鸠鲁奠定的"②。马克思赞同伊壁鸠鲁将人的幸福视为最高的善，认为生命具有不容褫夺的最高价值，追求永生是无意义的。马克思写道："正确地认识死亡对于我们来说是无所谓的，能把短暂的生命变成我们快乐的源泉，这靠的不是给生命增添无穷的时间，而是消除对不死的渴望""停止了对永恒的追求，就使我们的生命变得完善，这样我们再也不需要无限的时间"③。简而言之，永恒并不在于生命时间的量的"恶的无限"，而在于生命本身的维度得以升华与臻于璀璨。

对伊壁鸠鲁伦理思想的折服使马克思坚定地站位无神论立场。马克思认为，只有告别永生幻想，人才能以一种截然不同于中世纪的眼光审察时间的本质。马克思吸收了伊壁鸠鲁把时间的本质理解为生命体验，认为"人的感性就是形体化了的时间，就是感性世界自身的存在着的反映……时间是这样被规定的：当被感官知觉到的物体的偶性被认为是偶性时，时间就发生了。因此自身反映的感性知觉在这里就是时间的源泉和时间本身"④。时间与人的主体性是不可分割的，它是以生命在场的方式呈现，其本质在于打破"铁面

---

① 兹维·罗森. 布鲁诺·鲍威尔和卡尔·马克思：鲍威尔对马克思思想的影响［M］. 王谨，等译. 北京：中国人民大学出版社，1984：74.

② 中共中央马克思恩格斯列宁斯大林著作编译局. 马克思恩格斯全集：第3卷［M］. 北京：人民出版社，1960：167.

③ 中共中央马克思恩格斯列宁斯大林著作编译局. 马克思恩格斯全集：第40卷［M］. 北京：人民出版社，1982：30，33.

④ 中共中央马克思恩格斯列宁斯大林著作编译局. 马克思恩格斯全集：第40卷［M］. 北京：人民出版社，1982：232.

无情的必然性"，即"在必然性中生活，并不是一种必然性。通向自由的道路到处都敞开着"①。这样，通过时间概念的重构，马克思的世界观发生了重大变革，即从人类"拯救"的旧话语嬗变为人类"解放"的新话语。这一话语转换表明马克思找到了超越基督教传统的思想出口。不难理解，其博士论文的"感性时间观"其实就是马克思在《资本论》及其手稿使用的"自由时间"的哲学表达。马克思在《剩余价值理论》中指出，自由时间的基本特征是摆脱了"自然的必然性，或者说社会义务"。自由时间的根本规定是人的自由生命，从这个意义上说，马克思"自由—生命"时间观的萌芽展现了不同于中世纪的崭新态度，它把基督教的"堕落—拯救"的彼岸图式改造为"苦难—解放"的此岸图式，进而建构了人类解放的核心话语——人的自由全面发展。这种基于"自由—生命"的逻辑内核渗透了马克思思想一生的终极关切。从这个意义上说，马克思的自由时间思想和他的人类解放理论是相辅相成、相互建构的互动关系。

2. 马克思自由时间思想的深化：对工人现实处境的关切

马克思自由时间思想的发展并非"封闭"的逻辑行程，而是马克思在人生道路上不断反思生活经验、不断向别人学习的结果。

由于受到鲍威尔解聘的影响，刚刚博士毕业的马克思遭遇人生第一个挫折——谋职大学讲师失败，这迫使马克思进入社会找了一份编辑工作谋生。远离象牙塔和社会角色转变使得马克思与唯心主义渐行渐远。1842 年，马克思在鲍威尔的引荐下结识了才华横溢的恩格斯，发现彼此志趣相投、惺惺相惜，结成超越"一切古老传说"的动人友谊。此时的恩格斯可以说是"才华横溢""少年老成"，其思想显得极为"早熟"。恩格斯不仅熟稔青年黑格尔派哲学、古典经济学，而且对私有制的本质有着"天才"般的见解。恩格斯还在赫斯的影响下率先接触和传播共产主义。必须承认，在 1844 年，当 26 岁的马克思还在艰难探索唯物主义的转变之路时，24 岁的恩格斯不仅完成了唯物主义转向，而且还形成了独立的世界观。青年恩格斯涉猎了包括亚当·斯密、李嘉图、萨伊、麦克库洛赫和穆勒等人的论著，并调研英国工人阶级

---

① 中共中央马克思恩格斯列宁斯大林著作编译局. 马克思恩格斯全集：第 1 卷（上册）[M]. 北京：人民出版社，2006：26.

的真实状况，撰写了一系列揭露资本罪恶的卓越论著，包括《乌培河谷来信》《国民经济学批判大纲》《英国工人阶级状况》等。恩格斯在这些著作中详细探讨了工人过度劳动的生存困境，对马克思的思想产生了重大影响。[1]马克思后来在《资本论》中对工作日的探讨，其实在相当程度上是进一步发挥青年恩格斯的议题。

《英国工人阶级状况》被列宁称为"世界社会主义文献中最优秀的著作之一"。恩格斯在该书中首次系统地探讨了工业社会的自由时间问题。恩格斯认为，工业革命引发的负面效应使过度劳动成为普遍现象。恩格斯指出，在工业革命以前，纺织工人由于没有卷入世界市场体系，工人的总体生活状况相当悠闲。英国工人"空闲的时间，他们愿意有多少就有多少……工人们就这样过着庸碌而舒适的生活……他们无须过度劳动，愿意做多少工作就做多少工作……他们有空到园子里和田地里做些有益于健康的工作，这种工作本身对他们已经是一种休息……孩子们生长在农村的新鲜空气中，即使他们有时也帮助父母做些事情，到底还不是经常的，当然更谈不到八小时或十二小时工作日了"[2]。然而，好景不长，产业革命迅速将工人拽入资本扩张的世界体系中，其结果是工作通常都得持续十四小时或十六小时之久，雇佣劳动剥夺工人除吃饭和睡觉以外的一切时间。产业革命催生的过度劳动对工人的体力、智力的发展产生了毁灭性的影响，使得"妇女不能生育，孩子畸形发育，男人虚弱无力，四肢残缺不全，整代整代的人都毁灭了"[3]。恩格斯认为，资产阶级对工人阶级的残酷剥削必然引发尖锐的阶级斗争和社会革命，而革命的暴烈强度将远超 1789 年法国大革命。

---

① 张一兵认为，青年恩格斯亲身处于工人阶级的劳作和生活之中，因此他的社会政治思想自然比同期的马克思要深刻得多，因而事实上，青年恩格斯的思想影响了马克思，促使马克思转向经济学研究，从而在 1844 年以人本哲学反注经济学的过程创立了著名的劳动异化理论，再以此生发推演下去，最终于 1845—1846 年实现伟大的思想革命。参见张一兵. 回到马克思：经济学语境中的哲学话语 [M]. 南京：江苏人民出版社，2014：140-141.

② 中共中央马克思恩格斯列宁斯大林著作编译局. 马克思恩格斯全集：第 2 卷 [M]. 北京：人民出版社，1957：282.

③ 中共中央马克思恩格斯列宁斯大林著作编译局. 马克思恩格斯选集：第 3 卷 [M]. 北京：人民出版社，2012：453.

　　恩格斯对工作日问题的关注启发了马克思对自由时间问题的现实思考，《英国工人阶级状况》事实上也成为马克思经济学著作经常引用的经典文献。如果说大学时期的马克思对时间与自由的思考停留在形而上学层面的话，那么《莱茵报》时期的马克思通过与恩格斯的交流，开始自觉从社会现实层面思考时间问题，并将自由时间与社会再生产、人的自由与人类解放联系起来。马克思在《神圣家族》中批判蒲鲁东时指出了劳动时间对自由时间的制约关系，并认为，"在直接的物质生产领域中，某物品是否应当生产的问题即物品的价值问题的解决，本质上取决于生产该物品所需要的劳动时间。因为社会是否有时间来实现真正人类的发展，就是以这种时间的多寡为转移的。甚至精神生产的领域也是如此"①。这段论述表明，马克思已经将自由时间与人的社会生产实践联系起来，进而摒弃了形而上学的时间观。在《1844年经济学哲学手稿》中，马克思通过批判古典经济学指认了资本逻辑与工人自由时间的对立。马克思指出，工人"越想多挣几个钱，他们就越不得不牺牲自己的时间，并且完全放弃一切自由来替贪婪者从事奴隶劳动""加在他们身上的劳动时间越长，越令人痛苦和厌恶"②。在《德意志意识形态》中，通过唯物史观理论平台的初步创立，马克思从阶级视域初步讨论了人类自由时间不平等及其后果。在《哲学的贫困》中，马克思运用劳动价值论说明"英国的厂主为什么顽固地反对十小时工作日法案"③。随着工人运动开展的深入，马克思愈加重视工作日与工人的解放问题。马克思在《关于自由贸易问题的演说》中指出，资本家为了自身的利益激烈地反对将工人的工作日从十二小时缩减到十小时，因而当时阶级斗争的焦点实际上是"十小时工作日法案"④。在《共产党宣言》中，马克思进一步指出了资本主义产业革命与工

---

①　中共中央马克思恩格斯列宁斯大林著作编译局．马克思恩格斯全集：第2卷［M］．北京：人民出版社，1957：62.

②　中共中央马克思恩格斯列宁斯大林著作编译局．马克思恩格斯全集：第42卷［M］．北京：人民出版社，1979：51,57.

③　中共中央马克思恩格斯列宁斯大林著作编译局．马克思恩格斯全集：第4卷［M］．北京：人民出版社，1958：116.

④　中共中央马克思恩格斯列宁斯大林著作编译局．马克思恩格斯选集：第1卷［M］．北京：人民出版社，2012：364.

人自由时间之间的根本对立，即机器越普及，劳动分工越细化，劳动量就越大，工人的工作时间就越长。①

总体而言，马克思自由时间观的发展并非概念的抽象演绎，毋宁说，它其实是马克思步入社会后对现实的工人运动所做的反思。从这个意义上说，这个时期马克思其实是在社会学意义上思考自由时间问题的。值得说明的是，马克思的迫切任务是推动欧洲民主革命，因而自由时间并非这一时期的核心议题。具体地说，马克思在这一时期发表的所有著作都没有明确提到过自由时间（freizeit）的概念。马克思在这个阶段主要是从唯物史观的方法层面奠定自由时间思想成熟的理论基础。

3. 马克思自由时间思想走向成熟：揭示人类通往自由时间解放的道路

如火如荼的 1848 年欧洲大革命失败后，马克思被迫流亡异乡。在侨居英国期间，马克思重启革命期间中断了的经济学研究。在当时世界上最大的图书馆——大英图书馆，马克思如饥似渴地博览群书，广泛收集和整理古典经济学的一手资料，全面钻研经济学的重大问题。完成艰苦的准备工作后，马克思在 1857 年开始着手清理和概括经济学文献。在这一阶段，随着政治经济学批判的深入，马克思对自由时间的思考逐步理论化和科学化。

《1857—1858 年经济学手稿》是马克思首部系统阐发自由时间的文本。这部文本是马克思的思想探索从哲学范式转向经济学范式的"草稿"，它在内容上存在一定的分散性、实验性和开放性。具体而言，这部文本的逻辑进路展现为既相互联系又相互矛盾的两个时期：哲学人类学时期和资本逻辑时期。马克思在写作《1857—1858 年经济学手稿》初期由于仍处于经济学知识的积累阶段，因而他实际上并未形成独立见解。马克思此时还是从唯物史观的理论前提——物质生产出发的，一般性地探讨货币、资本、自由时间、不同社会形态和共产主义的"人类学"意义。比如，马克思用大量的篇幅论述货币的功能及其在社会形态嬗变中发挥的作用。但本质而言，货币是中性的交换媒介，商品交换也符合平等原则，因而对货币和交换的探究并不能体现经济学的批判意义。另外，马克思在哲学人类学视域下还高估了资本的进步

---

① 中共中央马克思恩格斯列宁斯大林著作编译局 . 马克思恩格斯选集：第 1 卷 ［M］. 北京：人民出版社，2012：407.

意义，不适当地把资本比作自由时间的解放工具。显然，如果紧紧围绕"生产一般"打转，根本不能完成政治经济学批判的艰巨任务，所以马克思必须从唯物史观的历史基础——阶级斗争出发，揭露资本主义对抗性的生产关系，这样才能批判古典经济学的要害。随着经济学理论的积累和手稿写作的日趋深入，马克思在生产逻辑的基础上逐渐形成资本逻辑的崭新视域，并明确政治经济学批判的根本对象——资本主义生产关系，从而将阶级对立作为把握资本和自由时间问题的根本视角。沿着这一逻辑思路，马克思进一步在《1861—1863年经济学手稿》《1863—1865年经济学手稿》以及《资本论》中系统全面地探讨了自由时间。

成熟的思想源自成熟的方法。正是通过剩余价值理论的完善，马克思科学地把握了自由时间与人类解放的内在联系，并从科学社会主义的理论高度揭示自由时间内涵在未来社会的演变。总体而言，马克思的自由时间思想在《资本论》及其手稿中臻于成熟，并呈现高度科学化和理论化的表达。这主要表现在四个方面。一是明确厘定了自由时间的历史内涵，即自由时间在不同的社会形态语境下存在两种涵义：在片面分工主导下的阶级社会，自由时间指的是非劳动时间；而在消灭了不平等分工的共产主义社会，自由时间指的是"劳动—闲暇"全面融合的最高形态的生命时间。二是运用唯物史观揭示人类自由时间不平等的根源——阶级，即统治阶级占有剩余劳动的同时，还从中游离出用于人的发展的自由时间，由此导致人类物质条件和自由时间的双重不平等。三是运用剩余价值理论阐释了人类自由时间匮乏的内在机理——资本逻辑，即绝对剩余价值和相对剩余价值的生产必然导致工人阶级自由时间的极端匮乏。四是从"人类社会"的文明高度论述人类自由时间解放的根本道路——共产主义，即只有通过消灭私有制和消灭阶级的共产主义革命，才能彻底扬弃自由时间不平等和自由时间匮乏，使每个人拥有"发展的空间"。

显而易见，马克思自由时间思想的形成历程彰示了一条清晰的逻辑脉络，即从中世纪"堕落—拯救"的神学范式转向唯物史观"苦难—解放"的科学范式。这一范式转换不仅推动了马克思彻底扬弃费尔巴哈"半截子"的唯物主义，创立了表征社会规律认识的唯物史观，还推动了马克思进一步从剩余价值规律层面科学揭示自由时间的解放逻辑。

2.3 马克思自由时间思想的理论逻辑

按照恩格斯的说法，马克思一生有两大"伟大发现"——唯物史观和剩余价值理论。前者可视为广义的唯物史观，即马克思通过对旧哲学的批判，从生产与阶级斗争的宏大历史视野揭示人类社会形态演进的一般规律，这是马克思写作《德意志意识形态》至《1857—1858 年经济学手稿》的主导视域；后者可视为狭义的唯物史观，即马克思通过批判古典经济学，从资本与雇佣劳动的微观视野揭示资本主义这一特定历史阶段的社会制度走向灭亡的特殊规律，这是马克思写作《资本论》的主导视域。与之相适应，《1857—1858 年经济学手稿》的自由时间议题遵循生产逻辑，即沿着"生产→社会分工→阶级斗争→共产主义必然胜利"的路向展开，具体阐述自由时间与社会再生产、阶级与自由时间不平等的一般规律。《资本论》的自由时间议题遵循资本逻辑，即沿着"资本→雇佣劳动→阶级斗争→资本主义必然灭亡"的路向展开，科学揭示资本剥夺工人自由时间的微观机理。《1861—1863 年经济学手稿》作为马克思思想从生产逻辑转向资本逻辑的过渡环节，呈现两种视角并置。马克思自由时间观双重逻辑产生对资本主义的双重批判效应——阶级批判和资本批判，二者都落脚在"两个必然"，由此取得根本的理论定向——科学社会主义。

2.3.1 马克思自由时间思想的生产逻辑

"生产逻辑"是近年来我国马克思主义理论界使用的高频术语，是理解马克思思想特征的重要视角。对"生产逻辑"含义的界定见仁见智，但却存在着一个共同特点，即倾向将其局限于物质生产的范围之内。① 这种成见源于根深蒂固的哲学原理教科书传统。我们认为，唯物史观的生产逻辑指的是

---

① 张宇. 马克思生产逻辑的五重维度及其对资本逻辑的批判意义 [J]. 马克思主义研究，2016（3）：95-101.

马克思和恩格斯在《德意志意识形态》中以"现实的人"为阐释原则，以物质生产为基础，以阶级斗争为中介，包含精神生产和人自身的生产等环节在内的解放逻辑，本质上是新世界观的具体体现。通过 1844—1845 年的思想革命，马克思运用唯物史观的生产逻辑，全面超越青年黑格尔派的唯心主义哲学，从而揭示人类文明发展的基本公式，即"一切冲突的根源都源于生产力和交往方式之间的矛盾"①。生产力与生产关系的矛盾是推动人类社会形态嬗变的根本动因。

　　长期以来，理论界对于历史唯物主义生产逻辑内涵的理解存在着唯物质生产力化的倾向。实际上，马克思的历史唯物主义生产逻辑绝不仅限于物质生产逻辑一维，而是以物质生产逻辑为基础，同时又包含生命生产逻辑、精神生产逻辑和生产关系生产逻辑在内的四位一体的多重维度。在资本主义社会，生产关系的自我否定贯穿物质生产、精神生产和生命生产的始终，具体表现为推动历史前进的阶级斗争。"至今一切社会的历史都是阶级斗争的历史。"②

　　从这个意义上说，阶级斗争其实是生产逻辑的总体性表达，是驱动生产逻辑各个环节运作的关键纽带。仔细阅读文本可以发现，马克思在《1857—1858 年经济学手稿》论述自由时间问题时运用《德意志意识形态》的"生产—阶级"视域，论述自由时间的内涵、自由时间分配与社会再生产的内在联系，以及阶级导致的自由时间不平等（见图 2-1）。实现共产主义是生产逻辑的逻辑终点。

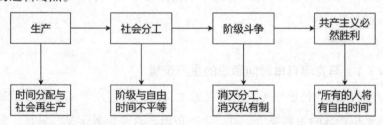

图 2-1　《1857—1858 年经济学手稿》自由时间议题的生产逻辑

---

① 中共中央马克思恩格斯列宁斯大林著作编译局．马克思恩格斯选集：第 1 卷［M］．北京：人民出版社，2012：196.
② 中共中央马克思恩格斯列宁斯大林著作编译局．马克思恩格斯选集：第 1 卷［M］．北京：人民出版社，2012：400.

在《1857—1858 年经济学手稿》中，马克思详细论述了"劳动—自由"时间分配与精神生产的关系，进一步丰富和完善了唯物史观的研究对象。马克思在《德意志意识形态》中列举出社会再生产的三个前提性事实：物质生产、精神生产与人自身的生产。第一个事实：生存是一切人类活动的根本前提，即"第一个历史活动就是生产满足这些需要的资料，即生产物质生活本身"。第二个事实：知识、技术的积累与制度和文明的确立是人类进行物质生产的现实条件，即"已经得到满足的第一个需要本身、满足需要的活动和已经获得的为满足需要而用的工具又引起新的需要"。第三个事实：人类生命的延续是社会存续的条件，即"进入历史发展过程的第三种关系是，每日都在重新生产自己生命的人们开始生产另外一些人，即繁殖"①。在唯物史观的逻辑视野下，马克思阐明了时间分配与三大生产的客观关系。

第一，物质生产与劳动时间。生命的存续必须依赖一定的物质生产，如满足吃穿住行的生活必需品，劳动时间是生命时间的基本形式。马克思指出，"生命如果不是每天用食物进行新陈代谢，就会衰弱并很快死亡"②，因此，人类时间的一部分必须用于生活必需品的生产。"劳动本身的量是用劳动的持续时间来计量，而劳动时间又是用一定的时间单位如小时、日等作尺度"③。

第二，人自身的生产与生理时间和娱乐时间。人在劳动之余，"每天必须有一部分时间休息、睡觉，人还必须有一部分时间满足身体的其他需要"④，"这种时间不被直接生产劳动所吸收，而是用于娱乐和休闲"⑤。此外，妇女生育后代也要消耗大量的生理时间。因此，人自身的生产分为两部分：一是"人的再生产"（生命的维持），二是"人口的再生产"（生命的延续）。

---

① 中共中央马克思恩格斯列宁斯大林著作编译局．马克思恩格斯选集：第 3 卷 ［M］．北京：人民出版社，2012：158.

② 中共中央马克思恩格斯列宁斯大林著作编译局．马克思恩格斯全集：第 42 卷 ［M］．北京：人民出版社，1979：60.

③ 马克思．资本论：第 1 卷 ［M］．北京：人民出版社，2004：51.

④ 马克思．资本论：第 1 卷 ［M］．北京：人民出版社，2004：230.

⑤ 中共中央马克思恩格斯列宁斯大林著作编译局．马克思恩格斯全集：第 30 卷 ［M］．北京：人民出版社，1995：375.

第三，精神生产与发展时间。知识的积累与技术的进步是物质生产的前提条件，因此，人类必须投入一部分时间解决"新的需要"，这部分时间是"创造产生科学、艺术等的时间"①。

马克思把用于物质生产的时间划为劳动时间，将精神生产和人自身的生产的时间划为自由时间（见图2-2）。三大生产是完整、不可分割的有机整体，社会必须合理分配人类的生命时间，才能实现三大生产的相互协调和内在平衡。马克思在《1857—1858年经济学手稿》指出，"正像单个人必须正确地分配自己的时间……社会必须合理地分配自己的时间，才能实现符合社会全部需要的生产"②。在唯物史观的理论架构中，马克思是基于逻辑在先的意义将物质生产设置为社会再生产的起点，而在现实中，三大生产相互联系、同步发生作用。也就是说，"不应该把社会活动的这三个方面看作三个不同的阶段，而只应该看作三个方面……从历史的最初时期起，从第一批人出现以来，这三个方面就同时存在着，而且现在也还在历史上起着作用"③。

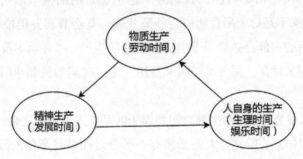

图2-2　时间分配与社会再生产

社会的三大再生产是在特定的社会关系中展开的，从这个意义上讲，马克思的生产逻辑并不仅仅指一般人类学意义的"生产一般"，而是从"生产

---

① 中共中央马克思恩格斯列宁斯大林著作编译局. 马克思恩格斯全集：第31卷［M］.
北京：人民出版社，1998：107.
② 中共中央马克思恩格斯列宁斯大林著作编译局. 马克思恩格斯全集：第30卷［M］.
北京：人民出版社，1995：123.
③ 中共中央马克思恩格斯列宁斯大林著作编译局. 马克思恩格斯选集：第3卷［M］.
北京：人民出版社，2012：159-160.

一般"上升到具体的"社会分工",即从具体的阶级关系透视社会再生产的内在循环。马克思认为,阶级社会的强制分工使精神活动和物质活动、享受和劳动、生产和消费在不同的阶级分离,产生不平等的社会关系。从事精神生产的人被划为统治阶级,自由时间尤其是较高层次自由时间成为特权的象征,即"可以自由支配的时间……表现为少数人的非劳动时间"①。从事物质生产的人被划为劳动阶级,劳动人民"必须把全部时间都用来工作""必须承担社会的一切重负,而不能享受社会的福利"②。

马克思通过生产逻辑的运演阐明无产阶级伟大的历史使命在于彻底变革资本主义的生产关系,即"共产党人可以把自己的理论概括为一句话:消灭私有制"③。随着私有制和阶级的消亡,共产主义社会给每一个人都腾出了自由时间,让每一个人摆脱不平等分工划定的"特殊的活动范围",自由时间不再是少数人的特权,从而实现全人类的自由全面发展。显然,"两个必然"是生产逻辑的根本落脚点。

2.3.2 马克思自由时间思想的资本逻辑

资本逻辑是构筑马克思自由时间论域的第二种视角,侧重揭示资本剥夺工人自由时间的内在机理。资本逻辑指的是资本运动的内在逻辑,即资本无止境地自行增殖的本性和必然性。④ 如果说在《1857—1858 年经济学手稿》中,马克思主要从宏大的历史视域论述阶级与自由时间不平等的话,那么在《资本论》中,马克思已经深入资本主义商品生产的微观环节,科学解释了剩余价值生产与工人自由时间被剥夺的内在机理(见图 2-3)。

---

① 中共中央马克思恩格斯列宁斯大林著作编译局. 马克思恩格斯全集:第 31 卷 [M].
北京:人民出版社,1998:113.
② 中共中央马克思恩格斯列宁斯大林著作编译局. 马克思恩格斯选集:第 3 卷 [M].
北京:人民出版社,2012:170.
③ 中共中央马克思恩格斯列宁斯大林著作编译局. 马克思恩格斯选集:第 3 卷 [M].
北京:人民出版社,2012:414.
④ 朱贻庭. 应用伦理学辞典 [M]. 上海:上海辞书出版社,2013:93.

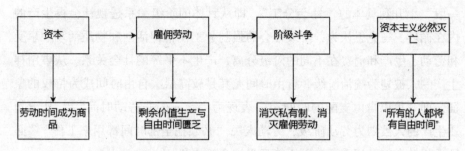

图2-3 《资本论》自由时间议题的资本逻辑

在《资本论》中，马克思将雇佣劳动的过程具体划分为两部分：一是绝对剩余价值的生产，二是相对剩余价值的生产。前者依靠延长工人的劳动时间，迫使其达到并超过工人生理的极限；后者依靠机器的发展，通过缩短必要时间从而相应地延长剩余劳动时间。因此，资本主义雇佣劳动制的特点就是劳动时间长、劳动强度大，以至于连前现代社会最残暴的奴隶劳动都不能与之相提并论。资产阶级与工人阶级的阶级斗争的焦点起初是工资，而后逐渐转向自由时间。马克思认为，在资本主义生产史上，限制工作日界限的斗争是全体工人即工人阶级和全体资本家即资本家阶级之间的斗争。伴随资本主义生产力与生产关系的矛盾运动，资本积累必然走向自我否定和自我崩溃。马克思认为，随着资本主义基本矛盾的持续尖锐并最终爆发，生产资料的集中和劳动的社会化，达到了同资本主义制度不能相容的地步，因而资本主义必然走向灭亡。

阶级斗争的最终结果是工人阶级埋葬资本主义私有制，从而彻底终结资本主义雇佣劳动制的历史，这就使得劳动者自由时间的匮乏彻底成为历史。马克思勾勒了在未来社会中，每个人都能充分地占有自由时间的图景。

2.3.3 马克思自由时间思想双重逻辑的联系与理论定向

马克思思想的双重逻辑并不是有的学者认为的那样，是相互割裂的两种不同的逻辑，如仰海峰认为，"以《资本论》为代表的资本逻辑，它并不是生产逻辑运用于资本主义社会的结果，而是与生产逻辑完全不同并将生产逻辑统摄其中的新的理论构架"①。这种观点囿于专业化的学科视角，片面地认为生产逻辑仅仅是一种哲学话语，忽视了作为政治话语的阶级斗争在唯物史观中扮演的关键角色，从而将马克思的双重逻辑割裂开来。这明显违背了马克思建构唯物史观的整体意图。马克思的双重逻辑并不是两种完全不同的逻辑，而是以阶级斗争为纽带的相互融通和不可分割的理论整体。从根本上讲，资本逻辑是生产逻辑的深化和拓展，即运用科学的经济学理论进一步解释人类社会变迁的一般规律。马克思两种逻辑的共同落脚点是"两个必然"，即证明资本主义必然灭亡和共产主义必然胜利。马克思把科学社会主义理论渗透进了自由时间论述的双重逻辑行程，构筑了自由时间议题布展的清晰脉络（见图2-4）。就此而言，我们可以通过《资本论》及其手稿的文本分析来论证这一结论。

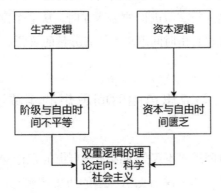

图 2-4　马克思自由时间思想双重逻辑的理论定向

首先，在《1857—1858 年经济学手稿》中，马克思不但运用生产逻辑揭示了资本主义的自由时间不平等，即资本家"窃取了工人为社会创造的自由时间"②，还着重阐述了随着交换价值占主导的社会形态的崩溃，共产主义社会"直接把社会必要劳动缩减到最低限度，那时，与此相适应，由

---

① 仰海峰．马克思资本逻辑场域中的主体问题［J］．中国社会科学，2016（3）：4-23.

② 中共中央马克思恩格斯列宁斯大林著作编译局．马克思恩格斯全集：第 31 卷［M］．北京：人民出版社，1998：23.

于给所有的人腾出了时间和创造了手段，个人会在艺术、科学等方面得到发展"①。

其次，在《资本论》中，马克思在运用资本逻辑揭示工人自由时间匮乏机制的同时，还揭示了共产主义社会运行的基本原则，即"自由人联合体"用公共的生产资料进行社会化的大生产，使"劳动—自由"时间有计划地合理分配，这样一来，"一个社会阶层把劳动的自然必然性从自身上解脱下来并转嫁给另一个社会阶层的可能性越小，社会工作日中用于物质生产的必要部分就越小，从而用于个人的自由活动、脑力活动和社会活动的时间部分就越大"②。

由此可见，无论从生产逻辑出发对人类自由时间不平等的揭示，还是从资本逻辑出发对人类自由时间匮乏的剖析，马克思自由时间思想的根本目的都是论证共产主义是人类文明进程的必然方向。从这个意义上说，自由时间的解放实际上是马克思自由时间思想中最有分量的议题。

2.4　马克思自由时间思想的实践逻辑

马克思的自由时间思想不仅是关涉人的自由的理论课题，还是关涉人类解放的伟大实践课题。如果说马克思思想的历史逻辑追问"何以是"，理论逻辑诠释"为什么"，那么实践逻辑则回答"怎么办"。马克思自由时间思想的实践逻辑具有两种维度，一种是阶级社会语境下的"阶级斗争"维度，即在共产主义到来以前，必须通过阶级斗争消灭私有制，并进行无产阶级专政，最终消灭阶级。另一种是共产主义社会语境下的"人类解放"维度，即在未来文明中，通过对人类时间的有计划的合理分配，扬弃"劳动—闲暇"的二元对立模式，全面提升人类的生命时间质量，从而全面超越资本主义的"人的文明"。基于马克思的人类终极关怀——让每一个人实现自由全面发

---

① 中共中央马克思恩格斯列宁斯大林著作编译局．马克思恩格斯全集：第 31 卷 [M]．北京：人民出版社，1998：101．

② 马克思．资本论：第 1 卷 [M]．北京：人民出版社，2004：605．

展，马克思自由时间思想实现了历史逻辑、理论逻辑和实践逻辑的辩证统一。

2.4.1　阶级斗争：通往未来文明的钥匙

深入考察马克思的著作，马克思对唯物史观的论述并没有止步于唯生产力的哲学层面，而是从"生产一般"上升到具体的"阶级—分工"，揭示资本主义生产力与生产关系矛盾导致的阶级斗争必将导致阶级消亡的一般规律。因此，唯物史观的生产逻辑包含了最为关键的政治话语——阶级斗争。阶级斗争是社会生产力与生产关系矛盾运动的具体表现，就此我们必须回顾恩格斯在《共产党宣言》"1883 年德文版序言"中对唯物史观所做的总结性阐释。恩格斯说："贯穿《宣言》的基本思想：每一历史时代的经济生产以及必然由此产生的社会结构，是该时代政治的和精神的历史的基础；因此（从原始土地公有制解体以来）全部历史都是阶级斗争的历史，即社会发展各个阶段上被剥削阶级和剥削阶级之间、被统治阶级和统治阶级之间斗争的历史；而这个斗争现在已经达到这样一个阶段，即被剥削被压迫的阶级（无产阶级），如果不同时使整个社会永远摆脱剥削、压迫和阶级斗争，就不再能使自己从剥削它压迫它的那个阶级（资产阶级）下解放出来。"[1] 成熟时期，马克思的资本逻辑也没有脱离阶级斗争的根本话语。从这个意义上，无论是经济学手稿中的自由时间议题，还是《资本论》中的自由时间议题，阶级斗争都是马克思聚焦的核心问题。在马克思看来，阶级斗争是工人在资本主义社会最重要的社会实践，是通往未来文明的钥匙，是人类实现自由时间解放的前提条件（见图 2-5）。

---

[1]　中共中央马克思恩格斯列宁斯大林著作编译局. 马克思恩格斯选集：第 3 卷 [M].
北京：人民出版社，2012：380.

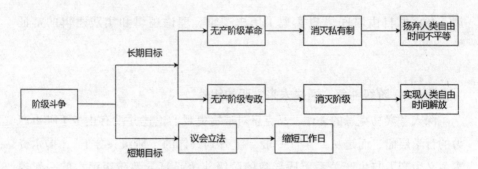

图 2-5　马克思自由时间思想的实践维度：阶级斗争

　　首先，从短期看，围绕工作日的缩短是资本主义阶级斗争的一个焦点。在西方血腥和残暴的原始积累时期，工人的工作日一度高达 16~17 小时，甚至高达 18 小时。这种草菅人命的做法激起工人的强烈抵抗。马克思指出，"在资本主义生产的历史上，工作日的正常化过程表现为规定工作日界限的斗争，这是全体资本家即资本家阶级和全体工人即工人阶级之间的斗争"[①]。工人与资本家展开了百折不挠的斗争，包括罢工，示威游行，砸烂、焚毁机器和展开巷战等。在团结的工人面前，资本家一度害怕和让步了。英国 1850 年颁布的十小时工作制被恩格斯认为是工人在历时 40 年的残酷斗争中获得的阶段性果实。

　　其次，从长期看，由于国家立法并没有根本触及私有制的基础，资本逻辑事实上用其他更为隐蔽和残酷的方式剥夺了工人的自由时间。例如，不断提升劳动强度，使得"一个工人完成以前两个或三个工人所完成的工作"[②]；不断强化工厂制度对工人的专制，使资本家"从空间上夺回在时间上失去的东西"[③]。这样一来，资本家用更为极端的方式变相地补偿了缩短工作日造成的损失。马克思认为，单纯的缩短工作日并不能实现工人的真正解放，工人阶级必须通过社会革命彻底消灭私有制，消灭阶级，从而彻底消灭剥削。

---

①　马克思. 资本论：第 1 卷［M］. 北京：人民出版社，2004：272.

②　中共中央马克思恩格斯列宁斯大林著作编译局. 马克思恩格斯全集：第 32 卷［M］. 北京：人民出版社，1998：381.

③　马克思. 资本论：第 1 卷［M］. 北京：人民出版社，2004：488，544-545.

从世界社会主义运动史的视域看，英国工人联合会（简称"工联"）的早期运动的确为改善工人的生存境遇做过贡献，这主要包括改善劳动条件、提高工资、缩短工时等。但随着工人运动的发展和科学社会主义的传播，工联逐渐暴露出故步自封的局限性，成为工人解放的障碍。在第一国际存在期间，工联领袖的机会主义和改良主义思想一直侵蚀着工人阶级的觉悟，马克思对工联狭隘的行会性质和保守倾向极度不满。为此马克思同工联主义进行了坚决斗争。马克思认为，工作日立法并不能从根本上解决资本逻辑产生的后果，阶级斗争不能局限于工联主义的"小打小闹"，满足于蝇头小利。工联主义的实用主义态度回避了资本主义生产关系的不可持续性，贻误了革命时机，给工人运动的长远发展造成巨大损失。马克思指出，在更高的站位上，阶级斗争肩负着工人阶级解放全人类的历史使命，其根本目标是消灭私有制、消灭阶级，从而彻底废除雇佣劳动制度。唯其如此，全人类才能真正获得经济和自由时间的双重解放。

2.4.2 人类解放：照亮未来文明的灯塔

正如马克思揭露唯心主义的秘密时指出的，黑格尔哲学的本质是基督教神学的思辨化，即黑格尔"从实体的异化出发（在逻辑上就是从无限的东西、抽象的普遍的东西出发），从绝对的和不变的抽象出发，就是说，他从宗教和神学出发"①。一言蔽之，德国古典哲学实际上运承的是基督教衣钵，本体与现象的二元对立是基督教"天堂—人间"二重世界分裂后的投影。在这个意义上，神学的秘密也构成青年黑格尔派的秘密，即"他们把哲学、神学、实体和其余一切废物消融在'自我意识'中"②。马克思认为，"不是意识决定生活，而是生活决定意识"③，超越现实经验的独立意识不过是虚假的意识形态；就其本质而言，"观念的东西不外是移入人的头脑并在人的头脑

---

① 中共中央马克思恩格斯列宁斯大林著作编译局. 马克思恩格斯全集：第42卷［M］. 北京：人民出版社，1998：158.

② 中共中央马克思恩格斯列宁斯大林著作编译局. 马克思恩格斯全集：第42卷［M］. 北京：人民出版社，1998：368.

③ 中共中央马克思恩格斯列宁斯大林著作编译局. 马克思恩格斯选集：第1卷［M］. 北京：人民出版社，2012：152.

中改造过的物质的东西而已。"① 只有彻底粉碎唯心主义的超验幻象，人类才有可能真正超越宗教，进而将宗教语境中形而上的"人类拯救"的抽象话语提升为现实历史中"人类解放"的革命实践。

一言蔽之，抽象地谈论"人的自由"只是少数哲学家的幻想。马克思指出，"把'人'从这些词句的统治下……解放出来，那么'人'的'解放'也并没有前进一步"②；只有深入社会现实的生产活动和革命运动，真正使人类的"吃喝住穿、在质和量方面得到充分保证的时候"，人类才拥有自由的现实可能。所以，"'解放'是一种历史活动，不是思想活动"③。人类争取自由时间的根本目的是获得自由的现实条件，在经历通向共产主义的漫长而崎岖的旅途后，人类终于迈入无阶级的"人类社会"，只有在这时，人类自由时间的解放才能真正从理想变成实践。马克思在《资本论》及其手稿中详细阐述了自由时间解放的实践逻辑（见图 2-6）。

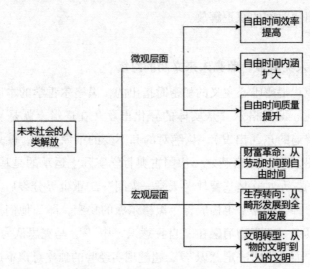

图 2-6　马克思自由时间思想的实践之维：人类解放

① 马克思. 资本论：第 1 卷 [M]. 北京：人民出版社，2004：22.
② 中共中央马克思恩格斯列宁斯大林著作编译局. 马克思恩格斯选集：第 1 卷 [M].
　北京：人民出版社，2012：154.
③ 中共中央马克思恩格斯列宁斯大林著作编译局. 马克思恩格斯选集：第 1 卷 [M].
　北京：人民出版社，2012：154.

第一，微观层面。首先，未来社会将对人类的时间进行合理、有计划的分配，从而使自由时间的运用效率最大化。这里的"效率最大化"是指在单位自由时间中创造最大价值，即最大程度地实现劳动、闲暇与社会发展的三位一体的良性循环，将"个人的发达的生产力"提升到极致，满足人的自由全面发展的多维需求。其次，未来社会通过废除强制分工，使劳动由强制变为自愿。通过自由选择职业，劳动本身成为展现人的自由本性的方式。这样一来，自由时间的内涵扩大，阶级社会的"劳动—闲暇"从对立走向融合。最后，未来社会通过废除交换价值占主导的生产方式，彻底废除资本逻辑对社会节奏的强制加速，社会节奏的减慢使得"上午打猎，下午捕鱼"的悠闲生活成为现实，从而无限提升人的生命时间质量。

第二，宏观层面。未来社会通过自由时间文明的建构，真正实现从"物的文明"到"人的文明"的全面超越。首先，未来社会通过废除资本逻辑，创造了一场震撼灵魂的财富革命，即财富的尺度从劳动时间转变为自由时间。马克思认为，将劳动时间作为财富尺度，实际上表明人类文明建立在贫困的基础上；单向度的劳动时间结构窄化了人的生存方式，工人沦为被资本剥削的"单面人"，即生产剩余价值的工具；到了共产主义，"财富的尺度决不再是劳动时间，而是可以自由支配的时间"①。其次，财富观的变革整体性地驱动人类价值观的变革，从而引领人与社会的多元化发展。人类在未来社会将全面调整生存方式，不再把"赚钱"视为生活的唯一目的。由此一来，人类将实现生存的根本转向，即从"畸形发展"向"全面发展"飞跃。最后，人类生存转向的同时驱动人类文明结构的深刻转型，即从"物的文明"转向"人的文明"。未来文明的根本目的是培育"具有高度文明的人"②。

由是观之，马克思自由时间思想的历史逻辑和理论逻辑统一于人类解放的实践逻辑。正是依靠"实践"，人类才摆脱了阻碍历史运动的鸦片——宗

---

① 中共中央马克思恩格斯列宁斯大林著作编译局．马克思恩格斯全集：第31卷 [M]．北京：人民出版社，1998：104.

② 中共中央马克思恩格斯列宁斯大林著作编译局．马克思恩格斯全集：第30卷 [M]．北京：人民出版社，1995：392.

教和唯心主义。只有抛弃对"虚幻幸福"的渴望，"要求人民的现实幸福"①，人类才能真正走向共产主义社会的幸福新世界。从这个意义上说，人的幸福被视为最高伦理价值先行于马克思的自由时间思想。马克思认为，在"上帝退隐"的无神时代，人的生命具有不容褫夺的最高价值，人的生存的终极意义在于此岸世界的幸福！正是对这一生命价值的终极信仰，使得马克思的无神论信仰彻底超越了基督教信仰，创立了唯物史观和剩余价值理论，并为人类解放事业孜孜不倦地奋斗了终生！

---

① 中共中央马克思恩格斯列宁斯大林著作编译局. 马克思恩格斯选集：第 1 卷 ［M］. 北京：人民出版社，2012：2.

3 自由时间的内涵

自由时间的科学厘定是马克思的自由时间思想走向成熟的标志。马克思在《资本论》及其手稿中阐明了自由时间在不同社会形态中的内涵，探明了自由时间的层级结构，揭示了自由时间的特点与本质，并确立了作为人类自由前提的自由向度和解放维度。通过文本分析澄清自由时间的内涵，不仅能准确把握马克思自由时间思想的立体轮廓，而且能积极回应学界争论，有效破解分歧，为马克思自由时间思想的深度探讨铺平道路。

3.1 马克思著作中的"时间"范畴

厘清马克思著作中存在的多种"时间"范畴是进一步理解"自由时间"概念的基础。正如奥古斯丁所言，时间是最令思想家困惑的范畴。奥古斯丁在《忏悔录》中痛苦地说道："时间是什么，没有人问我，我倒清楚，有人问我，我想说明，便茫然不解了。"① 无疑，"时间"范畴的神秘化历程与传统形而上学的抽象处理有关。事实上，马克思的著作除了在哲学层面处理时间范畴的内涵外，还从物理学、社会学和生理学等层面探讨时间的本质。总体而言，时间范畴理解的视角转换反映了马克思对"时间"解魅的不懈尝试。马克思的自由时间并不是抽象意义的哲学时间，而是兼具生理性和社会性的"有血有肉"的生命时间。

---

① 奥古斯丁. 忏悔录 ［M］. 周士良，译. 北京：商务印书馆，2015：215.

3.1.1　哲学时间

马克思曾用形而上学的方式追问过时间的本质，即采取思辨和独断论的方式宣布时间的属性。马克思在其博士论文的"时间"一章中从"感性时间论"的层面提出："感性知觉就是时间本身。"如前所述，这种把时间还原为感性生命体验是马克思自由时间概念的最初表述。

马克思在 1835—1841 年深受德国的浪漫主义影响。浪漫主义的特点之一是推崇感性，强烈排斥抽象化的时间观。席勒在《美育书简》中写道："耳朵里所听到的永远是由他推动的机器轮盘的那种单调乏味的嘈杂声……人们怎么可以把他们的自由托付给这种人为的盲目的钟表机构呢。"① 席勒的浪漫主义情怀深深抓住了年少马克思的心扉。马克思在悲剧《乌兰内姆》中描写了人被机械钟表所奴役的命运悲剧，并发出悲壮的呐喊："啊永恒！那岂非永恒的痛苦……而我们不过是盲目机械的钟表，是时辰的历本……"② 显然，基于浪漫主义的文化情境，马克思在写作博士论文时必然排斥德谟克利特的机械时间观，而青睐伊壁鸠鲁的感性时间观。德谟克利特认为，世界上并不存在真正的时间，因为原子运动严格服从因果规律，即原子完全受制于必然性，无一例外地沿直线下落。也就是说，在一个由客观规律主宰的世界里，真正存在的只有空间，并不存在变化意义的时间概念。马克思指出，"在德谟克利特看来，时间对于体系没有任何意义，没有任何必要性。他解释时间，目的是为了取消时间""因为绝对化了的时间已经不复是时间性的东西了"③。从这个意义上看，德谟克利特的物理世界没有"自由"的容身之处。

从伦理立场上高扬人的生命主体性是青年马克思论述时间范畴时的基本遵循。马克思赞同伊壁鸠鲁的时间观的实质在于，力图恢复时间的真蕴，把"自由"从"必然性"中拯救出来。伊壁鸠鲁认为，时间、偶然与自由是一

---

① 席勒．美育书简［M］．徐恒醇，译．北京：中国文联出版公司，1984：50.
② 中共中央马克思恩格斯列宁斯大林著作编译局．马克思恩格斯全集：第 40 卷［M］．北京：人民出版社，1982：699.
③ 中共中央马克思恩格斯列宁斯大林著作编译局．马克思恩格斯全集：第 40 卷［M］．北京：人民出版社，1982：230.

系列相互联系和不可分割的范畴。伊壁鸠鲁除了承认原子运动具有直线运动外，还认为原子存在脱离直线的偏斜运动。尽管原子偏斜不大，但却为自由开辟了空间。显而易见，马克思本质上是以人学的意义解读古希腊的原子论的。马克思认为，"偏斜运动打破了'命运的束缚'""因此谢天谢地，在生活里谁也不会被束缚住，而对必然性本身加以制约倒是许可的"①。一方面，马克思确证了时间之于原子的逻辑先在性地位。另一方面，马克思进一步从人的主体维度出发，把时间指认为人对流变世界的感官体验，从而把时间的本质与人的生命体验耦合起来。

"感性时间论"是《资本论》及其手稿自由时间概念的最初表达。但从总体上看，马克思的哲学时间范畴仍然是形而上学思维的延展，呈现强烈的主观性。马克思总结过以黑格尔为代表的形而上学的根本缺陷——缺乏客观性，即"每个人爱怎么理解，完全可以按照他自己的愿望。我［黑格尔］的语言至少绝不会束缚每个人的想象"。在形而上学的思维模式下，犹如"一万个读者有一万个哈姆雷特"，不同文化背景与不同的个体经验使得思想家对时间的定义呈现千差万别的面貌，如柏拉图的"时间是理念的摹像"、亚里士多德的"时间是运动的数"、奥古斯丁的"时间是心灵的延展"、柏格森的"时间是绵延"等。但究其实，这些抽象的哲学时间范畴其实与人的社会生产实践是无涉的。从这个意义上说，哲学时间并不是科学的时间范畴，而且也与马克思构建的分析社会现实的科学平台——唯物史观和剩余价值理论无法兼容。马克思在1845年完成哲学革命以后，就基本不再使用抽象意义的哲学时间范畴了。

3.1.2 物理时间

物理时间是由牛顿厘定的经典范畴，即"绝对的、真实的和数学的时间，按其固有的特性而均匀地流逝，与一切外在事物无关"②。物理时间本质

---

① 中共中央马克思恩格斯列宁斯大林著作编译局.马克思恩格斯全集：第40卷［M］.北京：人民出版社，1982：213，151.
② H.S.塞耶.牛顿自然哲学著作选集［M］.上海外国自然科学哲学著作编译组，译.上海：上海人民出版社，1974：19.

上是空间的数学语言，这使得物理时间具备了可以精确计量的特征。马克思在《政治经济学批判〈序言〉》中强调社会科学的研究应当基于"自然科学的精确性"①。因此，物理时间是马克思著作中的重要时间范畴。

近代以来，科学家不再借助哲学或神学解释宇宙运动，而是通过自然科学探索世界的客观规律，从而构建有秩序的宇宙图景。在牛顿的物理世界中，时间与空间是物质运动最重要的变量。牛顿仅仅关注无机物的机械运动，把作为有机物的生命运动排除在外。物理时间由此被建构为非生命的抽象范畴。这种非生命的时间范畴不仅深刻影响了近代科学革命，也深刻塑造了现代人的时间意识。按照海德格尔（Heidegger）的说法，现代人的流俗时间观是由亚里士多德奠定，并经由牛顿、康德等人进一步发展的抽象时间观。② 卢卡奇（Lukács）在《历史与阶级意识》一书中揭示了物理时间实质，即用空间想象时间，把时间降格为平面化的空间，这样"时间就失去了它的质的、可变的、流动的性质：它凝固成一个精确划定界限的、在量上可测定的、由在量上可测定的一些'物'（工人的物化的、……"成果"）充满的连续统一体"。③ 一言蔽之，物理时间并不是真正时间意义的变化范畴，其本质上是空间概念的数理置换和应用。马克思对此指出，"将时间简单理解为抽象、均匀的数的流逝只是一种数学家的神话"④。时间的空间化想象使得时间概念具有了社会实践层面的可操作性的工具价值，即物理时间演化为一种社会语言使得集体生产的协调和同步成为可能。例如，近代工业革命的产物——钟表，就是物理时间在社会生产应用中的具象形态。

钟表将物理时间的空间化语言直观化，进而广泛应用于工业生产。芒福

---

① 中共中央马克思恩格斯列宁斯大林著作编译局. 马克思恩格斯文集：第2卷［M］. 北京：人民出版社，2009：592.

② 尽管柏格森从生命的维度出发，把时间定义为一种"绵延"。但在某种意义上，柏格森对时间的理解实际上仍然没有超出西方几千年来对时间概念思考的本体论思维模式，即脱离了具体的社会生活实践，抽象地定义"时间是什么"。参见马丁·海德格尔. 存在与时间［M］. 陈嘉映，等译. 北京：生活·读书·新知三联书店，2014：21.

③ 卢卡奇. 历史与阶级意识［M］. 杜章智，等译. 北京：商务印书馆，1999：137.

④ 约翰·哈萨德. 时间社会学［M］. 朱红文，等译. 北京：北京师范大学出版社，2009：33.

德（Mumford）指出，"现代工业时代的关键机器不是蒸汽机，而是钟表"①。不同于蒸汽机作为局部的生产工具，钟表作为一种社会语言决定性地塑造了现代流行文化，全方位影响和支配了社会方方面面的生产，使现代人的心理人格无疑打上了钟表的烙印。物理时间作为一种数学语言与金钱的数字特征具有同质性，从这个意义上看，把时间和金钱高度捆绑在一起的结果是产生新教振聋发聩的道德训诫："时间就是金钱！"在《1861—1863 年经济学手稿》中，马克思详细揭示了钟表在资本主义工业革命中扮演的关键角色："钟表是建立在手工艺生产和标志资产阶级社会黎明时期的学术知识基础之上的。钟表提供了关于自动机和在生产中采用自动运动的观念……在商品的价值具有决定意义，因而生产商品所需要的劳动时间也具有决定意义的时代，要是没有钟表，会是怎样的情景呢？"② 更深入地看，物理时间在具体的社会情境中由于可以像货币那样抽象为纯粹的数字符号，所以成为全社会的可以共同想象和彼此通约的语言。正是基于此，马克思从社会现实的高度深刻揭示了物理时间作为一种文化变革对于资产阶级的统治所具有的政治功能。马克思认为，物理时间既是一种认知图型，也是一种统治工具；在资本主义的雇佣劳动制度下，钟表成为资本家的代理人，成为对工人实行严酷的抽象统治的工具。与封建主义的实名制的专制统治不同，钟表对工人的规惩具有"匿名"和"抽象"的特点，工人并不像奴隶一样服从奴隶主口中的命令，而是听从"专制的钟声"。

这深刻地表明，在资本主义的文化现实中，物理时间已不复是纯粹的时间因素，而是在特定的雇佣关系中根据当时当地的阶级力量对比产生的意识形态，它服务于资本逻辑的话语强制，构成资本对工人奴役的力的关系网。在这种情况下，工人长期生活在空间化的时间情境下，必然会丧失批判和行动的能力。马克思对此专门在《哲学的贫困》中写道："劳动把人置于次要地位；钟摆成了两个工人活动的精确的尺度……时间就是一切，人不算什

---

① 刘易斯·芒福德. 技术与文明 [M]. 陈允明，等译. 北京：中国建筑工业出版社，2009：17.

② 中共中央马克思恩格斯列宁斯大林著作编译局. 马克思恩格斯全集：第 37 卷 [M]. 北京：人民出版社，2019：50.

么；人至多不过是时间的体现。现在已经不用再谈质量了。只有数量决定一切：时对时，天对天。"①显然，一旦进入真实的社会情境，物理时间便具有了自然性和社会性的两重属性，马克思对物理时间所具有的社会性，即雇佣关系的再生产是强烈批判的。

3.1.3　社会时间

人类社会发展的速度并非如钟表的指针一样匀速行进，而是具有停滞、加速等不同的节奏。马克思用"社会必要劳动时间"这一术语表征了工业社会的加速生产节奏。在《共产党宣言》中，马克思和恩格斯写道："资产阶级在它的不到一百年的阶级统治中所创造的生产力，比过去一切世代创造的全部生产力还要多，还要大……生产的不断变革，一切社会状况不停的动荡，永远的不安定和变动。"② 从这段论述中可以获得对现代社会时间的直观感受，社会时间表征了社会运动的不规则节奏。马克思把不可控的加速体验视为现代性的基本内涵，如技术革命导致的生产加速，社会革命导致制度剧变，以及无权的工人在经济波动中体验的反复无常和动荡不安的心理状态。这些现象都同农耕社会的田园牧歌式的静态景象呈现鲜明反差。仔细分析马克思的文本可以发现，《资本论》中与速度相关的概念出现高达 366 次③，马克思大量运用诸如"加速生产""加速商品流通""加速资本集中""加速资本积累""生产停滞""商品流通停滞""市场停滞"等概念描述资本积累的

---

① 中共中央马克思恩格斯列宁斯大林著作编译局．马克思恩格斯全集：第 4 卷［M］．北京：人民出版社，1965：96-97．

② 中共中央马克思恩格斯列宁斯大林著作编译局．马克思恩格斯选集：第 1 卷［M］．北京：人民出版社，2012：405，403．

③ 根据文本词频统计分析，与速度相关的概念在《资本论》第一卷中出现了 154 次，在《资本论》第二卷中出现了 54 次，在《资本论》第三卷中出现了 158 次。马克思的速度概念主要有名词、动词、副词三种用法。当速度概念作为名词使用时，马克思表达资本运动的具体速度概念，如"生产速度""劳动速度""机器速度""货币流通的速度""流通的速度""空间运动的速度"等；当速度概念作为动词使用时，马克思主要表达的是资本运行的加速过程，如"加速生产""加速资本积累""加速商品流通""加速资本集中"等；当速度概念作为副词使用时，马克思主要用来表达生产的单位时间密度的急剧增加，如"迅速高涨""迅速繁荣""飞速发展""迅速改良"等。

非匀速特征。显然，不同于物理时间的均匀流逝，"社会时间"的基本特征是社会运动和变化的不规则性。

从词源来看，"社会时间"是涂尔干在《宗教生活的基本形式》的著作中首先提出的。涂尔干认为，"社会时间"不同于物理时间，时间不能仅仅从量性上被理解为时间的测度单位，还应该从质性上"将时间理解为一种社会生活的集体节奏"；他指出，"时间作为社会性的思想范畴，本质上是社会的产物"①。美国社会学家皮蒂里姆·索罗金（Pitirim A. Sorokin）承续了涂尔干的思路，他认为，社会时间表征"社会文化的节奏和周期性""社会时间是质的，不完全是量的；社会时间的这些性质来源于群体共有的信念和习惯；还有，这些性质有助于进一步揭示它们在其中被发现的不同社会节奏、律动和韵律"②。作为"社会时间论"的集大成者，法国社会学家乔治·古尔维奇（Georges Gurvitch）将"社会时间"定义为社会的运动，即"整体社会现象以非连续性的相继而持续存在以及各种异质性时刻的连续中展开变化的集中和发散的运动"③。从社会学意义上说，社会时间实际上是工业社会的速度范畴。

如果深入马克思的经济学论域，我们可以发现，社会时间实质上反映了社会的"集体紧张"。马克思在《资本论》中用社会必要劳动时间的概念探讨了"现代时间"的存在论基础。④ 社会必要劳动时间是特定生产力状况下生产商品所耗费的平均时间，是随生产力发展而不断演变的速度范畴。马克思认为，商品生产的时间耗费只在社会必要劳动时间的范围内才有效。因此，在价值规律的强制驱迫下，社会必要劳动时间成为驱动工厂加速生产的"紧张机制"。在社会的集体紧张状态下，生产效率低的商品被无情淘汰，只

① 爱弥尔·涂尔干. 宗教生活的基本形式［M］. 渠东，等译. 上海：上海人民出版社，2006：69.
② 约翰·哈萨德. 时间社会学［M］. 朱红文，等译. 北京：北京师范大学出版社，2009：48-51.
③ 乔治·古尔维奇. 社会时间的频谱［M］. 朱红文，等译. 北京：北京师范大学出版社，2010：17.
④ 况达，况漠. 论文化哲学视域下"现代时间"的形成［J］. 特区经济，2020（4）：138.

有生产效率高于社会必要劳动时间的商品占领市场，从而牟取暴利。为了赚钱，资本家在市场上彼此拼得你死我活，而速度是决定胜负的根本条件。从这个意义上讲，社会必要劳动时间犹如资本家头顶的达摩克利斯之剑，迫使资本家不得不卷入高度紧张的生产竞赛。正如小艾尔弗雷德·D. 钱德勒（Alfred·D. Chandler）所说，资本主导下的经济是典型的与时间赛跑的"速度经济"。① "效率就是生命！"资本家不断改进技术，强化生产分工，以提高生产速率。这样一来，资本主义的社会必要劳动时间势必整体性呈递减态势，进而推动全社会生产、流通和消费节奏的加快。由此可见，城市化的加速进程不以个人意志为转移，社会必要劳动时间成为社会时间的代名词，是加速社会节奏的绝对命令。

　　总体上看，马克思表达了对不可控的社会节奏的强烈批判。现代社会的节奏受资本逻辑的操控，其在本质上是盲目和极具破坏性的。现代人被硬生生裹挟进了无法适应的社会变迁之中。社会的急速变迁使得道德、文化生态的稳定性难以建构，现代人没有安顿心灵的精神家园，在精神废墟中无法安身立命，即"一切新形成的关系等不到固定下来就陈旧了""一切神圣的东西都被亵渎了"。②马歇尔·伯曼（Marshall Berman）用马克思的话把现代性体验概括为"一切坚固的东西都烟消云散了"，由此确认了虚无主义出场的根由。除此之外，工业社会的加速节奏还具有不可逆性，这使得资本逻辑规制的社会难以实现"加速—减速"的动态平衡。具体而言，随着社会生产率的普遍提升，社会必要劳动时间必然不断压缩，生活节奏只会越来越快，工业社会只会离"上午打猎，下午捕鱼，傍晚从事畜牧"的悠闲节奏越来越远。资本主义的社会时间展现了高度的动态性，"不确定性""暂时""风险""偶然""动荡不安""支离破碎""四分五裂"成为现代性与后现代性共有的时代焦虑。罗萨在《加速：现代社会中时间结构的改变》一书中罗列了资本主义从时尚、爵士乐、电影、电视、小说、电话到因特网，生活的每

---

① 小艾尔弗雷德·D. 钱德勒. 看得见的手——美国企业的管理革命 ［M］. 重武，译. 北京：商务印书馆，1987：277-278.

② 马歇尔·伯曼. 一切坚固的东西都烟消云散了：现代性体验 ［M］. 徐大健，等译. 北京：商务印书馆，2003.

一个角落、每一个细节都经历着的急速变化。① 相比工业社会的初期，20世纪50年代以降的后工业社会的社会节奏显然更快了。马克思认为，精神生产是不可加速的，人的全面成长是一个缓慢而漫长的过程。因此，社会节奏的加速并不代表生命时间质量的提升。

3.1.4 生命时间

生命时间是马克思著作中最重要的时间范畴，是马克思唯物史观的逻辑前提。不同于哲学时间，生命时间的特点是生理性和社会性的辩证统一。从生理属性看，"从生到死的时间"②构成生命时间的全面限度，人的生命必然经历"胚胎生命—少年—性成熟—繁殖过程—老年—死亡"③的过程。马克思对此指出，"时间是生命本身的尺度，就如重量是衡量金属的尺度一样"④。从社会属性看，人的时间与社会活动相联系，"时间实际上是人的积极存在"，有怎样的活动就有怎样的时间形式，如劳动时间、生理时间、娱乐时间和发展时间等。

众所周知，马克思在1845年实现了一场气势恢宏的哲学革命，其思想结晶——唯物史不仅深刻地改变了西方哲学的走向，还深刻地影响了人类历史的走向。在今天，当我们深入理解马克思自由时间思想的唯物史观方法论基础时，必须重审这场革命背后的时间范式变革。如前所述，"劳动—闲暇"二元论一直贯穿马克思之前的西方思想史，这种时间观实际上是形而上学思维的延伸。形而上学将人类世界强行割裂为现象与本体对立的二重世界，如在古希腊表现为现象世界与理念世界的对立，在犹太—基督教表现为世俗世界与神圣世界的对立。在分裂的二重世界中，理念优于现象，彼岸高于现

---

① 哈特穆特·罗萨. 加速：现代社会中时间结构的改变 [M]. 董璐，译. 北京：北京大学出版社，2015：48.

② 亚当·斯密. 国富论：上卷 [M]. 谢宗林，等译. 北京：中央编译出版社，2011：385.

③ 中共中央马克思恩格斯列宁斯大林著作编译局. 马克思恩格斯文集：第9卷 [M]. 北京：人民出版社，2009：475.

④ 中共中央马克思恩格斯列宁斯大林著作编译局. 马克思恩格斯全集：第32卷 [M]. 北京：人民出版社，1998：57.

实。"闲暇"在古希腊那里是哲学家通向本体世界的条件，安息日在犹太—基督教那里是教徒通向神圣世界的手段。从这个意义上讲，"劳动—闲暇"二元论也是形而上学思维的一种投影。

一旦用形而上学解释历史，必然产生脱离实际的荒谬幻想，认为人类的历史发展受某种超验和神圣的法则牵引。譬如，黑格尔将人类历史理解为绝对精神自我复归的运动，青年黑格尔派将人类历史理解为"类""唯一者"和"人"的价值实现。这样一来，在唯心论者眼里，历史本质上不是现实的运动，而是观念的运动，即"所有的德国哲学批判家们都断言：观念、想法、概念迄今一直统治和决定着人们的现实世界，现实世界是观念世界的产物"①。对此，马克思无情而猛烈地摧毁了唯心主义的超验幻象。马克思做了一个生动的比喻："哲学和对现实世界的研究这两者的关系就像手淫和性爱的关系一样。"② 马克思所说的"哲学"指的就是形而上学，即研究和探讨缺乏客观根据和不可经验的事物。马克思跳出传统哲学的逻辑怪圈，从最基本、最客观的人类学事实——解决生存问题的物质生产出发，科学地认识历史发展的客观规律，从而彻底超越了形而上学的思辨窠臼。

继续走进马克思思想的深处，我们可以窥见，马克思在实现哲学革命的同时也实现了时间观的变革，即从形而上学的抽象时间观转向唯物史观的生命时间观。一般而言，西方的精神史主要围绕三种时间观打转：一是哲学时间观，即从形而上学出发采取独断的口吻宣布时间的本质和属性；二是宗教时间观，即将天堂的永生理解为时间原型；三是物理时间观，即以牛顿的绝对时间观为典型。本质而言，这三种时间观都将时间理解为抽象的客体，用来表征无时间性的非生命世界，如理念世界、彼岸世界、物理世界。马克思扬弃了形而上学时间观的范式，从现实的主体——现实的人出发，把时间诠释为一种活生生的生命范畴。基于此，马克思变革了时间概念的问题式，即把"时间是什么"的抽象追问转变为"时间的主体是什么"的现实质询。马

① 中共中央马克思恩格斯列宁斯大林著作编译局.马克思恩格斯全集：第3卷［M］.北京：人民出版社，1960：16.
② 中共中央马克思恩格斯列宁斯大林著作编译局.马克思恩格斯全集：第3卷［M］.北京：人民出版社，1960：262.

克思给出的回答是："时间的主体是人的生命!"

马克思指出,"全部人类历史的第一个前提无疑是有生命的个人的存在"①。生命绝不是超验的观念,而是有血有肉、看得见、摸得着的物质对象。生命作为一种紧张的有机体,它既不同于固化的无机物,如江河、石头、星辰,也不同于"理念""上帝""绝对精神"等不死的超验观念。生命的存在时时刻刻依赖于与有机自然界的能量交换。"生命如果不是每天用食物进行新陈代谢,就会衰弱并很快死亡。"② 生命的存续有时间界限,一旦超过这个界限,生命就会走向终结——死亡。马克思指出,"人体生来就是要死亡的"③,"每人每天都死掉生命的 24 小时"④。"有生命的个人"本身就是一种时间的有限规定。马克思进一步指出,无论是生活必需品的生产、精神文化的创造抑或生命的繁衍生息,都离不开生命时间的分配。在"有生命的个人"的逻辑原点上,马克思合乎逻辑地得出了"时间是生命本身的尺度"的科学论断。显然,"时间就是生命"构成了马克思建构唯物史观的思想底座。

马克思通过生命时间范畴的建构,确立了唯物史观的逻辑前提,进而超越了抽象时间的局限。基督教不承认死亡,但却无法否定人终有一死的事实。马克思在诗歌《人生》中写道:"人生时光倏忽即逝,宛如滔滔流水,时光带走的一切,永远都不会返回,生就是死,生就是不断死亡的过程。"⑤马克思把时间比作"生命的油灯"⑥,他指出,"死亡本身已预先包含在生物

---

① 中共中央马克思恩格斯列宁斯大林著作编译局. 马克思恩格斯选集:第3卷 [M].
　北京:人民出版社,2012:146.
② 中共中央马克思恩格斯列宁斯大林著作编译局. 马克思恩格斯全集:第42卷 [M].
　北京:人民出版社,1979:60.
③ 中共中央马克思恩格斯列宁斯大林著作编译局. 马克思恩格斯全集:第1卷 [M].
　北京:人民出版社,2006:177.
④ 马克思. 资本论:第1卷 [M]. 北京:人民出版社,2004:230.
⑤ 中共中央马克思恩格斯列宁斯大林著作编译局. 马克思恩格斯全集:第1卷(下册)
　[M]. 北京:人民出版社,2006:915.
⑥ 中共中央马克思恩格斯列宁斯大林著作编译局. 马克思恩格斯全集:第29卷 [M].
　北京:人民出版社,1972:16.

中"①。由此可见，有限性构成生命时间最本质的规定性。关于物理时间与生命时间的联系与区别，还需要做以下三点澄清：

第一，物理时间可以作为生命时间的测度工具，但不是唯一工具。马克思在《资本论》中说："每人每天都死掉生命的 24 小时。"这里的"24 小时"是物理时间范畴，而"每人每天"则是生命范畴。一方面，物理时间可以作为度量生命流逝的手段。另一方面，马克思也认为，物理时间并非测度生命时间的唯一尺度；时间根本上表征的是"人的积极存在"，所以时间与人的特定活动是密不可分的。由此可以合理地推断出：在马克思的思想中，除了用"几分几秒"度量生命时间的流逝外，实际上还可以用人经历过多少有意义的事件来度量生命时间的流逝。

第二，物理时间表征的是抽象的数，其运动是匀速和可循环的；生命时间表征的是具体的质，其速度和强度是不断变化的。物理时间的流逝不会发生质变，而人的生命却要经历生老病死。恩格斯说："七十四岁毕竟不是四十七岁。"② 因此，生命时间蕴含了活生生的生命内容，人生的每一阶段包含特定生命节奏、强度。一般说来，一个人的生命强度在青年时期达到最大程度。马克思还认为，物理时间只能体现数量的变化，而生命时间却包含质量的层级结构，如在阶级社会，自由时间的质量高于劳动时间。马克思指出，"12 小时的织布、纺纱……能不能被看成是他的生活的表现……恰恰相反，对于他来说，在这种活动停止以后，当他坐在饭桌旁，站在酒店柜台前，睡在床上的时候，生活才算开始。"③ 显然，在阶级社会构建的等级化强制分工中，闲暇时间优于劳动时间。

第三，物理时间是无限的，生命时间却是有限的。牛顿"绝对的、真实的和数学的时间"是一种永恒的时间，体现为一种"数学神话"，而生命时间却被生与死划定了界限。"生和死……，生命总是和它的必然结局，即总

---

① 中共中央马克思恩格斯列宁斯大林著作编译局 . 马克思恩格斯全集：第 1 卷（下册）[M] . 北京：人民出版社，2006：16.

② 中共中央马克思恩格斯列宁斯大林著作编译局 . 马克思恩格斯全集：第 39 卷 [M] . 北京：人民出版社，1974：332.

③ 中共中央马克思恩格斯列宁斯大林著作编译局 . 马克思恩格斯选集：第 1 卷 [M] . 北京：人民出版社，2012：332.

是以萌芽状态存在于生命之中的死亡联系起来加以考虑的。"① 马克思在早期的文艺创作中鲜明突出了生命有限性的主题。马克思在笔记本中多次引用伊壁鸠鲁的话："我们，人，只生一次，谁也不会生两次。"② 马克思还深刻地指出，"特定的个体不过是一个特定的类存在物，而作为这样的存在物是迟早要死的"③。可见，在死亡面前，人与动植物是平等的，即"人作为自然的、肉体的、感性的、对象性的存在物，和动植物一样，是受动的、受制约的和受限制的存在物"④。人作为一种高等生命体，真正能够实现的是生命的自我超越和意义的永恒建构，而非生命时间的永恒。只有承认死亡，人对时间的本真领会才有可能从平面的想象进入深刻的现实，进而体认时间的真实涵义。从这个意义上说，物理时间与生命时间的根本区别在于，前者是物质运动的想象，后者是生命存在的事实。

3.2 自由时间的内在规定

自由时间作为一种生命时间范畴，表征了生理属性和社会属性的辩证统一。马克思立足于人独特的生存方式，在生产方式与社会历史的互动中，深刻把握了自由时间的历史内涵、层级结构和本质特征，确认了自由时间对于人的自由发展的逻辑先在性，并确立了作为人类解放前提的自由向度和解放维度。

3.2.1 自由时间的历史内涵

马克思在《1857—1858 年经济学手稿》中首次系统论述自由时间思想，

---

① 中共中央马克思恩格斯列宁斯大林著作编译局. 马克思恩格斯文集：第 9 卷 ［M］. 北京：人民出版社，2009：546.
② 中共中央马克思恩格斯列宁斯大林著作编译局. 马克思恩格斯全集：第 40 卷 ［M］. 北京：人民出版社，1982：245.
③ 中共中央马克思恩格斯列宁斯大林著作编译局. 马克思恩格斯全集：第 42 卷 ［M］. 北京：人民出版社，1979：123.
④ 中共中央马克思恩格斯列宁斯大林著作编译局. 马克思恩格斯全集：第 42 卷 ［M］. 北京：人民出版社，1979：123，167.

并提出 freizeit（自由时间）的概念。从词源学上看，freizeit 在德语中包含两层涵义：一层涵义是指在劳动之外用于休息、饮食、睡眠、娱乐等活动的时间；另一层涵义是指用于从事社会活动如接受教育、探索学术、参加社交、参与国家治理的时间。前者具有私人性，后者具有广泛的社会性。freizeit 可以追溯至中世纪晚期的法律术语 freye zeyt，意为"和平时期"。freye zeyt 描述了在 14 世纪的"和平时期"，市场的旅行者和游客能够确保免受暴力和各种侵扰，包括逮捕和传唤。尽管 freye zeyt 与今天的休闲概念没有多大关系，但它作为一项真正的法律，奠定了现代劳动法对工作日限定的法理基础。1823 年，德国教育家弗里德里希·弗洛贝尔（Friedrich Fröbel）提出现代自由时间（freizeit）概念，说明现代社会工作与休闲之间严格区分的现象。如果再往前追溯，freizeit 的词源可以追溯至古希腊的 σχολή（闲暇）和 skholk（学校）。在古希腊，劳动与闲暇是完全分开的，上层社会的贵族阶级不需要做任何体力劳动，因而有大量的时间进行学习、沉思和创造，而奴隶作为"会说话"的工具则根本没有多少闲暇。

马克思的自由时间概念作为一个历史范畴，在不同的历史语境下具有政治经济学和哲学的双重含义。具体而论，在讨论阶级社会时，马克思的自由时间主要指"阶级—分工"基础上的非劳动时间。在讨论未来社会时，马克思的自由时间则是指融合了"劳动—闲暇"的高级时间类型，这是人类"史前史"文明尚未存在的时间模式。就前者而言，马克思的 freizeit 沿用了德语的惯常用法（见表 3-1），反映了阶级社会"体力—脑力"分工基础上劳动时间与自由时间的对立。就后者而言，马克思的 freizeit 指的是超越了"劳动—闲暇"二元对立的更高级形态的时间。马克思认为，"这种同时作为拥有自由支配时间的人的劳动时间"在根本上表征"人的积极存在"，即时间"不仅是人的生命尺度，而且是人的发展空间"。要厘清马克思自由时间的内涵，就必须注意马克思在不同历史语境中赋予 freizeit 的不同涵义。

表 3-1　马克思经济学手稿对"自由时间"的厘定

"1857—1858 年手稿"对"自由时间"的厘定	"1861—1863 年手稿"第一阶段对"自由时间"的厘定	"1861—1863 年手稿"第二阶段对"自由时间"的厘定	"1861—1863 年手稿"第三阶段对"自由时间"的厘定
"可以自由支配的时间（即为个人发展充分的生产力，因而也为社会发展充分的生产力创造广阔余地），这样创造的非劳动时间，从资本的立场来看，和过去的一切阶段一样，表现为少数人的非劳动时间，自由时间。"（《全集》31 卷 p103）	"自由时间，不管这一时间是用于闲暇，是用于从事非直接的生产活动（如战争、国家的管理），还是用于发展不追求任何直接实践目的的人的能力和社会的潜力（艺术等等，科学）。"（《全集》32 卷 p214）	"自由时间，可以支配的时间……一部分用于消费产品，一部分用于从事自由活动，这种自由活动不像劳动那样是在必须实现的外在目的的压力下决定的，而这种外在目的的实现是自然的必然性，或者说社会义务——怎么说都行。"（《全集》35 卷 p229）	"不受物质生产束缚的用于发展的自由时间"；"时间实际上是人的积极存在，它不仅是人的生命尺度，而且是人的发展空间。"（《全集》37 卷 p160、292）

凡例：《全集》31 卷 p103，即《马克思恩格斯全集》中文第 2 版第 31 卷，第 103 页。

马克思认为，自由时间用于人的自由活动，其特征是摆脱生理的强制性和社会的强制性。所以，根据人的活动对"必然性"的超越程度，马克思把自由时间区分为三个层级（见表 3-2，图 3-1、3-2）：较低层次的生理时间、中间层次的娱乐时间和较高层次的发展时间。

表 3-2　自由时间的层级划分

较低层级自由时间（生理时间）	"维持自己的肉体生存所必需的自由时间""睡眠时间""人体成长、发育和维持健康所需要的时间……工人呼吸新鲜空气和接触阳光所需要的时间""家庭本身惯常需要的、在家庭范围内从事的自由劳动的时间""盥洗、穿衣、吃饭所需要的时间""抚养时间"。（《全集》37卷 p238；《资本论》第1卷 p269、295、454、558）
中间层级自由时间（娱乐时间）	"游戏的时间""可以自由支配的时间……这种时间不被直接生产劳动所吸收，而是用于娱乐和休闲""可以支配的时间……一部分用于消费产品，一部分用于从事自由活动"。（《全集》35卷 p229、230；《资本论》第1卷 p454）
较高层级自由时间（发展时间）	"不受物质生产束缚的用于发展的自由时间"；"教养的时间""创造出一定的自由时间，也就能够发展智力等等；精神上掌握自然""可以自由支配的时间，也就是创造产生科学、艺术等等的时间""自由时间……用于发展不追求任何直接实践目的的人的能力和社会的潜力（艺术等等，科学）""个人受教育的时间，发展智力的时间，履行社会职能的时间，进行社交活动的时间，自由运用体力和智力的时间"。（《全集》30卷 p179、298、381；《全集》31卷 p214、345；《全集》37卷 p292；《资本论》第1卷 p306、346、350）

　　需要指出的是，阶级社会除了存在劳动时间与自由时间两种类型外，还存在一种特殊类型的时间，即"无用"时间（见图3-1）。"自由时间与必要劳动时间是相辅相成的。一个人如果完全绝缘于劳动，自由时间就不过是失业、被社会排斥在外、丧失劳动权利的代名词。"① 马克思认为，自由时间具有明确的功能指向——社会再生产。所以，自由时间不等同于"游手好闲"

---

① 孙伟平. 人工智能与人的"新异化"［J］. 中国社会科学，2020（12）：119-137.

"闲着没事干"。劳动是工人生存的前提,"一旦工人不能出卖他的劳动能力,他就会饿死"①。失业工人把饥饿体验为"残酷的自然必然性"②,身心的不自由达到顶峰。所以,"闲着不做事"的时间并不是自由时间,而是"无用"时间。马克思在《资本论》使用的 nutzlos(无用)在德文中包含三层意思:一是指没有使用价值,即无益的、无效的;二是指没有任何意义,即不能对生活产生积极和正面的价值;三是指对资源的浪费。毫无疑问,马克思的自由时间思想继承了古希腊和空想社会主义的看法,认为"游手好闲"并不是人类自由时间的真正表现,而是不产生任何价值的时间浪费,因而是比劳动时间还低一个层次的"无用"时间。

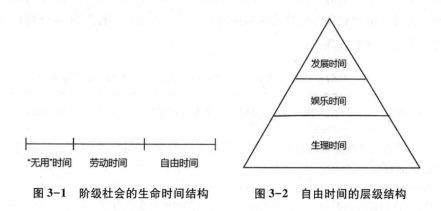

图 3-1 阶级社会的生命时间结构　　图 3-2 自由时间的层级结构

由上观之,马克思对自由时间概念存在两种语境。一种是语境指阶级社会语境中排除了"无用"时间的非劳动时间。自由时间具有三个层次:较低层次自由时间用于睡眠、盥洗、穿衣、做饭、吃饭、身体发育、妇女生育和照顾家庭等,中间层次自由时间用于消费、娱乐、游戏、休闲、运动等,较高层次自由时间用于社交、受教育、人文熏陶、科学探索、艺术创作、管理国家等。自由时间的另外一种语境是指共产主义社会消融了"劳动—闲暇"二元对立的高级时间类型。

①　中共中央马克思恩格斯列宁斯大林著作编译局. 马克思恩格斯全集:第 32 卷 [M]. 北京:人民出版社,1998:170.

②　马克思. 资本论:第 1 卷 [M]. 北京:人民出版社,2004:202.

3.2.2 自由时间的本质特征

马克思的自由时间概念虽然在不同社会形态中具有不同的内涵，但内在的本质特征具有高度稳定性。概而论之，自由时间有两个本质特征：一是主体性，二是超越性。

第一，主体性。"可以自由支配"是自由时间的基本属性。亚当·斯密在《国富论》中认为，时间就是人的生命，因而"从生到死的时间"[①] 规定了一个人的时间总量。在这一前提下，亚当·斯密将自由时间表述为："如果某个人从某种职业获得基本的生计，但这个职业没有占去他的大部分时间；那么在空下来的"时间"就是自己可以自由支配的时间"[②]。马克思沿袭了古典经济学对自由时间的基本理解，用"可以自由支配"作为诠释自由时间的定语（见表3-3）。

表3-3　"1857—1858年手稿"对"可以自由支配的时间"的相关表述

（1）"创造出可以自由支配的时间是财富整个发展的基础。"《全集》30卷 p376
（2）"创造可以自由支配的时间，也就是创造产生科学、艺术等等的时间。"《全集》30卷 p379
（3）"在必要劳动时间之外，为整个社会和社会的每个成员创造大量可以自由支配的时间。"《全集》31卷 p103
（4）"于是，资本就违背自己的意志，成了为社会可以自由支配的时间创造条件的工具。"《全集》31卷 p103
（5）"资本的趋势始终是：一方面创造可以自由支配的时间，另一方面是把这些可以自由支配的时间变为剩余劳动。"《全集》31卷 p104

---

① 亚当·斯密. 国富论：上卷［M］. 谢宗林，等译. 北京：中央编译出版社，2010：385.

② 亚当·斯密. 国富论：上卷［M］. 谢宗林，等译. 北京：中央编译出版社，2010：130.

续表

(6) "社会生产力的发展将如此迅速……所有的人可以自由支配的时间还是会增加。"《全集》31 卷 p104
(7) "财富的尺度决不再是劳动时间，而是可以自由支配的时间。"《全集》31 卷 p104
(8) "创造可以自由支配的时间是资本的主要使命。"《全集》31 卷 p436

由表 3-3 可知，自由时间在马克思思想语境中的直接含义就是"可以自由支配的时间"，区别于阶级社会中不能自由支配的劳动时间。在剥削社会，劳动人民的劳动时间必须服从统治阶级的利益从事强制劳动。所谓强制，指的就是不容商量和选择。比如，奴隶如果不参加奴隶劳动就要挨鞭子；农民如果不接受徭役劳动就要被砍头；工人如果不参加雇佣劳动就要被饿死。除此之外，在一些等级森严的社会，劳动者也不能自由地选择职业。比如，位于印度种姓制度底层的"不可接触者"或"贱民"阶层必须世世代代从事最低贱和肮脏的职业。

第二，超越性。马克思认为，"自由时间……用于从事自由活动，这种自由活动不像劳动那样是在必须实现的外在目的的压力下决定的，而这种外在目的的实现是自然的必然性，或者说社会义务——怎么说都行"①。这说明，自由时间与人的自由具有高度紧密的内在联系，超越性是自由时间最本质的特征，包括对生理必然性的超越和社会必然性的超越。具体而言，前者表现为超越生理匮乏——饥饿，后者表现为超越不平等的强制分工——雇佣劳动。

应当说，古往今来的思想家都认识到"自由"与"必然"的紧张关系。实际上，马克思博士论文处理的伊壁鸠鲁与德谟克利特的哲学争论最终可以还原为人能否拥有自由的伦理问题。伊壁鸠鲁提出原子运动偏离直线的假设，实质上预设人拥有自由的先验可能。马克思运用伊壁鸠鲁的论题含蓄地

① 中共中央马克思恩格斯列宁斯大林著作编译局. 马克思恩格斯全集：第 35 卷［M］. 北京：人民出版社，2013：230.

表达了他的政治主张，即反对当时普鲁士的思想专制制度。但随着唯物史观的科学构建，马克思不再像唯心主义思想家那样从认识论的层面把"自由"与"必然"对立起来。马克思从实践的高度把"自由"与"必然"阐释为辩证统一的关系。马克思认为，"必然"是"自由"的现实基础。这里的"必然"是指人解决生存问题的物质生产的"必然性"。马克思认为，"生命如果不是每天用食物进行新陈代谢，就会衰弱并很快死亡"①。也就是说，生存是自由的根本前提，人只有解决基本的生存问题以后，才具有自由生命的条件。从这个意义上说，西方马克思主义学者布洛赫（Emst Bloch）真正感悟了唯物史观的真实基础——饥饿。布洛赫认为，在构成人类的所有本能冲动中，饥饿是最为强烈和最为根本的冲动，具有不可抗拒的强制性；饥饿不仅剥夺人的尊严，还彻底剥夺人的自由。布洛赫还认为，除了饥饿，任何东西都不能震撼人类；弗洛伊德学说的"性压抑"与"饥饿"相比显得十分肤浅，不啻纸上谈兵。② 显然，饥饿必然驱迫人为了生存而劳动，但谋生劳动的目的仅仅在于维持生命，并非彰显人的审美性和创造性。

纵观马克思之前的西方思想史，饥饿问题始终在哲学家的视野中是缺席的。哲学家认为精神生产构成了历史发生的本源，仿佛人类社会不需要物质生产作为前提。造成这种幼稚思想的根源在于，哲学家在"脑力—体力"分化的阶级社会脱离了社会生产，使得精神活动完全脱离现实基础，因而思想既空洞又傲慢。虽然劳动人民肩负着人类生存的物质重担，但他们却被统治者视为低等级的"人"。离开人类生存的真实基石，那些居庙堂之高和不食人间烟火的唯心主义哲学家，如柏拉图、亚里士多德、康德、黑格尔以及青年黑格尔派学人，由于没有体验过饥饿的震撼，因而根本不可能深刻体悟历史演进的真实驱动力。在这个意义上，唯心主义无论看上去多么华丽和"高大上"，其一切脱离劳动和人民立场的哲学本质上都是很肤浅和傲慢的。对此，马克思梳理鲍威尔的思想时揭露过唯心主义的荒谬与狂妄。鲍威尔藐视

---

① 中共中央马克思恩格斯列宁斯大林著作编译局．马克思恩格斯全集：第42卷［M］．北京：人民出版社，1979：60.

② 参见恩斯特·布洛赫．希望的原理：第1卷［M］．梦海，译．上海：上海译文出版社，2012：16.

人民群众，把自己精英主义的"批判意识"夸大为历史演进的唯一动力。这就等于暗示历史是由他鲍威尔本人创造的。马克思无情地嘲讽了"这些英雄们的真正业绩和关于这些业绩的幻想之间的令人啼笑皆非的显著差异"①。马克思指出，"即使感性在圣布鲁诺那里被归结为像一根棍子那样微不足道的东西，它仍然必须以生产这根棍子的活动为前提"②。

生存是自由的基础，自由的首要前提是超越由饥饿导致的强制性谋生劳动。只有理解物质生产在人类生存活动中的基础地位，才能真正理解自由的本质以及自由的条件——自由时间。

马克思立足于唯物史观的理论高度，从"现实的人"及其"自由活动"出发论述自由，阐明自由与自由时间的内在同一性。同一性视角在这里是澄清自由的不可或缺的方法论原则，把握这种同一性能够使我们真正洞穿自由的本真内涵。形而上学之所以始终在"自由"问题上陷入含混不清的尴尬局面，其根源在于把"自由"仅仅当作哲学概念处理，忽视了"自由"的现实根基。但不同于近代的主体性哲学把自由理解为先验的自我意识，"马克思把人的自由问题还原为自由时间的问题"③。马克思认为，"自由王国只是在必要性和外在目的规定要做的劳动终止的地方才开始"④。简而言之，"自由王国"与"自由时间"在马克思论域的深层结构中本质上是一致的。具体而论，自由时间对"必然性"的超越表现为以下两个方面。

第一，对"自然必然性"的超越。马克思认为，工人的雇佣劳动本质上体现为"残酷的自然必然性"，因为"无产者除了接受资产阶级向他们提出的条件或者饿死、冻死、赤身露体地到森林中的野兽那里去找一个藏身之所，就再没有任何选择的余地了"⑤。生存本能驱迫工人为资本家劳动，工人

①　中共中央马克思恩格斯列宁斯大林著作编译局. 马克思恩格斯选集：第1卷［M］. 北京：人民出版社，2012：143.
②　中共中央马克思恩格斯列宁斯大林著作编译局. 马克思恩格斯选集：第1卷［M］. 北京：人民出版社，2012：158-159.
③　A. 施密特. 马克思的自然概念［M］. 欧力同，等译. 北京：商务印书馆，1988：153-154.
④　马克思. 资本论：第3卷［M］. 北京：人民出版社，2004：928.
⑤　中共中央马克思恩格斯列宁斯大林著作编译局. 马克思恩格斯全集：第2卷［M］. 北京：人民出版社，1957：360.

在这种劳动中体验极度扭曲的肉体折磨和精神摧残，"结果，人（工人）只有在运用自己的动物机能——吃、喝、性行为，至多还有居住、修饰等等的时候，才觉得自己是自由活动"①。对于工人而言，"12 小时劳动的意义并不在于织布、纺纱、钻孔等等，而在于挣钱，挣钱使他能吃饭、喝酒、睡觉。"② 显然，相比劳动时间，工人的生理时间是相对更自由的时间。

同时马克思也认为，生理时间对饥饿的解决只是生理意义的低层次超越，生理行为只是最低程度的自由。如果用更严格的标准看，"维持自己的肉体生存所必需的自由时间"并不能被视为充分彰显人性的自由时间，因为动物也有相同的生理活动。马克思指出，"吃、喝、性行为等等，固然也是真正的人的机能。但是，如果使这些机能脱离了人的其他活动……它们就是动物的机能"③。所以，相对于劳动时间，生理时间只是较低层级的自由时间。马克思把娱乐时间视为处于中间层级的自由时间，即"这种时间不被直接生产劳动所吸收，而是用于娱乐和休闲"④。人的娱乐活动相比于"吃、喝、性行为"更具有创造性和主体性，是对"自然必然性"的进一步超越。马克思认为，自由时间的核心层级是发展时间，这种时间"用于发展不追求任何直接实践目的的人的能力和社会的潜力（艺术等等，科学）"⑤。人在发展时间中通过高度自由的创造性活动，彻底摆脱了目的性和功利性，从而全面彰显了人的自由本质。可见，马克思的自由时间涉及不同位阶的价值排序，呈现为相互设定、自下而上、层层递进的三重结构。

第二，对"社会必然性"的超越。马克思所说的"社会义务"指的就是身不由己的"社会必然性"，具体表现为阶级社会的强制分工——体力劳动

① 中共中央马克思恩格斯列宁斯大林著作编译局 . 马克思恩格斯全集：第 42 卷［M］. 北京：人民出版社，1979：94.
② 中共中央马克思恩格斯列宁斯大林著作编译局 . 马克思恩格斯选集：第 1 卷［M］. 北京：人民出版社，2012：332.
③ 中共中央马克思恩格斯列宁斯大林著作编译局 . 马克思恩格斯全集：第 42 卷［M］. 北京：人民出版社，1979：94.
④ 中共中央马克思恩格斯列宁斯大林著作编译局 . 马克思恩格斯全集：第 35 卷［M］. 北京：人民出版社，2013：230.
⑤ 中共中央马克思恩格斯列宁斯大林著作编译局 . 马克思恩格斯全集：第 31 卷［M］. 北京：人民出版社，1998：214.

与脑力劳动的对立。对于处在社会底层的劳动人民而言，这种社会分工并非自愿，而是"某种异己的、在他们之外的强制力量"。为此，马克思和恩格斯指出，"分工的规律就是阶级划分的基础"①。社会活动的强制固定化使人民群众并不能自由地选择自己钟爱的职业。在这种情况下，劳动人民终生只能承担局部、片面的社会职能，这使他们无缘成为"全面发展的个人"。同样地，统治阶级由于轻视劳动，因而其闲暇具有巨大的片面性。

马克思继承空想社会主义的观点，认为"真正的自由活动"是劳动与闲暇的交融。马克思指出，"直接的劳动时间本身不可能像从资产阶级经济学的观点出发所看到的那样永远同自由时间处于抽象对立中"②。马克思从科学社会主义的高度展望了未来文明的光明前景：一旦进入无阶级的共产主义社会，劳动将"不再用于别人而是用于我自己——将作为真正的社会劳动"③。由此一来，"劳动—闲暇"的深度融合使得劳动"是自由的生命表现，因此是生活的乐趣"④，劳动成为带来快乐源泉的"生活的第一需要"（见表3-4）。在共产主义社会，劳动超越了"社会义务"，成为人的自由全面发展的重要手段，劳动时间与自由时间的严格分界也将彻底终结。

表3-4　共产主义的自由时间："劳动—闲暇"的深度融合

生产与科研相结合	"自由时间……自然要把占有它的人变为另一主体，于是他作为这另一主体又加入直接生产过程……对于头脑里具有积累起来的社会知识的成年人来说，这个过程就是知识的运用，实验科学，有物质创造力的和物化中的科学。"《全集》31卷p108

① 中共中央马克思恩格斯列宁斯大林著作编译局. 马克思恩格斯选集：第3卷 [M]. 北京：人民出版社，2012：562.

② 中共中央马克思恩格斯列宁斯大林著作编译局. 马克思恩格斯全集：第31卷 [M]. 北京：人民出版社，1998：108.

③ 中共中央马克思恩格斯列宁斯大林著作编译局. 马克思恩格斯全集：第35卷 [M]. 北京：人民出版社，2013：230.

④ 中共中央马克思恩格斯列宁斯大林著作编译局. 马克思恩格斯全集：第42卷 [M]. 北京：人民出版社，1979：38.

续表

| 生产与体育和智育相结合 | "生产劳动同智育和体育相结合……是造就全面发展的人的唯一方法。"《资本论》第1卷p557 |
| 生产与健身和思想相结合 | "劳动对于身体健康犹如吃饭对于生命那样必要……劳动给生命之灯添油，而思想把灯点燃。"《资本论》第1卷p562 |

　　综上所述，马克思立足唯物史观的科学高度，深刻诠释了自由与自由时间的内在同一性。一方面，不同于古典思想家把"自由王国"与"必然王国"对立起来，马克思明确指出，"自由王国只有建立在必然王国的基础上，才能繁荣起来"①。另一方面，也不同于古典思想家把劳动和闲暇对立起来，马克思认为，自由劳动时间与自由时间的高度融合才能真正促进人的高度发展。进一步说，只有在生产力高度发达并消灭剥削的共产主义社会，全人类才能真正获取充裕的高质量的自由时间，彻底摆脱"自然必然性"和"社会必然性"，进而彻底实现自由而全面地发展。

3.3　自由时间与相关概念的澄清

　　马克思在《资本论》及其手稿中清晰厘定了自由的本质，明确了不同社会形态下自由时间与劳动时间的边界，澄清了自由时间与生理时间、休闲时间在历史进程的辩证关系。具体而言，第一大社会形态的劳动时间是指强制劳动的时间，包括劳动人民用在奴隶劳动、租佃劳动及徭役劳动的时间。第二大社会形态的劳动时间是指雇佣劳动的时间，即工人和资本家自愿缔结的工作日契约，明确规定"工人出卖的时间何时结束，属于工人自己的时间何时开始"。在第三大社会形态，阶级分工的消亡产生"劳动—闲暇"的融合统一，二者不再有明确界限。马克思认为，在第一、第二大社会形态，生理时间和休闲时间属于自由时间的较低和中间层级；在第三大社会形态，随着人类生命质量的全面提升，人类的休闲时间将摆脱资本强制，实现彻底升华。

3.3.1 自由时间与劳动时间

自由时间与劳动时间在阶级社会是完全对立的一组范畴。譬如，在马克思的第二大社会形态语境中，劳动时间的含义非常明确，是指工人为资本家生产剩余价值的"雇佣劳动时间"，即"工作日就是一昼夜24小时减去几小时休息时间"①，相应地，自由时间指的就是非劳动时间。

具体来说，资本主义的劳动时间具有三大特征。一是劳动时间的所有权归资本家，即"工人既不属于某个所有者，也不属于土地，但是他每日生命的8小时、10小时、12小时、15小时却属于这些时间的购买者"②。工人与奴隶的区别仅在于，前者部分地出卖自己，后者完整地出卖自己。二是劳动时间的价格与其创造的价值不等价，即资本家"不支付等价物，但在交换的假象下占有他人劳动"③。工人的劳动时间具有巨大的创造力，不仅创造维持工人的生活必需品的价值，还能创造巨大的剩余价值，这种创造力是整个资本主义财富大厦的基石。三是生理时间构成劳动时间的根本界限，即"一个人在24小时的自然日内只能支出一定量的生命力……这种力每天必须有一部分时间休息、睡觉，人还必须有一部分时间满足身体的其他需要，如吃饭、盥洗、穿衣等等"④。生理时间是生命体不可免除的生理环节，即便到了共产主义社会，人也要吃饭、睡觉、穿衣。在从这个意义上讲，生理时间与劳动时间一样，都是人类实现自由活动的前提。

马克思主要在资本主义的现实语境下使用劳动时间概念，其语义严格限定在货币关系的雇佣劳动领域。马克思认为，是否具有雇佣性质是判定人的时间是否属于劳动时间的客观依据。劳动时间与自由时间以工作合同为界

---

① 马克思．资本论：第1卷［M］．北京：人民出版社，2004：305.

② 中共中央马克思恩格斯列宁斯大林著作编译局．马克思恩格斯选集：第1卷［M］．北京：人民出版社，2012：332-333.

③ 中共中央马克思恩格斯列宁斯大林著作编译局．马克思恩格斯全集：第30卷［M］．北京：人民出版社，1995：485.

④ 马克思．资本论：第1卷［M］．北京：人民出版社，2004：269.

限，二者没有模糊的中间地带。就这个问题而言，英国马克思主义历史学家汤普森（E. P. Thompson）认为，劳动时间与自由时间二元对立的强化是资本主义生产的一个特点，即工业资本主义不仅创造雇佣劳动，还创造现代意义的休闲；自由时间本质上是资本规训后的产物，它的目的是确保工人在工作时间内毫无保留地投入剩余价值生产。① 农业社会的劳作与休息是勾连和耦合在一起的，并不存在现代意义上的严格纪律的无间歇劳动。工业社会通过明确"工作—闲暇"的边界，从而尽可能地抹除工人在工作时的个性，促进资本主义生产的高度理性化。显然，劳动时间与自由时间的对立是资本增殖的内在要求。

在这里，还需要注意劳动时间内涵的历史变化。马克思认为，在前现代社会从事脑力劳动具有神圣色彩，这些活动也被视为具有荣誉性质的"闲暇"，如哲学家的沉思、音乐家的创作和科学家的探索等。但随着资本主义生产方式的兴起，曾经的"闲暇"不再以超越性为价值导向，转型为替资本家牟利的雇佣劳动。因此，在工业社会，脑力劳动与体力劳动的质的差异逐渐消失，二者本质上都是服从价值规律的雇佣劳动。为此，马克思指出，"这些职能与职业直接变成了雇佣劳动者……从娼妓到国王的各种各样的活动价格……也受到调节雇佣劳动价格的那些规律的支配……所有的服务都转化为雇佣劳动，所有的服务的执行者都转化为雇佣劳动者，从而都具有这种与生产工人相同的性质"②。马克思举例说："给别人上课的教师不是生产劳动者。但是，如果一个教师同其他人一起作为雇佣劳动者被聘入一个学院，用自己的劳动来使贩卖知识的学院老板的货币增殖价值，那么他就是生产劳动者。"③ 从这个意义上看，工业社会的脑力劳动与前现代社会的脑力劳动的性质是有根本差异的。一般而言，古代统治阶级的脑力劳动的目的不是赚钱，而是追求超越性价值。比如，作为古希腊贵族阶级的柏拉图并不靠钻研

---

① 参见 E. P. 汤普森 . 共有的习惯：18 世纪英国的平民文化［M］. 沈汉，等译 . 上海：上海人民出版社，2020.

② 中共中央马克思恩格斯列宁斯大林著作编译局 . 马克思恩格斯全集：第 38 卷［M］. 北京：人民出版社，2019：127.

③ 中共中央马克思恩格斯列宁斯大林著作编译局 . 马克思恩格斯全集：第 38 卷［M］. 北京：人民出版社，2019：127，130.

哲学谋生，他的衣食来源是奴隶提供的剩余产品，所以柏拉图的哲学思考具有不受外力驱迫的自由性和独立性。资本主义社会把脑力劳动改造为平民化的职业，并使"赚钱谋生"成为职业的根本导向。从这个意义上看，对于把哲学思辨专门化为职业的康德来说，哲学首先是他谋生的手段，因而从生存的角度看，康德的哲学思考仍然具有一定的功利性，并非是纯粹的闲暇。

显而易见，劳动时间内涵随着生产方式变迁而不断变化。具体而言，以使用价值为导向的精神生产降格为以交换价值为导向的商品生产，脑力劳动在被专门化和职能化的同时，也就丧失了自由向度，进而成为与体力劳动没有本质区别的雇佣劳动。资本主义生产方式扩张不仅导致人类自由时间量的挤压，也造成自由时间内涵的窄化。具有超越意义的诗人、哲学家、艺术家和科学家在工业文明中消失了，资本家"把医生、律师、教士、诗人和学者变成了它出钱招雇的雇佣劳动者"[①]。应当说，人类活动是否具有自由性质在于活动的根本目的是什么，即以赚钱为目的还是以自由本身为目的。如果是前者的话，不管这个职业多么光鲜，那么这种活动本质上都具有强制性。马克思认为，随着共产主义革命对资本逻辑和强制分工的废除，自由时间内涵将空前扩展，即便是曾经为人所不齿的体力劳动，在未来社会也具有"健身"的闲暇性质。"劳动对于身体健康犹如吃饭对于生命那样必要……劳动给生命之灯添油，而思想把灯点燃。"[②]

3.3.2 自由时间与生理时间

国内学者对于生理时间是否属于马克思的自由时间范畴存在争议。采用"二分法"论者认为生理时间属于自由时间范畴。采用"二分法"论者则认为生理时间不属于自由时间范畴。

从《资本论》及其手稿的内容看，将生理时间排除出自由时间的范畴是错误的。马克思在《1861—1863年经济学手稿》中强调生理时间是工人"从

---

① 中共中央马克思恩格斯列宁斯大林著作编译局. 马克思恩格斯选集：第3卷［M］. 北京：人民出版社，2012：403.
② 马克思. 资本论：第1卷［M］. 北京：人民出版社，2004：562.

资本的贪婪魔爪下夺回哪怕只是为了维持自己的肉体生存所必需的自由时间"①。马克思认为，人既不可能不吃饭和不睡觉，也不可能由别人代替自己吃饭和睡觉，因而生理时间只能是自己的时间，它必须由人自己来支配。简而言之，生理时间作为自由时间的初级形态，在一切社会形态、一切社会阶级中都存在。

问题在于，在资本主义社会，工人的生理时间只具有极低的质量。例如，维多利亚时期的一部分工人"把地下室当作住宅……凡是可以挖洞的地方，都挖成了这种深入地下的洞，而很大一部分居民就住在这样的洞穴里面"②，这些工人常常"连短短的睡眠也睡不稳，在夜间他们担心睡过时间，在白天又被外面的喧闹声吵醒"③，而资本家则安稳地睡在工人为他们筑造的富丽堂皇的宫殿里④。因此，睡在"洞穴"与睡在"宫殿"的感觉绝不可能一样。显然，生理时间的质量是由物质基础决定的，只有在实现经济解放和消灭剥削的共产主义社会，人类的生理时间质量才会极大提升，"睡眠"届时才能真正成为全人类的享受。

3.3.3 自由时间与休闲时间

除了对生理时间是否属于自由时间范畴有争议外，国内外学者对休闲时间是否属于自由时间范畴也存在极大争议。例如，鲍德里亚认为，"不要相信关于休闲中自由的假象，'自由'时间在逻辑上是不可能的，只可能存在着受制约的时间。消费的时间即是生产的时间"⑤。但事实上，马克思明确指出，"可以自由支配的时间……这种时间不被直接生产劳动所吸收，而是用

---

① 中共中央马克思恩格斯列宁斯大林著作编译局. 马克思恩格斯全集：第37卷［M］. 北京：人民出版社，2019：238.
② 中共中央马克思恩格斯列宁斯大林著作编译局. 马克思恩格斯全集：第2卷［M］. 北京：人民出版社，1957：323.
③ 马克思. 资本论：第1卷［M］. 北京：人民出版社，2004：305.
④ 中共中央马克思恩格斯列宁斯大林著作编译局. 马克思恩格斯选集：第1卷［M］. 北京：人民出版社，2012：53.
⑤ 让·鲍德里亚. 消费社会［M］. 刘成富，等译. 南京：南京大学出版社，2014：172.

于娱乐和休闲"①。这说明,休闲时间实际上也属于自由时间的范畴。只不过,与"不追求任何直接实践目的的"发展时间不同,休闲时间是中间层级的自由时间,这部分时间"一部分用于消费产品,一部分用于从事自由活动"。就"消费产品"而言,休闲时间既可以用来消费有形的物质产品,如喝香槟产生"头昏";也可以用来消费无形的服务产品,如听音乐会留下"回忆"②。就"自由活动"而言,休闲时间也可以用来做"有益健康的户外游戏",如"滚木球、打球等等游戏"③。总之,休闲时间作为自由活动次级需要,反映了人对快乐的基本追求。

有论者之所以否认休闲属于自由时间,就在于混淆了马克思自由时间概念存在的两种社会语境。在未来社会语境,自由时间主要指融合了劳动和闲暇的高度自由的时间类型,这类时间超越了以交换价值为目的的生产方式,扬弃了资本主义的物化逻辑。应当说,鲍德里亚、科西克与马尔库塞等学者就是从未来社会的语境理解马克思的自由时间概念。但事实上,从《资本论》的内容布展来看,马克思更多地在资本主义的现实语境中使用自由时间。在这个视角上,休闲时间被马克思明确地界定为自由时间范畴,与之相关的概念还有"休息时间""生活时间""空闲时间""空余时间""游戏时间""闲暇时间""余暇时间"等。马克思使用自由时间并非抽象地议论哲学问题,而是真切地关心工人的生活处境。对于工人而言,用于休闲的时间当然是相当珍贵的自由时间。

科西克等人对马克思自由时间概念的误解也警醒我们,马克思的思想并不是一个专业学科,而是一个博大精深的理论体系,需要运用经济学、政治学、社会学、历史学、文化学、哲学等多学科视角进行综合把握,如果仅从某个专业学科视角"先验"地评判和裁剪马克思的思想,如把马克思的自由时间概念过度哲学化,必然存在脱离实际的风险。学术诚实的基本态度是实

---

① 中共中央马克思恩格斯列宁斯大林著作编译局. 马克思恩格斯全集:第35卷 [M]. 北京:人民出版社,2013:229.

② 中共中央马克思恩格斯列宁斯大林著作编译局. 马克思恩格斯全集:第33卷 [M]. 北京:人民出版社,2004:361.

③ 中共中央马克思恩格斯列宁斯大林著作编译局. 马克思恩格斯全集:第31卷 [M]. 北京:人民出版社,1998:109.

事求是，即必须以马克思著作为客观依据，尽可能地排除主观性，这是解读马克思思想的根本遵循。

4　自由时间的不平等

《1857—1858 年经济学手稿》是马克思系统论述自由时间的第一个文本，其运思理路大致分为两个阶段：在前一阶段，马克思从"生产一般"探讨资本的作用、意义及其与自由时间的关系，但由于抽象的哲学思考无法解决工业社会的自由时间悖论，即发达生产力背景下工人自由时间匮乏的问题，马克思遂在后期放弃哲学人类学的进路。在后一阶段，马克思转向阶级分析法将工人自由时间的匮乏解答为：资本家盗窃了工人为社会创造的自由时间，从而引申自由时间不平等的社会议题。马克思立足于唯物史观的理论高度，深刻剖析了自由时间不平等的原因。马克思认为，统治阶级占有剩余劳动的同时，还从中游离出用于人的发展的自由时间，由此导致人类物质条件和自由时间的双重不平等；私有制作为统治阶级垄断生产资料的法权制度，是统治阶级垄断自由时间的权力来源。沿着这条理路，马克思在《资本论》及其手稿中进一步分析了自由时间不平等的历史形态，揭露了现代劳工的悲惨境遇，从而对资本主义的社会批判上升到新界面。

4.1　自由时间不平等：问题的缘起

在《政治经济学批判（1857—1858 年手稿）》写作前期，马克思思考的基点是"生产一般"，即从"人类学"意义上的物质生产逻辑探讨货币、资本的本质及其自由时间。在这个角度上，马克思把资本比作"普照的光"，不适当地赞美"资本的伟大的历史方面""资本的伟大的文明作用""资本的文明化趋势"。当马克思用哲学人类学思维探讨资本与自由时间的关系时，旋即遭遇无法解决的问题，即资本推动生产力的进步并没有使工人的自由时间获得相应地增加，那么"工人为社会创造的自由时间"究竟去哪儿了？这一思想挫折迫使马克思后期放弃哲学人类学思考，进而"从抽象上升到具体"，运用阶级分析法探究资本家如何窃取工人的自由时间。借助阶级的话语定向，马克思把自由时间的反思从抽象的哲学议题提升为现实的社会议题，进而聚焦自由时间不平等导致的工人个性发展的困境。

4.1.1 哲学人类学进路的理论受挫

仔细研读文本，在《1857—1858 年经济学手稿》写作伊始，马克思存在一个"哲学人类学"视域，即撇开具体的阶级关系，抽象地探讨资本对于发展生产力的作用及其解放自由时间的普遍意义。

马克思在"导言"中明确把一般"人类学"意义的物质生产设定为经济学研究的前提。他说："摆在面前的对象，首先是物质生产。"这里的"物质生产"指的是《德意志意识形态》中"吃喝住穿以及其他一些东西"的生活必需品的生产。从这个前提出发，马克思指证了资本在人类历史中的进步作用。马克思认为，古代社会的经济生产是高度封闭的小生产结构，生产只能在极其狭窄的空间小规模地布展，宗法、等级和血缘等人身依附关系则根本制约了商业交换的发展。资本的崛起打碎了传统结构，把人变成市场的平等主体，形成"普遍的社会物质变换、全面的关系、多方面的需要以及全面的能力的体系"①。马克思从这个意义上把资本比作"普照的光"，即"它掩盖了一切其他色彩，改变着它们的特点。这是一种特殊的以太，它决定着它里面显露出来的一切存在的比重"②。

马克思在哲学人类视角下先是指证了资本的生产力解放作用，然后又指证了资本对于自由时间解放的潜在意义。马克思认为，既然"节约劳动时间

---

① 中共中央马克思恩格斯列宁斯大林著作编译局．马克思恩格斯全集：第 30 卷［M］．北京：人民出版社，1995：107.

② 中共中央马克思恩格斯列宁斯大林著作编译局．马克思恩格斯全集：第 30 卷［M］．北京：人民出版社，1995：48.

等于增加自由时间"①，那么随着资本对生产资料的不断改进，"于是，资本就违背自己的意志，成了为社会可以自由支配的时间创造条件的工具"②。不过，马克思紧接着又意识到这一论述存在矛盾，即"资本的不变趋势一方面是创造可以自由支配的时间，另一方面是把这些可以自由支配的时间变为剩余劳动"③。如果用"症候阅读法"来审阅这段自相矛盾的书写，那么我们可以合乎逻辑地推断出，马克思的哲学人类学进路在这里遭遇了重大挫折。抽象地思考自由时间根本无法解决现实的自由时间悖论，即"最发达的机器体系现在迫使工人比野蛮人的劳动时间还要长"④。

那么问题的关键在于，资本主义工业革命所节约的劳动时间究竟去哪儿了？这一困惑让马克思冷静地意识到自由时间绝不只是简单的哲学问题，自由时间不仅涉及生产，还涉及分配。

此时的马克思由于没有完成政治经济学批判的系统建构，他对这个问题的探究只能采取"路径依赖"，即运用阶级分析法把工业社会自由时间悖论解答为"资本家是窃取了工人为社会创造的自由时间"，进而引申自由时间不平等的社会议题。马克思遭遇的挫折表明，以"生产一般"为哲学主线的逻辑并不足以支撑政治经济批判大厦的构建，马克思必须找到建构资本逻辑的过渡性的中介话语——阶级斗争。马克思在这个视角下指出，"劳动时间和自由时间。对立……它存在于以阶级对立——一方是生产条件的占有者，另一方是劳动的占有者——为基础的一切生产方式中"⑤。

① 中共中央马克思恩格斯列宁斯大林著作编译局 . 马克思恩格斯全集：第 30 卷 [M] . 北京：人民出版社，1995：107.
② 中共中央马克思恩格斯列宁斯大林著作编译局 . 马克思恩格斯全集：第 31 卷 [M] . 北京：人民出版社，1998：103.
③ 中共中央马克思恩格斯列宁斯大林著作编译局 . 马克思恩格斯全集：第 31 卷 [M] . 北京：人民出版社，1998：103.
④ 中共中央马克思恩格斯列宁斯大林著作编译局 . 马克思恩格斯全集：第 31 卷 [M] . 北京：人民出版社，1998：104.
⑤ 中共中央马克思恩格斯列宁斯大林著作编译局 . 马克思恩格斯全集：第 32 卷 [M] . 北京：人民出版社，1998：202.

4.1.2 工人个性发展的现实困境

正如古典经济学指出的，"为了使人民在精神方面更自由地发展，他们不应当再做自己的身体需求的奴隶和肉体的奴仆。所以，他们首先要有用于精神活动和精神享受的余暇"①，"一般平民……很少有多余的时间接受教育……他们的劳动又是这么的连续不断、这么的吃力，以致他们没有多少空闲的时间或剩余的精神从事或甚至想到其他任何事物"②。显然，除了工业社会的自由时间悖论外，马克思对自由时间不平等的关注还源于工人个性发展的困境，即工人不能成为"自己时间的主人"。在马克思看来，自由时间不平等是扩大人类智力不平等的根源，因为"这种不劳动的富和为生活而劳动的贫之间的对立，又造成了知识的对立。知识和劳动彼此分离，于是知识作为资本或富人的奢侈品同劳动相对立"③。

在马克思的意识深处，人类个性发展的不平等——高贵与下贱、闲暇与奴役、丰富与单调、智慧与愚昧是更为隐蔽和本质性的阶级不平等。马克思敏感地察觉到资本主义自由时间两极分化的事实，即"总是有一些人去担任社会上最卑微、最肮脏和最下贱的职务……比较高雅的人们解决了烦劳，可以不受干扰地从事比较高尚的职业等等"④。其结果是："工人阶级从事科学活动的时间越少，另一个阶级的这种时间就越多。后一阶级的人之所以能够专心致志地从事哲学思考或文学创作，只是因为他们摆脱了一切生产上的操心。"⑤

显然，光靠抽象的哲学思考根本无法解释自由时间不平等的根源。为

---

① 中共中央马克思恩格斯列宁斯大林著作编译局．马克思恩格斯全集：第 32 卷
　[M]．北京：人民出版社，1998：601.
② 亚当·斯密．国富论：上卷 [M]．谢宗林，等译．北京：中央编译出版社，2010：
　395.
③ 中共中央马克思恩格斯列宁斯大林著作编译局．马克思恩格斯全集：第 33 卷
　[M]．北京：人民出版社，2004：371.
④ 中共中央马克思恩格斯列宁斯大林著作编译局．马克思恩格斯全集：第 30 卷
　[M]．北京：人民出版社，1995：258.
⑤ 中共中央马克思恩格斯列宁斯大林著作编译局．马克思恩格斯全集：第 32 卷
　[M]．北京：人民出版社，1998：343.

此，马克思放弃了抽象的哲学人类学思考，把自由时间的问题重心从生产转向分配，在阶级关系中探求人类自由时间不平等的根由。马克思认为，如果在人人都参加劳动的"工作均等分配制度"下，劳动者根本不可能出现自由时间匮乏的问题。劳动人民自由时间匮乏的根源在于存在不劳动的阶级，即统治者把生产全部转嫁到劳动人民头上。马克思认为，阶级关系的固化使得自由时间的分配先于自由时间的生产，即"分配……先于生产，并且决定生产；似乎是先于经济的事实"①。作为一无所有的工人，"他要在一个商品由自己的价值决定的世界上生活，就不得不把自己的劳动能力作为商品出售，而这种劳动能力超过自身价值实现的价值增殖则属于资本。所以工人的剩余劳动使生产更加多样化，同时又为别人创造了自由时间。经济学家爱把这种关系看作自然关系或上帝的安排"②。

　　综上所述，资产阶级所谓的"自然关系"指的就是资本主义不平等的分配关系。正是资本主义生产关系造成的尖锐的阶级分化，使得工人"更多地放弃休息，放弃他作为工人的生活之外的一切生活"，而资产阶级却成为不折不扣的"有闲阶级""他们无所事事，专靠在他们以前业已完成的劳动产品，过着所谓养尊处优的生活"③。马克思为此概括："为了使人类的（社会的）能力能在那些把工人阶级仅仅作为基础为之服务的那些阶级中自由地发展，工人群众就不得成为自己时间的主人，而必须成为自己需要的奴隶。工人阶级代表不发展，才好让其他阶级代表人类的发展。"④不言而喻，工人精神的贫乏和愚昧极大地震撼了马克思，激励马克思为追求人类解放而不懈求索自由时间不平等的根由。

---

①　中共中央马克思恩格斯列宁斯大林著作编译局．马克思恩格斯全集：第30卷
　　［M］．北京：人民出版社，1995：37.
②　中共中央马克思恩格斯列宁斯大林著作编译局．马克思恩格斯全集：第32卷
　　［M］．北京：人民出版社，1998：231.
③　中共中央马克思恩格斯列宁斯大林著作编译局．马克思恩格斯全集：第33卷
　　［M］．北京：人民出版社，2004：328.
④　中共中央马克思恩格斯列宁斯大林著作编译局．马克思恩格斯全集：第35卷
　　［M］．北京：人民出版社，2013：103.

4.2 阶级：自由时间不平等的根源

自由时间议题的复杂性迫使马克思放弃考察自由时间的哲学人类学视域。马克思在《1857—1858 年经济学手稿》写作中后期转向阶级视域探究自由时间不平等的深层原因。马克思认为，阶级的存在导致人类的自由时间不平等；统治阶级占有剩余劳动的同时，还从中游离出用于人的发展的自由时间。简而言之，自由时间不平等是阶级造成的经济不平等的必然派生物，二者是不可分割的辩证统一体。在此基础上，马克思剖析了阶级不平等的权力基础——私有制，认为私有制赋予了统治阶级两种权力：一是占有物（生产资料）的权力，二是占有人（剩余劳动时间）的权力，从而深刻揭示了阶级社会自由时间对立的内在机理。

4.2.1 阶级的双重不平等：物质条件与自由时间

诚如柯亨指出的那样，阶级是理解自由时间不平等的关键范畴。他在《马克思的历史理论》中从功能解释的视角指出，阶级划分指的是"社会划分为生产的人和不生产的人"[1]。从这个规定性出发，柯亨指出，"自由时间曾经为特权人们所专有，高级文化的兴盛也只是在统治阶级的范围内"[2]。柯亨认为，阶级造成的自由时间不平等必然造成人的发展的不平等，使社会文化的发展呈现鲜明的阶级属性；"劳动者被迫为自己和他人劳动，而很少有机会去培养自己的才能。由于屈从统治阶级的不自由，他们也就被排除在'作为目的本身，并在未来定要繁荣起来的人的能力的发展'之外"[3]。其结果是："生产者是供养的基础，他们虽然自己没有教养，却为有闲阶级创造

---

[1] 柯亨. 卡尔·马克思的历史理论 [M]. 岳长龄，译. 重庆：重庆出版社，1989：223.

[2] 柯亨. 卡尔·马克思的历史理论 [M]. 岳长龄，译. 重庆：重庆出版社，1989：220.

[3] 柯亨. 卡尔·马克思的历史理论 [M]. 岳长龄，译. 重庆：重庆出版社，1989：219.

了物质剩余，使人类精神能够繁荣兴旺。"① 柯亨根据唯物史观关于阶级消亡的一般规律，划分出四个"社会形态发展的时代"——前阶级社会、前资本主义阶级社会、资本主义社会、后阶级社会，并阐明阶级消亡和自由时间解放的历史逻辑。应当说，柯亨对自由时间不平等的思考达到了唯物史观的深度，为我们解读马克思的自由时间不平等思想提供了参照。

阶级问题是马克思一生都在探讨的问题，但马克思从未明确厘定阶级的内涵。什么是阶级？马克思在《资本论》第 3 卷末尾处焦急地询问这个基本问题。后来列宁对阶级下的定义无疑继承了唯物史观的精髓。列宁指出，"所谓阶级，就是这样一些集团，由于它们在一定社会经济结构中所处的地位不同，其中一个集团能够占有另一个集团的劳动"②。列宁在这里所说的"劳动"指的就是马克思经济学语境中的"剩余劳动"，即劳动阶级为统治阶级无偿提供的剩余产品。这里可以看到，阶级最基本的规定就是经济的不平等。这包含两个基本维度，一是经济地位不平等，少数人垄断生产资料，大部分人是除了劳动能力以外的无产者；二是经济分配的不平等，占有生产资料的人不用参加劳动就能够无偿地占有劳动者创造的大部分劳动果实。

马克思将经济不平等视为其他人类不平等的基础。在《1861—1863 年经济学手稿》中，马克思运用唯物辩证法深刻分析了阶级的二重规定性，"这些不劳动的人从这种剩余劳动中取得两种东西：首先是生活的物质条件……其次是他们支配的自由时间，不管这一时间是用于闲暇，是用于从事非直接的生产活动（如战争、国家的管理），还是用于发展不追求任何直接实践目的的人的能力和社会的潜力（艺术等等，科学），——这一自由时间都是以劳动群众方面的剩余劳动为前提"③。从这段论述可知，自由时间不平等是隐藏在经济不平等背后的深层结构。从自然属性的层面来看，统治阶级对剩余劳动的占有是对"赖以和借以维持生活的产品"的占有；从精神属性的层面

---

① 柯亨. 卡尔·马克思的历史理论［M］. 岳长龄，译. 重庆：重庆出版社，1989：219.

② 列宁选集：第 4 卷［M］. 北京：人民出版社，2012：11.

③ 中共中央马克思恩格斯列宁斯大林著作编译局. 马克思恩格斯全集：第 31 卷［M］. 北京：人民出版社，1998：214.

来看，统治阶级对剩余劳动的占有也是对"自由时间"的占有，即"剩余产品把时间游离出来，给不劳动阶级提供了发展其他能力的自由支配的时间"①。这样的后果是："同一方的自由时间相应的是另一方的被奴役的时间。"可见，经济不平等是其他一切人类不平等的本源，自由时间不平等实际上就是经济不平等的必然派生物，二者是不可分割的辩证统一体。

从这个意义上看，阶级社会作为一种不平等社会体系，虽然具有眼花缭乱的形式，如尊卑、礼仪、等级、符号、种族等，但这些不平等归根结底都有共同的物质基础——经济不平等，都是从经济不平等中延伸出来的。把握住这一点，也就能够理解自由时间不平等议题实质上是唯物史观理论演绎的题中应有之义。在马克思看来，在阶级社会，统治阶级由于摆脱"自然的必然性"——谋生劳动，从而拥有大量自由时间进行科学、文化、艺术等创造性的自由活动，导致不平等社会分工——体力劳动与脑力劳动的对立，进而造成劳动与闲暇在不同阶级的分离。马克思一针见血地指出自由时间，特别是较高层级的自由时间，具有鲜明的阶级特征："可以自由支配的时间……从资本的立场来看，和过去的一切阶段一样，表现为少数人的非劳动时间，自由时间"②，"一切先前的所有制形式都使人类较大部分，奴隶，注定成为纯粹的劳动工具。历史的发展、政治的发展、艺术、科学等等是在这些人之上的上层社会内实现的"③。

恩格斯认为，唯心史观的生产者就是这些脱离生产的"有闲之人"他在《反杜林论》中指证道："实际从事劳动的居民必须占用很多时间来从事自己的必要劳动，因而没有多余的时间来从事社会的公共事务——劳动管理、国家事务、法律事务、艺术、科学等，总是必然有一个脱离实际劳动的特殊阶

---

① 中共中央马克思恩格斯列宁斯大林著作编译局．马克思恩格斯全集：第 32 卷 [M]．北京：人民出版社，1998：215.
② 中共中央马克思恩格斯列宁斯大林著作编译局．马克思恩格斯全集：第 31 卷 [M]．北京：人民出版社，1998：103.
③ 中共中央马克思恩格斯列宁斯大林著作编译局．马克思恩格斯全集：第 30 卷 [M]．北京：人民出版社，1995：592-593.

级来从事这些事务。"① 可见，自由时间不平等是"阶级—分工"的重要基础。唯心史观大肆宣扬的英雄人物刻意隐瞒历史发生的真实基础，因为没有劳动人民汗流满面的终日操劳，一切伟大人物的丰功伟绩都是痴人说梦。生存是历史的基础和前提，历史的最基本真相是每日都在尘世重复的物质生产。因此，人民群众才是历史真正的创造者！

马克思恩格斯在《德意志意识形态》中其实早已指出阶级与自由时间不平等的关联："支配着物质生产资料的阶级，同时也支配着精神生产资料"，而统治阶级占有"精神生产资料"的关键在于，他们"有时间来编造关于自身的幻想和思想"②。这表明，自由时间实际上是精神生产的根本条件。因为，物质生产与精神生产的区别在于：物质生产是依赖"工具"的中介活动，因而可以通过工具的改进缩短劳动时间；然而，精神生产却是不依赖中介进行的意识、语言、符号创造的纯脑力活动，人的精神活动不能用工具代劳，因而生产力的进步并不能缩短精神生产的时间。简而言之，不可加速性决定了精神生产的耗时特点，只有拥有大量闲暇的人才有可能从事高度自由的创造性活动。马克思从这个视角认为，自由时间不平等导致的强制分工，必然使"精神活动和物质活动、享受和劳动、生产和消费由不同的个人来分担这种情况不仅成为可能，而且成为现实"③。劳动人民因此被彻底排除在精神领域之外。

阶级导致的经济不平等产生自由时间不平等，而自由时间不平等导致的不平等分工又强化了阶级划分，又使阶级关系不断凝固化。这是一个三位一体的内在循环。无论生产力多么发达，只要人类仍然处于阶级社会，那么，社会必然会分裂为两类人——过度劳动者和有闲者。显然，通过阶级二重性质的分析，马克思初步解答了工业时代的自由时间悖论。

① 中共中央马克思恩格斯列宁斯大林著作编译局. 马克思恩格斯选集：第3卷 [M]. 北京：人民出版社，2012：562.
② 中共中央马克思恩格斯列宁斯大林著作编译局. 马克思恩格斯选集：第1卷 [M]. 北京：人民出版社，2012：178，179.
③ 中共中央马克思恩格斯列宁斯大林著作编译局. 马克思恩格斯选集：第1卷 [M]. 北京：人民出版社，2012：162-163.

4.2.2　统治阶级垄断自由时间的权力来源：私有制

自人类进入有文字记载的历史以来，阶级对立便是被清楚直观地观察到的社会现象。例如，"在过去的各个历史时代，我们几乎到处都可以看到社会完全划分为各个不同的等级，看到社会地位分成多种多样的层次。在古罗马，有贵族、骑士、平民、奴隶；在中世纪，有封建主、臣仆、行会师傅、帮工、农奴"①。马克思认为，资本主义将等级系统简单化了，变成资产阶级跟无产阶级的对立。阶级社会在制造财富分化的同时，也在加剧自由时间的分化。那么问题是，统治阶级凭借什么无偿占有人民群众的剩余劳动时间？为此，马克思深入地探析统治阶级的权力来源——私有制。

私有制，顾名思义，就是指私人占有财产的制度。一般地说，私有制在马克思经济学语境中特指生产资料私有制。② 从历史发生学看，以占有生产资料为标志的私有制早于阶级社会出现。随着生产力的发展，原始社会末期超过生存必需的剩余产品不断涌现，部落首领、军事领袖、巫师通过权力将氏族共有的生产工具占为己有。原始共产主义遭到瓦解的同时，社会不平等的加剧使得社会分裂为利益冲突的不同阶级。统治阶级为了维护既得利益，不仅从意识形态层面将私有财产神圣化，还从法律层面将私有财产制度化，并在这个基础上构造出镇压劳苦大众的工具——国家。私有制尽管是只符合少数人的特权利益，但是统治阶级竭力将私有制编造为"固定的、不变的、永恒的范畴"，企图将幼稚的幻想永久地灌输给劳苦大众。不难理解，阶级

---

① 中共中央马克思恩格斯列宁斯大林著作编译局 . 马克思恩格斯选集：第1卷 ［M］. 北京：人民出版社，2012：400-401.

② 私有制主要分为生活资料私有制与生产资料私有制。一般而言，马克思恩格斯在著作中说的私有制特指的是生产资料私有制。马克思区分了两类私有制："一种以生产者自己的劳动为基础，另一种以剥削他人的劳动为基础。"前一种私有制是合法的，是"以自己的劳动为基础的所有权""靠自己劳动挣得的私有制，即以各个独立劳动者与其劳动条件相结合为基础的私有制"；后一种私有制是非法的，其对生产资料的占有是"对直接生产者的剥夺，是用最残酷无情的野蛮手段，在最下流、最耀眼、最卑鄙和最可恶的贪欲的驱使下完成的"。本书主要讨论后一种私有制。参见马克思恩格斯全集：第31卷 ［M］. 北京：人民出版社，1998：357.；马克思 . 资本论：第1卷 ［M］. 北京：人民出版社，2004：873，876.

实质上是私有制凝固化的产物，二者具有制度意义的同构性，区别仅在于：前者是现象，后者是本质。马克思认为，私有制必然造成劳动者与劳动条件、劳动与劳动果实的分离与对立，即"劳动＝创造他人的所有权，所有权将支配他人的劳动"。因此，统治阶级依靠私有制事实上行使了两种权力：一是占有物（生产资料），二是占有人（剩余劳动时间）。马克思把劳动时间分为两部分：必要劳动时间是人民群众生产自身生活资料的时间；剩余劳动时间是人民群众无偿为统治阶级生产的时间（见图 4-1）。马克思认为，"没有这种剩余时间，就不可能有剩余劳动，从而不可能有资本家，而且也不可能有奴隶主，不可能有封建贵族，一句话，不可能有大占有者阶级"①。

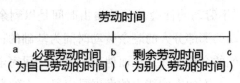

图 4-1　阶级社会的劳动时间结构

　　私有制通过劳动者与劳动条件的彻底分离，迫使劳动人民不得不为统治阶级提供大量无偿的剩余劳动时间，而这种时间是形成一切阶级分化的根源。马克思指出，"所有制是对他人劳动力的支配"②，"资本并没有发明剩余劳动。凡是社会上一部分人享有生产资料垄断权的地方，劳动者，无论是自由的或不自由的，都必须在维持自身生活所必需的劳动时间以外，追加超额的劳动时间来为生产资料的所有者生产生活资料，不论这些所有者是雅典的贵族，伊特鲁里亚的神权政治首领，罗马的市民，诺曼的男爵，美国的奴隶主，瓦拉几亚的领主，现代的地主，还是资本家"③。马克思认为，构筑于私有制基础上的阶级社会必然不平等地分配自由时间，"有钱"阶级必定也是"有闲"阶级。马克思在《剩余价值理论》中指出，"不生产阶级包括消

① 马克思．资本论：第 1 卷［M］．北京：人民出版社，2004：585.
② 中共中央马克思恩格斯列宁斯大林著作编译局．马克思恩格斯选集：第 3 卷［M］．北京：人民出版社，2012：163.
③ 马克思．资本论：第 1 卷［M］．北京：人民出版社，2004：272.

费自己的土地的租金或货币的租金的富人，这是'有闲阶级'"①。在这个意义上，闲暇实际上成为阶级划分的隐蔽的标志。凡勃伦运用制度经济学指证了马克思的这个论点："有闲生活是金钱力量的，因此也就是优势地位的最简捷、最确凿的证明""有闲……这种价值，一部分是以有闲作为博取别人敬意的一种手段时的功用反映，一部分是借此在精神上得以获得调剂的结果。至于劳动，既已在习惯上被认为是处于劣势地位的证明，因此自然地出于心理的武断，它也就被认为生来是卑贱的"②。

马克思通过揭示自由时间不平等的原因，进一步从社会—历史的维度确证了人类"史前史"的深层矛盾，从而把唯物史观的理论逻辑推向历史深处。马克思写道："不劳动的社会部分的自由时间是以剩余劳动或过度劳动为基础的，是以劳动的那部分人的剩余劳动时间为基础的；一方的自由发展是以工人必须把他们的全部时间，从而他们发展的空间完全用于生产一定的使用价值为基础的；一方的人的能力的发展是以另一方的发展受到限制为基础的。迄今为止的一切文明和社会发展都是以这种对抗为基础的。"③ 围绕阶级分析的逻辑视域，马克思进一步研究了自由时间不平等的历史形态。

4.3 自由时间不平等的历史形态

马克思认为，自由时间的分配是由生产方式决定的，因此，不同社会形态的劳动者的自由时间境况并不一样。譬如，在追求有限使用价值的自然经济模式下，统治阶级对剩余劳动的榨取受限，劳动群众剩有一定量的自由时间。因此，与资本主义相比，前资本主义的自由时间不平等主要表现为质的不平等，即统治阶级垄断发展时间，导致脑力劳动与体力劳动的对立。在追

---

① 中共中央马克思恩格斯列宁斯大林著作编译局. 马克思恩格斯全集：第 33 卷 [M]. 北京：人民出版社，2004：328.

② 凡勃伦. 有闲阶级论：关于制度的经济研究 [M]. 李华夏，译. 北京：中央编译出版，2012：31.

③ 中共中央马克思恩格斯列宁斯大林著作编译局. 马克思恩格斯全集：第 32 卷 [M]. 北京：人民出版社，1998：214.

求无限交换价值的商品经济模式下，资产阶级对剩余劳动的榨取不受限，工人不仅被完全剥夺娱乐时间和发展时间，甚至连最起码的生理时间都遭到严重挤压。资本逻辑宰制的工业社会，自由时间不平等是量的两极分化，即资本家终生都有"自由时间"，而工人却终生只有"劳动时间"。资本主义把自由时间不平等扩大到了史无前例的程度。

4.3.1 第一大社会形态的自由时间不平等

马克思在"1861—1863年手稿"中从阶级视域剖析了自由时间不平等的历史形态。马克思认为，统治阶级对剩余劳动时间的榨取受制于生产方式。第一大社会形态的生产方式是以使用价值为目的的自然经济，其特征是"自给自足"。在这种情况下，统治阶级对剩余劳动时间的贪欲是有限的，劳动者剩有一定量的生理时间和娱乐时间。因此，前资本主义社会自由时间不平等主要是质的不平等，即统治阶级垄断发展时间，造成精神垄断。

1. 自然经济下劳动人民的自由时间境况

随着剩余价值理论建构的成熟，在《1861—1863年经济学手稿》中，自由时间议题的阶级视域愈发凸显。马克思纠正哲学人类学阶段提出的生产力决定自由时间的误判，认为生产方式才是决定劳动者自由时间数量的根本原因。应当说，正是阶级分析的深度拓展，马克思的思想才从哲学批判层面的"生产"向政治经济学批判层面的"生产关系"进一步转换。从思想定位来看，分析自然经济劳动者的自由时间境况是马克思进一步展开资本主义的社会批判的重要参照系。

马克思认为，在使用价值占主导的自然经济模式下，统治阶级对劳动人民自由时间的剥夺相对温和，即"在使用价值占支配地位的一切社会情况下，劳动时间在某种程度上是无关紧要的，因为延长劳动时间只是为了在劳动者自身的生活资料以外，给统治者提供一种宗法式的财富，即一定量的使用价值"①。古代统治阶级并不追求无限的抽象财富，使得剩余劳动被限制在

---

① 中共中央马克思恩格斯列宁斯大林著作编译局．马克思恩格斯全集：第32卷[M]．北京：人民出版社，1998：221.

一定范围。马克思指出，"很明显，如果在一个经济的社会形态中占优势的不是产品的交换价值，而是产品的使用价值，剩余劳动就受到或大或小的需求范围的限制，而生产本身的性质就不会造成对剩余劳动的无限制的需求"①。这样一来，"在商业不发达的民族盛行奴隶制和农奴制的地方，不必考虑过度劳动问题"②。简而言之，自然经济的主要驱力是解决温饱，古代统治者只想从劳动者身上榨取一定数量的生活必需品，如粮食，因此并不存在"为生产而生产"的经济体制。与此同时，高度封闭的小生产结构也限制了阶级剥削的强度，因此古代农民的劳动时间实际上没有现代工人那么长。

在前现代社会，马克思指出，"非经济的事实是，人不必把他的全部时间用于生产生活必需品，他在维持生存所必需的劳动时间以外还有空闲时间可以支配"③。例如，"在亚洲等地，主要的人口由劳动农民构成。他们所采用的落后的耕作制提供了长的闲暇时间。"④ 在生产力极度落后的俄国农奴制社会，"漫长的冬季农民有很多的空闲时间，他们只要每天随便干点什么活"⑤。马克思还在《资本论》中指出，"假定东亚的一个这样的面包采伐者为了满足自己的全部需要，每周需要劳动 12 个时。自然的恩惠直接给予他的，是许多闲暇时间"⑥。也就是说，在自然环境较为富饶的地区，原始人每天只需劳动两个小时左右就足够满足生存需要。当代西方学者证实了这个说法。例如，美国历史学家斯塔夫里阿诺斯在《全球通史》中指出，"一些森林地区的原始部落居民每天劳动两三个小时就可以安稳地生活下去"⑦。赫拉利在《人类简史》中指出，发展中国家平均每周的工作时间是 60~80 小时，

① 马克思．资本论：第 1 卷 [M]．北京：人民出版社，2004：272-273.
② 马克思．资本论：第 1 卷 [M]．北京：人民出版社，2004：273.
③ 中共中央马克思恩格斯列宁斯大林著作编译局．马克思恩格斯全集：第 30 卷 [M]．北京：人民出版社，1995：30.
④ 中共中央马克思恩格斯列宁斯大林著作编译局．马克思恩格斯全集：第 35 卷 [M]．北京：人民出版社，2013：390.
⑤ 中共中央马克思恩格斯列宁斯大林著作编译局．马克思恩格斯文集：第 1 卷 [M]．北京：人民出版社，2009：450.
⑥ 马克思．资本论：第 1 卷 [M]．北京：人民出版社，2004：589.
⑦ 斯塔夫里阿诺斯．全球通史 [M]．吴象婴，等译．北京：北京大学出版社，2006：25.

发达国家是40~45小时，而即便在最贫瘠地区（如非洲喀拉哈里沙漠）的原始社会，平均每周的工作时间是35~45小时。① 哈维则在解读《资本论》第1卷时指出，"在前资本主义社会，'工作时间'由于环境的不同而有很大差异，但是在很多情况下，一天不会超过四个小时"②。

所以，过度劳动在古代社会只是偶然现象。马克思指出，"在古代，只有在谋取具有独立的货币形式的交换价值的地方，即在金银的生产上，才有骇人听闻的过度劳动""累死人的强迫劳动……在古代世界，这只是一种例外"③。卢卡奇在《历史与阶级意识》中指证了马克思的这个观点。卢卡奇认为，在商品范畴不占统治地位的古代社会，尽管也存在剥夺人类尊严的过度劳动，如挖掘运河、修建长城、开采矿山、修造寺庙等；但从整体性的生产方式来看，过度劳动只是孤立现象，大规模建造社会工程也不是古代的生活常态，"按此方式受剥削的奴隶处在当时所认为的'人类'社会之外。他们的同时代人，甚至最伟大和最崇高的思想家们似乎也不把他们的命运看成人类的命运，即人的命运"④。恩格斯通过亲身调研英国转型时期的纺织工人证实了，英国工人卷入工业革命洪流之前确实拥有大量闲暇时间。"空闲的时间，他们愿意有多少就有多少……工人们就这样过着庸碌而舒适的生活……他们无须乎过度劳动，愿意做多少工作就做多少工作……当然更谈不到八小时或十二小时工作日了。"⑤

由此可见，自然经济并不具有过度劳动的经济机制。所以，对比资本主义，前现代社会的自由时间不平等主要是质的不平等，具体表现为阶级对立基础上脑力劳动与体力劳动的对立。统治者占有用于科学、艺术、管理国家的较高层次自由时间，而劳动者仅占有较低层次的自由时间。就此而言，我们可以借助词源学来进一步理解自由时间质的不平等。在古希腊，自由时间

---

① 尤瓦尔·赫拉利. 人类简史［M］. 林俊宏，译. 北京：中信出版社，2014：103.
② 跟大卫·哈维读《资本论》：第一卷［M］. 刘英，译. 上海：上海译文出版社，2013：165.
③ 马克思. 资本论：第1卷［M］. 北京：人民出版社，2004：272，273.
④ 卢卡奇. 历史与阶级意识［M］. 杜章智，等译. 上海：商务印书馆，1992：158.
⑤ 中共中央马克思恩格斯列宁斯大林著作编译局. 马克思恩格斯全集：第2卷［M］. 北京：人民出版社，1957：282.

存在两种表述。一种是赫西俄德著作中使用的 ξεκούραση σχολή，主要指农民、奴隶在漫长的劳作之余的休息，即马克思思想语境中的较低层次自由时间。赫西俄德在《工作与时日》中写道："你就要让你的奴隶们休息他们可怜的膝盖，从耕牛颈上卸下辕头也让它们休息。"① 另一种是亚里士多德著作中使用的 σχολή，专指贵族用于社交和沉思的闲暇，即马克思思想语境中的较高层次自由时间。亚里士多德在《尼各马可伦理学》中写道："如果人可以获得的自足、闲暇、无劳顿以及享福祉的人的其他特性都可以在沉思之中找到，人的完善的幸福……就在于这种活动。"② 高级自由时间没有功利性目的的，其根本目的是实现自我超越。因此，前现代的自由时间不平等是"阶级—分工"导致的自由时间质的差别。统治阶级通过占有自由时间垄断精神生产，而劳动人民则由于没有时间来编造幻想，只能消极地接受虚假意识形态，遭受身心的双重奴役。

2. 自由时间质的不平等：统治阶级的文化垄断与劳动人民的精神依附

马克思和恩格斯在《德意志意识形态》中讨论的生产方式基于自然经济，即物质生产围绕衣食住行的生活必需品展开。在这个基础上，马克思和恩格斯还讨论了精神生产不平等问题，即"支配着物质生产资料的阶级，同时也支配着精神生产资料，因此，那些没有精神生产资料的人的思想，一般地是隶属于这个阶级的"③。在《资本论》及其手稿中，马克思把自由时间质的不平等诠释为"知识的不平等"，即"知识和劳动彼此分离"④ 造成的脑力劳动和体力劳动的高度分化。在马克思看来，精神创造是人类的一般天赋，但这种能力只能通过教育实现；如果不存在阶级导致的自由时间分化，"那么每个人就会适度地劳动……每个人都会有一些知识，因为每个人都剩下一定量的时间（自由的时间）来学习和思考""但是在社会制度所造成的

① 赫西俄德. 工作与时日·神谱［M］. 张竹明，译. 北京：商务印书馆，1991：19.
② 亚里士多德. 尼各马可伦理学［M］. 廖申白，译. 北京：商务印书馆，2003：336.
③ 中共中央马克思恩格斯列宁斯大林著作编译局. 马克思恩格斯选集：第1卷［M］. 北京：人民出版社，2012：178.
④ 中共中央马克思恩格斯列宁斯大林著作编译局. 马克思恩格斯全集：第33卷［M］. 北京：人民出版社，2004：371.

财产不平等的情况下，所有那些生下来就没有财产的人，根本没有受教育的机会"①。对马克思而言，这种"知识的不平等"是阶级政治的支柱。"为了维持所有那些造成知识不平等的社会不平等，这种知识的不平等已经成了必要的了"②。在自然经济模式下，统治阶级通过自由时间不平等导致的社会分工垄断了精神生产，成为意识形态的输出者，而劳动人民则沦为意识形态的依附者。

正如肖恩·塞耶斯（S. Sayers）指出的，前现代的"脑力—体力"分化使得文化活动呈现鲜明的阶级属性，古代社会的权贵阶级垄断了教育和闲暇，并独享体现了最高的理想和最有价值的生活形式（如武士、艺术家、哲学家、科学家、政治家等等）。③ 自由时间质的不平等实际上被建构为凝固化的社会制度——有闲制度。凡勃伦认为，"有闲制度"的作用是维护统治阶级的存在正当性；古代贵族的"有闲"并不是指游手好闲或清静无为，而是追求荣誉和获得承认。凡勃伦指出，"以非生产活动消耗时间与精力这一事实的荣誉性，因为如果没有这一点，是不会在礼貌上有高度修养的。要懂得礼节，养成习惯，必须通过长期锻炼。高雅的风度、举止和生活习惯是出身名门望族的有效证明，因为好的教养是需要时间、实践和费用的，那些把时间与精力使用在劳动上的人是不能想望的""贫困阶级在这方面即使具有同样程度的倾向，也不能同样容易地找到表现机会；因为在把这方面的意向转化为事实方面，这些阶级既缺乏手段，也缺乏时间和精力"④。斯宾格勒（Spengler）则指出，农耕时代的"脑—体"对立使农民与文化彻底绝缘，农民变成智力低下的"无言的动物"，局限于无言的大地。"农民是永恒的人……它比文化出现得早，生存得久，它是一种无言的动物，一代又一代地

---

① 中共中央马克思恩格斯列宁斯大林著作编译局. 马克思恩格斯全集：第33卷［M］. 北京：人民出版社，2004：371.

② 中共中央马克思恩格斯列宁斯大林著作编译局. 马克思恩格斯全集：第33卷［M］. 北京：人民出版社，2004：372.

③ 肖恩·塞耶斯. 马克思主义与人性［M］. 冯颜利，译. 北京：东方出版社，2008：97.

④ 凡勃伦. 有闲阶级论：关于制度的经济研究［M］. 李华夏，译. 北京：中央编译出版社，2012：39，145.

使自己繁殖下去，局限于受土地束缚的职业和技能"①。

马克思认为，中世纪是"知识不平等"的巅峰，教会作为宗教生产的垄断集团，彻底统治了劳动人民的精神世界。在古罗马时期，沉重的赋税使农民遭受残酷世界的无情蹂躏，基督教在绝望的人走投无路时出现了，它不仅编织"超验天父"让绝望的农民投告，还允诺来世的天国让农民想象；在来世的极乐世界，"那里再没有死亡，再没有忧愁，再没有苦难……圣徒们在这里将永生"②。来世渴望作为精神镇痛剂，使人们暂时麻痹和遗忘苦难，从而继续拖着疲惫的身体忍受漫无止境的苦役。向上帝的祷告并不能立即制止人间的罪恶，反而不断强化阶级压迫的正当性。马克思指出，"基督教的社会原则曾为古代奴隶制进行过辩护，也曾把中世纪的农奴制吹得天花乱坠……基督教的社会原则宣扬阶级（统治阶级和被压迫阶级）存在的必要性，它们对被压迫阶级只有一个虔诚的愿望，希望他们能得到统治阶级的恩典。基督教的社会原则把……一切已使人受害的弊端的补偿搬到天上，从而为这些弊端的继续在地上存在进行辩护。"③ 精神垄断必然制造精神恐怖。在中世纪的神权时代，任何敢于独立思考的头脑都是插在基督教绝对真理心脏上的利刃。人们要么信仰上帝，要么被视为打入地狱的异端。教会建立一系列残酷审讯和迫害异教徒的宗教裁判所，开展大规模针对人民的思想侦查。宗教裁判所对追求真理的人严刑拷打、残害并处以极刑，不仅包括男人，还包括无辜的女人。16世纪席卷欧洲的女巫恐慌，使得成千上万的妇女被宗教法庭扣以"女巫"帽子活活烧死。中世纪的1500年间，"虽然基督教号称主张爱与怜悯，却仅仅因为对信仰的诠释有些许差异，就引发基督徒自相残杀，死亡人数达到数百万"④。

从文化哲学的视角来看，原始基督教提出的没有压迫和苦难的"天国"

① 奥斯瓦尔德·斯宾格勒. 西方的没落：上册［M］. 齐世荣，等译. 北京：群言出版社，2016：153.
② 中共中央马克思恩格斯列宁斯大林著作编译局. 马克思恩格斯选集：第4卷［M］. 北京：人民出版社，2012：350.
③ 中共中央马克思恩格斯列宁斯大林著作编译局. 马克思恩格斯全集：第4卷［M］. 北京：人民出版社，1958：218.
④ 尤瓦尔·赫拉利. 人类简史［M］. 林俊宏，译. 北京：中信出版社，2017：203.

实际上是对赫西俄德提出的"黄金时代"的复现。这是深陷黑铁时代——阶级社会的人们对前阶级社会的遥远追忆。据人类学家摩尔根的田野调查可知,人类的确经历过平等、没有阶级、没有剥削的时代——原始共产主义。原始共产主义是真实出现过的"黄金时代"。恩格斯在《家庭、私有制与国家的起源》中指出,在没有阶级的原始社会,"没有士兵、宪兵和警察,没有贵族、国王、总督、地方官和法官,没有监狱,没有诉讼,而一切都是有条有理的""大家都是平等、自由的,包括妇女在内"①。随着阶级社会的来临,残酷的压迫严重窒息劳动人民的心智,产生驯顺服从、循规蹈矩、明哲保身等奴性意识。劳动人民的意识形态依附就是黑格尔所说的"主奴意识"的再生产。显然,愚昧、奴性、宗教狂热并不是劳动人民自己造成的,而是阶级压迫的客观产物。

4.3.2 第二大社会形态的自由时间不平等

在《1857—1858 年经济学手稿》写作早期,由于马克思在"人类学"意义上不适当夸大了资本作用,因而得出资本是自由时间解放的工具。通过后期的艰苦探索,马克思纠正了这一误判,认为人类的自由时间归根结底是由生产方式决定的。立足这个理论逻辑,马克思展开对资本主义自由时间不平等的猛烈批判。马克思认为,资本主义虽然革命性地解放和发展了生产力,但其生产关系基于劳资对立的雇佣关系,财富和自由时间的分配呈现高度的阶级分化。资本绝不是给工人带来自由时间解放的"福音",而是可怕的"诅咒"。资本对剩余价值的疯狂追逐,使得过度劳动由农业社会的孤立现象变成资本主义的普遍景象,工人的生命时间遭到人类有史以来最为残忍的剥夺。在第二大社会形态中,自由时间不平等是量的极端不平等,具体表现为:工人终生只有"劳动时间",而资本家终生都有"自由时间"。

1. 资本主义生产方式与过度劳动的普遍化

与自给自足的自然经济不同,资本主义以赚钱为根本目的。马克思指

---

① 中共中央马克思恩格斯列宁斯大林著作编译局.马克思恩格斯选集:第4卷 [M].
  北京:人民出版社,2012:108-109.

出，"随着交换价值日益成为生产的决定要素，劳动时间的延长超过必不可少的自然需要的界限，也就越来越具有决定意义"①。因此，资本主义生产方式必然导致过度劳动的普遍化。

正如马克斯·韦伯（Max Weber）在《新教伦理与资本主义精神》指出的，前资本主义的生产方式作为一种"传统主义"，在这种情境下，雇主大幅度提高计件工资的结果是，工人的工作量竟然不升反降。② 自然经济作为需求有限的"温饱经济"，本质上缺乏过度劳动的激励。马克思认为，古代人拥有自由时间并不是神秘的事情，"因为在原始状态下，他的生活需要和他的劳动力一样是很小的"③。资本主义生产方式的革命性在于彻底变革了人的欲望结构，把解决温饱的生产动机发展为以"发财致富"为根本目的。不同于追求服装、武器、珠宝、美女、葡萄酒等特殊的使用价值，致富的欲望永远无法被彻底满足，这使得资本主义"为生产而生产，即不顾直接需要或直接享用的限度而去发展生产财富的生产力"④。

随着交换价值成为生产方式的根本导向，过度劳动势必成为不可阻挡的趋势，从而让先前历史上任何一种生产制度都相形见绌。马克思指出，"资本发展成为一种强制关系，迫使工人阶级超出自身生活需要的狭隘范围而从事更多的劳动。作为他人辛勤劳动的制造者，作为剩余劳动的榨取者和劳动力的剥削者，资本在精力、贪婪和效率方面，远远超过了以往一切以直接强制劳动为基础的生产制度"⑤。马克思把贪婪的资本家比作嗜血的摩洛赫，工人必须用自己的生命作为祭坛的贡品。"资本来到世间，从头到脚，每个毛孔都滴着血和肮脏的东西"⑥ "资本家的最强烈的愿望就是要工人尽可能不

① 中共中央马克思恩格斯列宁斯大林著作编译局．马克思恩格斯全集：第32卷[M]．北京：人民出版社，1998：221．
② 马克斯·韦伯．新教伦理与资本主义精神[M]．马奇炎，等译．北京：北京大学出版社，2012：54．
③ 中共中央马克思恩格斯列宁斯大林著作编译局．马克思恩格斯全集：第31卷[M]．北京：人民出版社，1998：30．
④ 中共中央马克思恩格斯列宁斯大林著作编译局．马克思恩格斯全集：第30卷[M]．北京：人民出版社，1995：449．
⑤ 马克思．资本论：第1卷[M]．北京：人民出版社，2004：359．
⑥ 马克思．资本论：第1卷[M]．北京：人民出版社，2004：871．

间断地滥用他的生命力""资本主义生产比其他任何一种生产方式都更加浪费人和活劳动,它不仅浪费人的血和肉,而且浪费人的智慧和神经"①。因此,不能把资本简单地理解为物,如货币、生产工具;本质而言,资本是一种强制工人过度劳动的生产关系。资本主义是过度劳动的始作俑者。

经济基础决定上层建筑,生产方式变迁必然引发社会文化变革。过度劳动作为资本主义的特有现象,既是经济现象,同时也是文化现象。在封建主义时期,统治阶级主要通过租佃劳动的形式剥削劳动人民,这种劳动形式与宗法关系相互交织,给主奴关系披上一层"温情脉脉的面纱",使剥削者与被剥削者经常处于暧昧不明的关系中。例如,农奴对庄园主履行劳动义务的同时,也获得人身保障的权利。马克思指出,"农奴不是为了自身生存而劳动,这种生存并不属于他,然而生存是有保障的"②。因此,传统的宗法关系客观上形成了对过度劳动的道德制约。随着封建主义的各种劳动形式被资本主义的雇佣劳动取代,纯粹的金钱关系取代家长制、政治或宗教的混合物,把人与人之间的关系变成了彻底赤裸裸的利害关系。马克思指出,"资本家和工人之间的关系……不是主人和奴仆,教士和僧侣,封建主和陪臣,师傅和帮工,等等之间的关系……只是在资本中,这种关系才被剥掉了一切政治的、宗教的和其他观念的伪装……这种关系纯粹表现为单纯的生产关系——纯粹的经济关系"③。后来在马克思那里,古典经济学的"市民社会"实际上指的就是传统道德坍塌的经济社会,这个社会是被达尔文原则彻底支配的"动物世界"。"在资本家和资本家之间,在工业部门和工业部门之间以及国家和国家之间,生死存亡都取决于天然的或人为的生产条件的优劣。失败者被无情地淘汰掉。这是从自然界加倍疯狂地搬到社会中来的达尔文的个体生

---

① 中共中央马克思恩格斯列宁斯大林著作编译局 . 马克思恩格斯全集:第 32 卷 [M] . 北京:人民出版社,1998:114, 190.

② 中共中央马克思恩格斯列宁斯大林著作编译局 . 马克思恩格斯全集:第 38 卷 [M] . 北京:人民出版社,2019:116.

③ 中共中央马克思恩格斯列宁斯大林著作编译局 . 马克思恩格斯全集:第 32 卷 [M] . 北京:人民出版社,1998:147.

存斗争。动物的自然状态竟表现为人类发展的顶点。"①

不言而喻，正是资本主义造成"现代—传统"在生产和文化层面的双重断裂，才使得过度劳动作为古代世界的反自然、反道德和反人性的孤立现象成为现代世界的普遍景观。马克思指出，现代工人对过度劳动的适应经历了漫长的过程。在工业革命早期，一无所有的无产者宁可成为强盗、乞丐和流浪汉，也不愿成为工人。只有在发达的资本生产方式下，雇佣劳动才成为理所当然的事情。马克思指出，"在资本主义生产的进展中，工人……由于教育、传统、习惯而承认这种生产方式的要求是理所当然的自然规律"②，而对工人的心理规训则依靠"恐怖的法律，通过鞭打、烙印、酷刑"，从而迫使现代工人"被迫习惯于雇佣劳动制度所必需的纪律"③。

2. 自由时间量的不平等：工人终生只有"劳动时间"，资本家终生都有"自由时间"

在古典经济学那里，资本仅被理解为物，即看作与劳动无关的生产手段，如"罗西把资本同技术意义上的生产工具完全混为一谈"，这样的话"每个野蛮人都是资本家了（事实上这也就是托伦斯先生所断言的，用石头投击飞禽的野蛮人是资本家）"④。马克思认为，古典经济学的缺陷在于"资本被理解为物，而没有被理解为关系"⑤。把资本理解为固化的物，实际上就是间接暗示资本主义具有物质属性一样的永恒性。

事实上，马克思在《1857—1858年经济学手稿》的写作初期也犯过这个错误。马克思此时对资本的认识处于艰苦探索阶段，因而他也用古典经济学的视界看待资本，并错误的得出资本可以成为解放工人自由时间的工具的结论。在《1861—1863年经济学手稿》写作的第二阶段，也就是写作《剩余价

① 中共中央马克思恩格斯列宁斯大林著作编译局. 马克思恩格斯选集：第3卷［M］. 北京：人民出版社，2012：804.
② 马克思. 资本论：第1卷［M］. 北京：人民出版社，2004：86.
③ 马克思. 资本论：第1卷［M］. 北京：人民出版社，2004：846.
④ 中共中央马克思恩格斯列宁斯大林著作编译局. 马克思恩格斯全集：第30卷［M］. 北京：人民出版社，1995：594.
⑤ 中共中央马克思恩格斯列宁斯大林著作编译局. 马克思恩格斯全集：第30卷［M］. 北京：人民出版社，1995：594，214.

值理论》的阶段，马克思的经济学批判获得了质的突破，厘清了资本的关键维度，即"资本只有作为一种关系，——从资本作为对雇佣劳动的强制力量，迫使雇佣劳动提供剩余劳动，或者促使劳动生产力去创造相对剩余价值这一点来说，——才生产价值"①。马克思还指出，"没有雇佣劳动就没有剩余价值生产，没有剩余价值生产也就没有资本主义生产，从而没有资本，没有资本家！资本和雇佣劳动制表现为同一关系的两个因素"②，"把资本看作一定的社会关系的表现……那么这种关系的历史暂时性质就会立刻显露出来……这种关系本身为自己的灭亡创造了手段"③。因此，资本作为一种特定时期的社会关系，既非古已有之，又非永恒之物。

显然，如果从"物"的层面理解资本，必然会合乎逻辑地把资本当作解放自由时间的"福音"。马克思起初正是从"物"的层面高估了资本的价值。当政治经济学批判上升到生产关系时，马克思方才认清资本的真实面孔——"贪婪的魔爪""吸血鬼""摩洛赫"④"札格纳特车轮"⑤ 和"可恶的专制"。马克思基于资本的本性，认为资本对剩余价值最大化的追逐势必产生一种可怕的趋势，即迫使工人把吃饭睡觉之外的全部时间转化为劳动时间。马克思在《资本论》及其手稿中反复论及了这一严峻事实：

"凡是资本占统治的地方……工人必须把全部时间都用来工作，从而形成剩余劳动时间。"⑥

在资本主义私有制下，"个人的全部时间都成为劳动时间，从而使个人

① 中共中央马克思恩格斯列宁斯大林著作编译局．马克思恩格斯全集：第 33 卷 [M]．北京：人民出版社，2004：71.
② 中共中央马克思恩格斯列宁斯大林著作编译局．马克思恩格斯全集：第 38 卷 [M]．北京：人民出版社，2019：91.
③ 中共中央马克思恩格斯列宁斯大林著作编译局．马克思恩格斯全集：第 35 卷 [M]．北京：人民出版社，2013：239.
④ 摩洛赫是古腓尼基和迦太基的宗教中的战神、火神和太阳神，祭祀摩洛赫时要用活人的鲜血做祭品，因此摩洛赫这一名称代表残忍、吞噬一切的暴力的化身。
⑤ 札格纳特是印度教的主神之一毗湿奴的化身。崇拜札格纳特的教派的特点是宗教仪式十分豪华，充满极端的宗教狂热，这种狂热表现为教徒的自我折磨和自我残害。在举行大祭的日子里，某些教徒往往投身于有毗湿奴神像的车轮下将自己轧死。
⑥ 中共中央马克思恩格斯列宁斯大林著作编译局．马克思恩格斯全集：第 30 卷 [M]．北京：人民出版社，1995：531.

降到仅仅是工人的地位，使他从属于劳动"①。

"延长工作日把工人阶级的全部可支配时间都当作归资本所有的时间来占有的这一基础，也只有在资本主义生产方式实际发展起来时才发展起来。"②

"不言而喻，工人终生不外就是劳动力，因此他的全部可供支配的时间，按照自然和法律都是劳动时间，也就是说，应当用于资本的自行增殖。"③

"在资本主义生产中，工人所支配的全部时间实际上都被资本所吸收……"④

"只是过了几个世纪以后，'自由'工人……在社会条件的逼迫下，按照自己的日常生活资料的价格出卖自己一生的全部劳动时间。"⑤

"机器……竟变为把工人及其家属的全部生活时间转化为受资本支配的增殖资本价值的劳动时间的最可靠的手段。"⑥

"后来我们看到……机器怎样通过无限度地延长工作日侵吞工人的全部生活时间。"⑦

"在资本主义社会里，一个阶级享有自由时间，是由于群众的全部生活时间都转化为劳动时间了。"⑧

亚当·斯密认为资本家作为"有些地位与财富的人，他们的工作很少是从早到晚不断折磨他们的那种工作。他们通常有许多空闲时间，可以让他们自己在每一门或者是有用或者是装饰性的学问上更求完美精进"⑨。与工人终

---

①　中共中央马克思恩格斯列宁斯大林著作编译局．马克思恩格斯全集：第 31 卷［M］．北京：人民出版社，1998：104.

②　中共中央马克思恩格斯列宁斯大林著作编译局．马克思恩格斯全集：第 37 卷［M］．北京：人民出版社，2019：581.

③　马克思．资本论：第 1 卷［M］．北京：人民出版社，2004：306.

④　中共中央马克思恩格斯列宁斯大林著作编译局．马克思恩格斯全集：第 38 卷［M］．北京：人民出版社，2019：90.

⑤　马克思．资本论：第 1 卷［M］．北京：人民出版社，2004：313.

⑥　马克思．资本论：第 1 卷［M］．北京：人民出版社，2004：469.

⑦　马克思．资本论：第 1 卷［M］．北京：人民出版社，2004：482.

⑧　马克思．资本论：第 1 卷［M］．北京：人民出版社，2004：606.

⑨　亚当·斯密．国富论：上卷［M］．谢宗林，等译．北京：中央编译出版社，2010：172.

生只有"劳动时间"不同，资本家依靠资本而不是依靠出卖劳动力为生，因而资本家终生都有可以自由支配的时间。马克思指出，"资本家的时间表现为多余的时间：非劳动时间，不创造价值的时间……资本家用不着劳动，因而他的时间表现为非劳动时间，以致他甚至在必要时间内也不从事劳动……资本家的必要劳动时间也是自由时间，并不是维持直接生存的必要时间"①，"资本家阶级最初部分地摆脱了体力劳动的必要性，最后完全摆脱了体力劳动的必要性"②。费尔南·布罗代尔（Fernand Braudel）在《十五至十八世纪的物质文明、经济和资本主义》巨著中生动描绘了 17 世纪新兴资产阶级的有闲图景："变成了贵族的大资产者其实仍像以往一样，在城市住宅和乡间别墅过着平静和合理的生活……他们在图书馆中悠闲自得，乐此不疲……他们与真正的贵族的唯一共同点，是拒绝从事体力劳动和经商，喜爱闲暇。对他们来说，闲情逸致，也就是阅读以及与同伴进行学术讨论。"③ 显然，资本与金钱主导的世界必然呈现自由时间的极端分化。马克思在经济学手稿中不断引述古典经济学的思想论证资本家自由时间终身化的趋势。

应当说，在 17 世纪至 18 世下半叶这段时间里，"劳动"是近代思想史的中心议题，而"闲暇"议题则逐渐被边缘化。但从 19 世纪初开始，伴随阶级矛盾的尖锐化，越来越多的古典经济学家把目光转向对资本主义生产关系的批判性研究。在剥削、阶级矛盾、劳资对抗、社会不平等等话语中，自由时间议题逐渐受到古典经济学家的重视。这一时期，被马克思《资本论》及其手稿反复引用的经济学家如加尔涅·热尔门（Garnier, Germain）、莱文斯顿·皮尔西（Ravenston Piercy）、施托尔希·安德烈依·卡尔洛维奇（Шторх Андрей Карлович）、威·舒耳茨（Schulz Wilhelm）、毕莱（Eugène Buret）等，都已经关注到资本家自由时间终身化的趋势。

（1）詹姆斯·穆勒（James Mill，1773—1836）是英国庸俗经济学家，

---

① 中共中央马克思恩格斯列宁斯大林著作编译局. 马克思恩格斯全集：第 31 卷 [M]. 北京：人民出版社，1998：23.

② 中共中央马克思恩格斯列宁斯大林著作编译局. 马克思恩格斯全集：第 36 卷 [M]. 北京：人民出版社，2015：326.

③ 费尔南·布罗代尔. 十五至十八世纪的物质文明、经济和资本主义：第 2 卷 [M]. 顾良，等译. 北京：商务印书馆，2017：558.

历史学家和哲学家。穆勒对马克思的剩余价值理论形成具有重要影响。穆勒在《政治经济学原理》一书中指出，资本的收益是十分巨大的，其为资本家享受余暇提供了巨大的好处。资本家"是自己的时间的主人，也就是说，他们相当富有，根本不必为取得过比较安乐的生活的资财而操心。科学的领域就是由这个阶级的人来培植和扩大的；他们传播光明；他们的子女受到良好的教育，被培养出来去从事最重要、最高雅的社会职务；他们成为立法者、法官、行政官员、教师、各种技艺的发明家、人类赖以扩大对自然力的控制的一切巨大和有益的工程的领导者"①。

（2）加尔涅·热尔门是法国作家、经济学家和政治活动家。热尔门是第一个将《国富论》翻译成法文的人，且被认为是亚当·斯密著作的最佳翻译者。马克思在经济学手稿中引用的《国富论》法文版就是他的翻译作品。在热尔门看来，"工人阶级从事科学活动的时间越少，另一个阶级的这种时间就越多。后一阶级的人之所以能够专心致志地从事哲学思考或文学创作，只是因为他们摆脱了一切生产上的操心，摆脱了日常消费品的加工和运输，而这又是因为其他人担负了所有这一切机械的操作"②。

（3）莱文斯顿·皮尔西是英国19世纪政治经济学家，李嘉图的追随者。皮尔西对资产阶级庸俗经济学进行了广泛的批判，被称为是李嘉图派社会主义者。皮尔西在1824年出版的经济学著作《论公债制度及其影响》被马克思评论为"一部非常出色的著作"③。皮尔西在该书揭示了资本家的大量自由时间源自对工人创造的剩余产品的占有："财产由于生产资料的改良而增加；财产的唯一使命就是鼓励懒散。当每一个人的劳动勉强够维持他自己的生活的时候，因为不可能有财产，所以不会有有闲者。如果一个人的劳动能够养活五口人，那么一个从事生产的人就将负担四个有闲者的生活，因为只有这样产品才能消费掉……社会的目标就是牺牲勤劳者来抬高有闲者，从富

---

① 中共中央马克思恩格斯列宁斯大林著作编译局．马克思恩格斯全集：第35卷［M］．北京：人民出版社，2013：103-104.

② 中共中央马克思恩格斯列宁斯大林著作编译局．马克思恩格斯全集：第32卷［M］．北京：人民出版社，1998：343.

③ 中共中央马克思恩格斯列宁斯大林著作编译局．马克思恩格斯全集：第35卷［M］．北京：人民出版社，2013：283.

裕中创造出实力。"①

（4）施托尔希·安德烈依·卡尔洛维奇是俄国经济学家、统计学家和历史学家，彼得堡科学院院士。卡尔洛维奇是俄国第一个传播亚当·斯密学说的经济学家，他编写的《政治经济学教程》在当时被认为是最好的政治经济学教科书之一。卡尔洛维奇在《政治经济学教程》中分析了资本家自由时间的来源："正是因为一个人劳动，另一个人才休息……因此，劳动生产力的无限增长的结果，只能增加那些游手好闲的富人的奢侈和享受。"② 卡尔洛维奇进一步指出，财富的增长"产生出那个有用的社会阶级……它从事最单调、最下贱和最令人讨厌的职业，一句话，它把生活中一切不愉快的、受奴役的事情担在自己的肩上，从而使其他阶级有闲暇、有开阔的心境和传统的高贵品性，这些是其他阶级要顺利地从事高雅的劳动所必需的"③。卡尔洛维奇看到资本主义的繁荣牺牲的是占人口大多数的工人的利益，进而发出振聋发聩的时代之问："人类哲学历史的非常显著的结果是，社会在人口、工业和教育方面的进步，始终是靠牺牲广大人民群众的健康、才能以及智力的发展而得来的……大多数人的个人幸福因少数个人的幸福而牺牲了，如果同野蛮相联系的生活无保障不会为了繁荣而使天平的一端下降，那么，就会产生疑问，野蛮或繁荣这两种情况，究竟应该选择哪一个好呢。"④

（5）理查·琼斯（Jones, Richard）是英国经济学家，资产阶级古典经济学的后期代表人物之一，马克思《剩余价值理论》评述的重要人物。他认为，资本家依靠利润谋生，最后已经完全摆脱了劳动的必要性。琼斯认为，"资本家阶级最初部分地摆脱了体力劳动的必要性，最后完全摆脱了体力劳动的必要性。他们的利益要求他们使用的工人的生产力尽可能地大。所以他

① 中共中央马克思恩格斯列宁斯大林著作编译局．马克思恩格斯全集：第32卷[M]．北京：人民出版社，1998：346.
② 中共中央马克思恩格斯列宁斯大林著作编译局．马克思恩格斯全集：第32卷[M]．北京：人民出版社，1998：233.
③ 中共中央马克思恩格斯列宁斯大林著作编译局．马克思恩格斯全集：第32卷[M]．北京：人民出版社，1998：232.
④ 中共中央马克思恩格斯列宁斯大林著作编译局．马克思恩格斯全集：第35卷[M]．北京：人民出版社，2013：609.

们的注意力放在，而且几乎完全放在这种力量的增加上面。思想越来越集中于寻找最好的手段以达到人类劳动的一切目的；知识扩大了，增大了它的应用范围，并且几乎在所有生产部门中协助了劳动……"①

（6）弗·莫·伊登（Eden，Sir Frederic Morton）是亚当·斯密的学生，对劳动价值论的发展具有重要贡献。马克思在《资本论》中多处引用他的思想。伊登认为，资本家凭借资本终生支配工人，从而彻底免除了劳动。"在我们这个地带，为了满足需求，就需要有劳动，因此，社会上至少有一部分人必须不倦地劳动……但是一些不劳动的人却支配着勤劳的产品。这些所有主所以能够如此，仅仅归因于文明和秩序他们纯粹是市民制度的创造物。因为这种制度承认，除了劳动之外，还可以用别种方法占有劳动的果实。拥有独立财产的人之所以能够拥有财产，几乎完全是靠别人的劳动，而不是靠他们自己的能力，他们的能力决不比别人强，富人不同于穷人的地方，不在于占有土地和货币，而在于拥有对劳动的支配权。"②

不难看出，资本主义前所未有地扩大了自由时间不平等，使工人自由时间的匮乏成为无法克服的时代悖论。马克思通过对阶级与自由时间不平等的论述，把自由时间的生产逻辑推到了逻辑顶点。在这个基础上，马克思下一步的思想任务是从"宏大叙事"转向"微观剖析"，探究"工人及其家属的全部生活时间转化为受资本支配的增殖资本价值的劳动时间"如何发生。而生产逻辑的话语范式显然无力承担这个问题，马克思还需要借助剩余价值理论科学地阐释工人自由时间匮乏的经济机制及其导致的严重社会后果。

---

① 中共中央马克思恩格斯列宁斯大林著作编译局. 马克思恩格斯全集：第 35 卷 [M]. 北京：人民出版社，2013：481.
② 马克思. 资本论：第 1 卷 [M]. 北京：人民出版社，2004：711.

5　自由时间的匮乏

以人类解放为主旨，马克思自由时间思想的生产逻辑与资本逻辑并非两种相互割裂的理论，而是以阶级斗争为思想基点，相互衔接、内在统一的理论整体。其实，劳动价值理论在马克思的时代并非新见解，但古典经济学家之所以揭示剩余价值规律，并在此基础上揭示工人自由时间匮乏的原因，其根源并不是经济学家头脑愚笨，而是资产阶级的政治立场使他们不愿承认阶级斗争的客观存在，从而阻碍了古典经济学进一步向科学发展。例如，资产阶级庸俗经济学家如巴师夏、凯里之流，把工资理解为工作日的等价物，认为雇佣劳动关系是一种公平的关系，得出资本主义"生产关系是和谐的"荒谬结论。剩余价值理论彻底超越古典经济学的原因在于，马克思把阶级分析法贯彻经济分析，从阶级斗争的客观事实出发科学区分了工人的劳动时间——"有酬劳动时间"和"无酬劳动时间"。在马克思看来，"无酬劳动时间"既是资本主义制度存在的根本条件，同时也是阶级冲突的焦点。正是资本对"无酬劳动时间"贪得无厌地压榨，导致工人的自由时间始终处于极端匮乏状态。

《资本论》伟大的时代意义在于，它标志着马克思政治经济学批判体系的完成，人类终于迎来属于自己的科学的经济学理论！从某种意义上看，《资本论》也是一部前无古人后无来者的伟大"时间经济学"巨著。马克思在《资本论》中站在无产阶级的根本立场，以阶级斗争为指导思想，以"劳动时间"为核心范畴，系统展现资本主义的商品拜物教、劳动、资本三位一体的社会再生产的立体结构，深刻祛魅商品拜物教与新教伦理的劳动时间神话，科学剖析剩余价值生产与工人自由时间匮乏的内在机理，全面揭示自由时间匮乏与资本主义的精神危机、人口危机及社会危机的联系，从而在时间向度上论证资本主义必然走向灭亡的历史结局。

5.1　劳动时间神话的文化祛魅：商品拜物教与新教伦理

回顾近代以前的西方思想史，古代思想家普遍持有崇尚闲暇、贬抑劳动的世界观。在这种文化氛围下，劳动被视为贱民遭受"奴役"和"诅咒"的标志，即"在古典古代，物质生产劳动带有奴隶制的烙印"①，"劳动者天生就是奴隶"②。与之相反，"不劳动却是自由和幸福的""'安逸'是适当的状态，是与'自由'和'幸福'等同的东西"③。但随着近代以来劳动价值判断的转变，劳动地位大幅提升，闲暇价值遭到全面罢黜，"劳动—闲暇"的等级关系被彻底颠倒。从现代的观点来看，劳动不仅被视为价值源泉，还被视为荣耀上帝的手段，闲暇则被视为懒惰和不务正业，往往被贴上不道德的标签。那么问题是："劳动—闲暇"的价值颠倒是如何形成的？价值颠倒背后的现实基础究竟是什么？显然，这是一个必须要弄清的至关重要的问题。从这个意义上讲，自由时间不只是哲学经济学议题，更是文化人类学议题，它涉及现代人世界观的基本结构。

马克思认为，从文化现象来看，商品拜物教与新教伦理是现代劳动时间神话的肇始，商品拜物教蕴含劳动时间的无意识崇拜，而新教伦理蕴含劳动时间的显性崇拜。借助商品二重性和劳动时间的分析，马克思对现代劳动时间神话做了祛魅，认为商品拜物教是商品的交换价值遮蔽价值形成过程的结果，由于人对价值规律的感知是无意识的，因此商品拜物教实际上蕴含了对劳动时间的隐性崇拜；新教伦理的"时间就是金钱"是资本家有意识地用工

---

① 中共中央马克思恩格斯列宁斯大林著作编译局．马克思恩格斯全集：第33卷[M]．北京：人民出版社，2004：364.

② 中共中央马克思恩格斯列宁斯大林著作编译局．马克思恩格斯全集：第38卷[M]．北京：人民出版社，2019：83.

③ 中共中央马克思恩格斯列宁斯大林著作编译局．马克思恩格斯全集：第30卷[M]．北京：人民出版社，1995：615.

作日遮蔽"无酬劳动时间",从而掩盖阶级对立,因而新教伦理实际上蕴含了资本家对工人劳动时间的显性崇拜。在现代工业社会,由于自由时间无法形成商品价值和资本增殖,商品拜物教和新教伦理对自由时间形成了巨大的文化贬抑,彻底否定了古代文明对闲暇的推崇,塑造了有利于过度劳动的心理机制,客观上推动形成了资本主义单向度的时间结构,即以劳动时间作为唯一价值尺度的生活时间结构。

5.1.1　商品拜物教:劳动时间的隐形崇拜与祛魅

从《资本论》的议题来看,"商品"一章中最后一节的标题是"商品的拜物教性质及其秘密"。很明显,商品拜物教作为马克思心目中重要的文化议题在《资本论》中具有承前启后的论述功能。马克思认为,商品拜物教重塑了现代人的心理基础,对劳动时间神话的建构起了关键作用。因此,要理解现代社会"劳动—闲暇"的关系,必定需要在自由时间视域下重审商品拜物教。

拜物教概念源自葡萄牙文"feitio",原义为手工制品。15世纪下半叶,葡萄牙人航海到达非洲西部时,用feitio指称当地原始部落迷信的具有奇特魔法的石块。英国人类学家泰勒将拜物教视为原始宗教,认为它是一神教的退化形态。① 从词源上看,马克思在《资本论》中使用的fetisch与feitio具有相似的内涵。fetisch在德语中的含义是恋物癖,主要指原始民族对某些物体的崇拜和超自然的信仰,而Warenfetisch(商品拜物教)指的就是人们赋予商品神秘和非凡的性质。马克思把拜物教的基本特征指认为把"假象看成为某种真实的东西"②。马克思在《资本论》中指出,用木头生产一张桌子本来是一件非常平常的事情,没有任何神秘的地方;但当桌子作为商品拿出来卖的时候,桌子"就转化为可感觉而又超感觉的物",从而变得非常神秘和

---

① 杰里·D.穆尔.文化人类学家的见解[M].欧阳敏,等译.北京:商务印书馆,2009:35.
② 中共中央马克思恩格斯列宁斯大林著作编译局.马克思恩格斯全集:第35卷[M].北京:人民出版社,2013:139.

极具魅力，"从它的木脑袋里生出比它自动跳舞还奇怪得多的狂想"①。一张普普通通的桌子为何成为商品后就具有了耀眼和夺目的神秘性质？那个神秘的东西究竟是什么？

马克思认为，在使用价值占支配地位的古代社会，人们从事自给自足的产品生产，产品的生产与消费是统一的，人绝对不会对自己生产的产品有任何神秘感。例如，一个农民给自己家生产一张桌子，他参与桌子从生产到消费的全过程，所有的环节对这个农民而言都是透明的。但当桌子生产出来作为商品出售时，那么这张桌子除了使用价值外，还增加了一重性质——交换价值。商品的二重性必然使生产与消费发生分离，桌子的生产者不知道桌子怎么被消费，而桌子的消费者也无法了解桌子如何被生产。马克思以作为商品的小麦为例："根据劳动过程，我们看不出它是在什么条件下进行的：在奴隶监工的残酷的鞭子下，还是在资本家的严酷的目光下，是在辛辛纳图斯耕种自己的几亩土地的情况下，还是在野蛮人用石头击杀野兽的情况下。"②显然，商品拜物教是资本主义生产的特有现象，商品的神秘感在于商品的生产与消费分离后，造成交换价值对价值形成过程的遮蔽。对此，哈维指出，在高度复杂的交换体系中，消费者无法掌握商品生产背后的任何信息，这就是商品拜物教在市场经济中不可避免的原因；最终的结果是："存在于其他人之间的劳动行为的社会关系，被存在于物之间的关系掩饰了。例如在超市中，你不能区分莴苣是由快乐的劳动者、痛苦的劳动者、奴隶、工薪阶层还是一些自耕农生产的。对它们如何被种植和由谁种植，莴苣沉默无言。"③

交换遮蔽生产的结果是消费者无法看到商品价值的直接来源——人类劳动时间的凝结，误以为商品价值源于物自身，进而把劳动创造的价值颠倒地指认为商品本身的价值。这样一来，消费者见"物"不见"人"，只看现象不看本质，把"商品形式在人们面前把人们本身劳动的社会性质反映成劳动

---

① 马克思. 资本论：第 1 卷 [M]. 北京：人民出版社，2004：88.
② 马克思. 资本论：第 1 卷 [M]. 北京：人民出版社，2004：215.
③ 跟大卫·哈维读《资本论》第一卷 [M]. 刘英，译. 上海：上海译文出版社，2013：44.

产品本身的物的性质，反映成这些物的天然的社会属性"①。马克思强调，商品拜物教尽管遮蔽了商品价值的根本源泉——劳动，但并不能消除价值规律，因为"价值量由劳动时间决定是一个隐藏在商品相对价值的表面运动后面的秘密"②。商品生产背后的社会关系以价值规律的形式发生强制作用，买卖双方"在交换中使他们的各种产品作为价值彼此相等，也就使他们的各种劳动作为人类劳动而彼此相等。他们没有意识到这一点，但是他们这样做了"③。简而言之，人们是透过无意识体会商品背后的价值本源及其社会关系的。对此，马克思指出，劳动时间决定商品价值量"就像房屋倒在人的头上时重力定律强制地为自己开辟道路一样""这是一个以当事人的无意识活动为基础的自然规律"④。

由此可见，商品拜物教实际上蕴含了双层意识结构，即除了浅层的对商品的有意识崇拜外，还在深层意识中潜藏了对劳动时间的隐形崇拜。因为究其实质，商品只是现象，劳动才是本质，即"作为价值，一切商品都只是一定量的凝固的劳动时间"⑤。从商品拜物教的对立面来看，自由时间由于无法形成商品价值，必然受到商品世界的排斥。而在经过新教伦理对"时间就是金钱"的宣扬后，劳动时间对自由时间的压制逐渐显性化了。

5.1.2 新教伦理：劳动时间的显性崇拜与祛魅

如果说商品拜物教蕴含劳动时间的隐形崇拜的话，那么新教伦理则把劳动时间的崇拜高度自觉化。马克思运用劳动价值论揭露新教训诫的秘密："如果时间就是金钱，那么从资本的角度来看，这指的只是他人的劳动时间，用最准确的语言来说，这种时间当然是资本的金钱。"⑥ 显然，新教伦理本质上宣扬具有现代意义的劳动时间崇拜，而这种时间观与资本逻辑紧密相连。

① 马克思.资本论：第1卷［M］.北京：人民出版社，2004：89.
② 马克思.资本论：第1卷［M］.北京：人民出版社，2004：92-93.
③ 马克思.资本论：第1卷［M］.北京：人民出版社，2004：91.
④ 马克思.资本论：第1卷［M］.北京：人民出版社，2004：91-92.
⑤ 马克思.资本论：第1卷［M］.北京：人民出版社，2004：53.
⑥ 中共中央马克思恩格斯列宁斯大林著作编译局.马克思恩格斯全集：第31卷［M］.北京：人民出版社，1998：23.

在《新教伦理与资本主义精神》这本著作中，韦伯生动图绘了以富兰克林为代表的新教资本家贬抑闲暇的新道德：

"牢记，时间就是金钱。一个人如果一天靠自己的劳动可以赚十先令，这天他歇工外出或者闲呆半天，即使他在外出消遣或者闲暇着的过程中只花了六便士，那也不应该将其算作他这天的全部开销；而他真正花费或者更确切地说白白扔掉的，应该再加上五先令。

"牢记，一个人如果一天接一天地都在白白浪费可以值四便士的时间，那么他就每天都在浪费可以使用一百英镑的权利。

"一个人如果白白浪费了可以值五先令的时间，其实就是损失了五先令的金钱，就好像故意把五先令扔进大海一样。"①

韦伯指出，早期的资本主义其实是"商教合一"的世界，富兰克林的劝诫看似是纯粹的商业伦理，其背后却有着强烈的信仰基底。新教徒（protestant）把人生看作通向天堂的旅途，认为最重要的事情莫过于赚钱荣耀上帝，并把世俗成功确证为自己蒙受救恩的标记。劳动的一般特征是延迟满足，即人只有通过漫长的体力和智力的付出后才能在短暂的一刻收获果实，这种特征使得劳动行为具有修道院的苦行意义的禁欲属性。所以，新教的劳动概念是二重性的统一——经济行为和救赎行为的统一。既然劳动是通向上帝的道路，那么虔诚的教徒理应把自己完全奉献给上帝，即把自己的全部生命时间都用来劳动。在这个逻辑上，浪费时间意味着亵渎上帝和放弃自我救赎。劳动与闲暇水火不容。新教痛斥社交、闲谈、文艺、思辨、祈祷、修道院的苦行与祷告，认为"闲暇"是应罚入地狱的万恶之首。正是新教伦理的经济和宗教的二重属性，使得新教伦理成为中世纪向无神时代过渡的中介环节。新教的时间伦理在社会化大生产中发挥高度理性化的功能，驱动资本家和工人把每一分钟都用来紧张地生产。宗教改革塑造了现代文化的基本面貌。马克思在《资本论》中写道："每周的第七天休息是上帝的安排"，任何人在安息日这天本应不得经商，特别是禁止从事各种劳动，但"新教几乎把所有传统

---

① 马克思·韦伯. 新教伦理与资本主义精神 [M]. 马奇炎，等译. 北京：北京大学出版社，2012：43-44.

的假日都变成了工作日"①。

马克思对新教伦理做了深层祛魅，认为劳动时间神话并非韦伯理解的文化变革的独立产物，毋宁说，真正驱动劳动时间神话建构的乃是资本的力量！马克思认为，现代商业伦理的客观基础并不是新教（Protestantism），而是源于资本逻辑的内在要求，即资本家成为"人格化的资本"，因而"资本家所执行的职能，不过是用意识和意志来执行的资本本身的职能——通过吸收活劳动来自行增值的价值的职能"②。因此，资本事实上成为上帝的真正"化身"，抛开教会的孤独信徒不再面向神父忏悔，而是用无休止的劳动向资本"赎罪"。上帝与资本的替换是基督教世俗化的隐秘逻辑。对此，马克思在《论犹太人问题》中指出，"实际需要和自私自利的神就是金钱"③。上帝在世俗时代并没有真正隐遁，而是披上了金钱的外衣换了一张面孔。因此，资本主义的兴起并没有让西方人真正进入彻底的无神世界，基督的金钱化使得上帝化身为复数的"偶像"——商品拜物教，即"犹太人的一神教，在其现实性上是许多需要的多神教，一种把厕所也变成神律的对象的多神教"④。

抛开新教伦理对资本的神圣隐喻，马克思对资本拜物教抽丝剥茧。马克思指出，"劳动力维持一天只费半个工作日，而劳动力却能发挥作用或劳动一整天"⑤。工作日前面部分是工人为自己生产的"有酬劳动时间"，工作日后面部分是工人为资本家生产剩余价值的"无酬劳动时间"。"剩余价值以从无生有的全部魅力引诱着资本家。"⑥ 不难厘清，新教的时间训诫隐含两层遮蔽。第一层遮蔽是用抽象的"时间"概念遮蔽工人具体的"劳动时间"。因

---

① 马克思．资本论：第1卷［M］．北京：人民出版社，2004：317.
② 中共中央马克思恩格斯列宁斯大林著作编译局．马克思恩格斯全集：第38卷［M］．北京：人民出版社，2019：72.
③ 中共中央马克思恩格斯列宁斯大林著作编译局．马克思恩格斯文集：第1卷［M］．北京：人民出版社，2009：52.
④ 中共中央马克思恩格斯列宁斯大林著作编译局．马克思恩格斯文集：第1卷［M］．北京：人民出版社，2009：52.
⑤ 马克思．资本论：第1卷［M］．北京：人民出版社，2004：495，226.
⑥ 马克思．资本论：第1卷［M］．北京：人民出版社，2004：251.

为"资本家的时间表现为多余的时间，非劳动时间，不创造价值的时间"①，只有工人的"劳动时间"才是财富的根源。这样一来，"时间就是金钱"就把创造财富的真正主体掩盖了。第二层遮蔽是用工作日遮蔽"无酬劳动时间"，进而掩盖工作日包含的激烈阶级冲突。

马克思在《资本论》中重点祛魅新教伦理的第二层遮蔽。马克思指出，在前资本主义社会，劳动阶级以实物的方式支付剩余劳动，必要劳动时间和剩余劳动时间的界限非常清楚。"例如，瓦拉几亚的农民为维持自身生活所完成的必要劳动和他为领主所完成的剩余劳动在空间上是分开的。他在自己的地里完成必要劳动，在主人的领地里完成剩余劳动。所以，这两部分劳动时间是各自独立的。"② 因此，前资本主义的剥削是直接和透明的，一个农民对于他被剥削的产品数量了然于胸。"每一个农奴都知道，他为主人服役而耗费的，是他个人的一定量的劳动力。缴纳给牧师的什一税，是比牧师的祝福更加清楚的。"③ 但资本主义的雇佣劳动采用货币结算工资，必要劳动时间与剩余劳动时间包含在工作日的整体之中，二者的界限模糊不清。工人以为拿到的工资是工作日的等价物，但这其实是"工人本身的幻想"。马克思指出，"工资的形式消灭了工作日分为必要劳动和剩余劳动、分为有酬劳动和无酬劳动的一切痕迹""在雇佣劳动下，甚至剩余劳动或无酬劳动也表现为有酬劳动……货币关系掩盖了雇佣工人的无代价劳动"④。

显然，新教伦理的深层指向是"剩余劳动时间"，资本家企图把"时间"概念泛化、普遍化，使工人产生"做一天公平的工作，得一天公平的工资"的幻觉，进而掩盖剥削。马克思揭露了新教训诫的虚伪性："你经常向我宣讲'节俭'和'节制'的福音。好！我愿意像个有理智的、节俭的主人一样，爱惜我唯一的财产——劳动力，不让它有任何荒唐的浪费……你无限制地延长工作日，就能在一天内使用掉我三天还恢复不过来的劳动力的量。你

---

① 中共中央马克思恩格斯列宁斯大林著作编译局．马克思恩格斯全集：第31卷 [M]．北京：人民出版社，1998：23.
② 马克思．资本论：第1卷 [M]．北京：人民出版社，2004：274.
③ 马克思．资本论：第1卷 [M]．北京：人民出版社，2004：95.
④ 马克思．资本论：第1卷 [M]．北京：人民出版社，2004：619.

在劳动上这样赚得的，正是我在劳动实体上损失的。"① 马克思指认了"时间就是金钱"包含的阶级规定性，即这种时间伦理是剥削工人的重要手段。"在今天的社会里，勤劳，特别是节约、禁欲的要求，不是向资本家提出的，而是向工人提出的。"② 对于资本家而言，被新教道德掩盖的"无酬劳动时间"是通往天堂的道路；但对于工人而言，这段时间却是"通向地狱的道路"。

由此可见，"时间就是金钱"有着现实的根源，它是"资本拜物教"基础上形成的意识幻象，而非独立的文化变革产物。马克思指出，"货币崇拜产生禁欲主义，节欲，自我牺牲……英国的清教和荷兰的新教都离不开搞钱"③。随着资本逻辑的展开，商业世界必定会褪去宗教面纱，以赤裸裸的面目展现在世人面前。毫无疑问，"时间就是金钱"的口号不断侵蚀和否定自由时间的生命价值，把古典世界追求"至善"的闲暇文化逐出人类精神家园，造成现代人无法想象劳动之上的更高存在方式。新教伦理与资本合谋的结果是：资本逻辑主导的劳动时间话语形成强大文化霸权，使得人的自由全面发展的根本诉求既得不到经济逻辑的支持，也得不到文化世界的承认。

5.2 绝对剩余价值生产：剥夺工人自由时间的显性维度

从制度经济学的角度看，资本主义是以剩余价值为目的的劳动时间经济，劳动时间作为价值源泉，是整个资本主义存续的根基。马克思政治经济学批判的最大贡献是：将阶级斗争的分析方法贯彻劳动价值论，揭示劳动时间蕴含的尖锐阶级矛盾，进而阐明资本主义灭亡的内在逻辑。显然，阶级斗争是联结唯物史观与剩余价值理论的逻辑主线。正是通过这个思想地基，马

---

① 马克思. 资本论：第 1 卷 [M] . 北京：人民出版社，2004：270.

② 中共中央马克思恩格斯列宁斯大林著作编译局. 马克思恩格斯全集：第 32 卷 [M] . 北京：人民出版社，1998：244.

③ 中共中央马克思恩格斯列宁斯大林著作编译局. 马克思恩格斯全集：第 30 卷 [M] . 北京：人民出版社，1998：186.

克思对自由时间的审思能够从生产逻辑的宏大图式过渡到资本逻辑的科学范式，从而系统地阐明"工人为社会创造的自由时间"究竟去哪儿了的问题。在《资本论》第三篇"绝对剩余价值的生产"中，马克思将自由时间还原为工作日问题，揭露和批判了资本剥夺工人自由时间的各种显性手段，如"工作日得到最大程度的延长""零敲碎打地偷窃工人吃饭时间""昼夜 24 小时内都占有劳动""资本对补充劳动力的占有"。

5.2.1 "工作日得到最大程度的延长"

资本的根本特征是"赚钱"。资本家作为"人格化的资本"，占有抽象财富是其根本的生产动机。马克思把资本逻辑的基本公式概括为 G（货币）—W（商品）—G′（货币），其中 G′=G+△G，即等于成本加上利润。这个超过原价值的增额被马克思称为剩余价值。在马克思的经济学范式中，剩余价值本质上与利润是同一的，即"从资本的角度来看，剩余价值就是利润"①。马克思认为，剩余价值的来源有两部分：一部分是绝对剩余价值，另一部分是相对剩余价值（见图 5-1）。生产绝对剩余价值的基本办法是增加劳动时间总量。其中，在不增加劳动人数的情况下"要使工作日得到最大程度的延长"②。马克思把工人的时间划分为两个部分——劳动时间和自由时间（马克

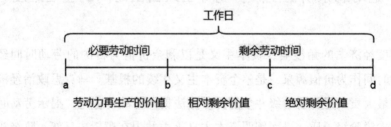

图 5-1 工人工作日的价值构成

---

① 中共中央马克思恩格斯列宁斯大林著作编译局．马克思恩格斯全集：第 31 卷
  [M]．北京：人民出版社，1998：145.
② 中共中央马克思恩格斯列宁斯大林著作编译局．马克思恩格斯全集：第 31 卷
  [M]．北京：人民出版社，1998：173.

思有时也称为"休息时间"），指出"工作日就是一昼夜24小时减去几小时休息时间"①，因此绝对剩余价值生产的原理是通过剥夺工人的休息时间，进而延长工作日（见图5-2）。

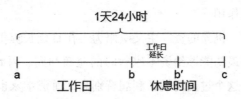

图5-2　绝对剩余价值生产与休息时间的挤压

由图（5-2）可知，由于工人一天只能支配24小时，当工作日从a—b延长到b′时，工人一天的休息时间就从b—c缩短为b′—c。因此，工作日延长部分就是工人自由时间的损失部分。马克思认为，工作日延长存在两种"屏障"。一种是"身体界限"，即"一个人在24小时的自然日内只能支出一定量的生命力……这种力每天必须有一部分时间休息、睡觉，人还必须有一部分时间满足身体的其他需要，如吃饭、盥洗、穿衣等"②。另一种是"道德界限"，即"除了这种纯粹身体的界限之外……工人必须有时间满足精神需要和社会需要，这些需要的范围和数量由一般的文化状况决定"③。资本的逻辑是打破两种障碍，尽可能榨取工人的自由时间。

马克思在《资本论》中详细描述了工人自由时间被资本挤压的残酷过程："资本由于无限度地盲目追逐剩余劳动，像狼一般地贪求剩余劳动，不仅突破了工作日的道德极限，而且突破了工作日的纯粹身体的极限。"资本对剩余价值的榨取必然伴随对工人生理时间的严重挤压，即资本"侵占人体的成长、发育和维持健康所需要的时间。它掠夺工人呼吸新鲜空气和接触阳光所需要的时间。它克扣吃饭时间，尽量把吃饭时间并入生产过程本身，因此对待工人就像对待单纯的生产资料那样，给他饭吃，就如同给锅炉加煤、给机器上油一样。资本把积蓄、更新和恢复生命力所需要的正常睡眠，变成

---

① 马克思 . 资本论：第1卷 [M] . 北京：人民出版社，2004：305.
② 马克思 . 资本论：第1卷 [M] . 北京：人民出版社，2004：269.
③ 马克思 . 资本论：第1卷 [M] . 北京：人民出版社，2004：269.

了恢复精疲力竭的有机体所必不可少的几小时麻木状态"①。与此同时，马克思还揭示了机器在工作日拉伸过程中扮演的重要角色。"机器就其本身来说缩短劳动时间，而它的资本主义应用延长工作日。"② 马克思总结了机器对于延长工作日的两大作用。

第一，主观上，机器的资本主义应用为工作日延长提供心理动机。一般来说，新机器使用最初能够给资本家暂时的超额利润。因此，"在机器生产还处于垄断状况的这个过渡时期，利润特别高，而资本家也就企图尽量延长工作日来彻底利用这个'初恋时期'。高额的利润激起对更多利润的贪欲。"③ 机器的商业推广犹如被打开的潘多拉魔盒。马克思指出，"随着机器的使用，侵吞别人劳动时间的贪欲到处都在增长，而工作日——在尚未受到法律的强制干预之前——不是缩短了，相反地却延长到了超过它的自然界限"④。

第二，客观上，机器为工作日延长提供辅助手段。机器作为不停顿生产的"永动机"，能够扫除生产中的"生理界限"，如"人的身体的虚弱和人的意志"⑤。机器的强力不顾及人的疲惫和衰弱，驱迫工人必须适应流水线的快节奏，把人的自然界限的反抗压制到最低限度。这样一来，机器成为打破工人"自然屏障"的利器。

毫无疑问，"工作日得到最大程度的延长"的后果必然是工人最大限度地损失自由时间。马克思阐明了资本积累与工人自由时间的不可调和的紧张关系："在资本主义生产中，工人所支配的全部时间实际上都被资本所吸收……"⑥ 实际上，乔纳森·克拉里在《24/7：晚期资本主义与睡眠的终结》一书中把准了马克思对资本主义时间批判的精髓。克拉里指出，由于睡

---

① 马克思. 资本论：第1卷［M］. 北京：人民出版社，2004：307.
② 马克思. 资本论：第1卷［M］. 北京：人民出版社，2004：508.
③ 马克思. 资本论：第1卷［M］. 北京：人民出版社，2004：468.
④ 中共中央马克思恩格斯列宁斯大林著作编译局. 马克思恩格斯全集：第32卷［M］. 北京：人民出版社，1998：359-360.
⑤ 马克思. 资本论：第1卷［M］. 北京：人民出版社，2004：464.
⑥ 中共中央马克思恩格斯列宁斯大林著作编译局. 马克思恩格斯全集：第38卷［M］. 北京：人民出版社，2019：90.

眠本质上不能给资本增加利润，而且工人不得不睡觉是内在决定的，这给生产、流通和消费造成的损失难以计量，所以生理时间与资本逻辑是根本冲突的；资本逻辑的强化必然使得人类的睡眠时间趋于减少乃至最终消亡。"如今对睡眠的侵蚀正遍及各地……如今北美成年人平均每晚约睡 6.5 个小时，上一代人睡 8 个小时，20 世纪初的人则要睡 10 个小时（尽管难以置信）。"①因此，资本的本性决定了工业社会只能是"过劳社会"，绝对不可能成为"闲暇社会"。

5.2.2　"零敲碎打地偷窃工人吃饭时间"

在劳动力市场上，工作日是资本家与工人签订的劳动力买卖的劳动契约。工作日规定"工人出卖的时间何时结束，属于工人自己的时间何时开始"②。因此，资本家在工作日内对"无酬劳动时间"的榨取在法律上是合法的。但如果资本家胆敢逾越工作日，利用工人的自由时间生产剩余价值，那资本家的行为便是违法行为。马克思把资本家的这种行为准确类比为"偷窃"，即用见不得人的手段转移时间的所有权。

马克思认为，超出法定工作日赚取额外利润对于资本家具有不可抗拒的诱惑，"即使被发觉了，拿出一笔小小的罚款和诉讼费，也仍然有利可图"③。马克思罗列了资本家偷窃自由时间的几种手段，如"啃吃饭时间""偷占几分钟时间""夺走几分钟时间"等。资本家偷窃自由时间的违法勾当一般难以监督。马克思指出，"额外时间是在一天之内零敲碎打地偷窃来的，那么，视察员要想找出违法的证据就会遇到几乎不可克服的困难"④。马克思详细分析了资本家偷窃工人自由时间的两种手段。

第一，提前开工时间，延迟收工时间。1850 年英国制定的《关于工厂劳动条例》明确规定上班时间从早晨 6 点至晚上 6 点。然而，资本家为了偷窃

---

① 乔纳森·克拉里.24/7：晚期资本主义与睡眠的终结［M］.许多，等译.北京：中信出版社，2015：15.

② 马克思.资本论：第 1 卷［M］.北京：人民出版社，2004：349-350；马克思恩格斯全集：第 32 卷［M］.北京：人民出版社，1998：253.

③ 马克思.资本论：第 1 卷［M］.北京：人民出版社，2004：281.

④ 马克思.资本论：第 1 卷［M］.北京：人民出版社，2004：281.

工人的自由时间，并不会准时开工和收工。马克思指出，"进行欺骗的工厂主在早晨6点前一刻就开工，有时还要早些，有时稍晚些，晚上6点过一刻才收工，有时稍早些，有时还要晚些"①。

第二，缩短吃饭时间。英国工厂法规定工作日包括半小时的早饭时间和一小时的午饭时间。但在现实中，资本家会想方设想地侵占工人的"吃饭时间"，即"把名义上规定的半小时早饭时间前后各侵占5分钟，一小时午饭时间前后各侵占10分钟"②。

从表面上看，资本"零敲碎打地偷窃"工人自由时间的数值并不大，每个环节只偷窃10分钟左右，但日积月累下来，工人竟在不知不觉中被偷走了数量巨大的自由时间。马克思在《资本论》列了两张表，专门为此算了一笔细账（见图5-3）：

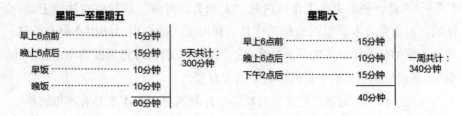

图 5-3　工人损失的自由时间

从图5-3可以清楚地看到，"零敲碎打地偷窃"是一个从量变到质变的过程。资本家通过偷窃工人的自由时间，每周增加了5小时40分钟的劳动时间。每年以50个劳动周计算（除掉2周作为节日或因故停工），一共等于27个工作日。这样一来，"这里捞一点时间，那里捞一点时间，一天多出一小时，一年12个月就变成13个月了。"③

5.2.3 "昼夜24小时内都占有劳动"

"夜工"，即夜间劳动，是资本主义的特有现象。在传统观念中，劳动作

---

① 马克思. 资本论：第1卷［M］. 北京：人民出版社，2004：278.
② 马克思. 资本论：第1卷［M］. 北京：人民出版社，2004：278.
③ 马克思. 资本论：第1卷［M］. 北京：人民出版社，2004：279.

为社会集体生活的节奏，必须顺应自然节奏，即人的劳作与地球的运转节奏保持平衡。在农耕时代，劳动者一天的节奏是"日出而作，日落而息"，一年的节奏是春耕、夏锄、秋收、冬休。因此，传统社会的昼和夜的区别不仅是自然现象，同时也是文化现象，其规定了工作与休养的合理限度。基督教认为，夜晚是神秘与神圣的领域，人可以体验夜的黑暗和仰望星空，向上帝虔诚地祈祷，而睡眠则是上帝给人类赐福的最好礼物。然而，伴随资本时代的到来，一种前所未有的工业时间体制席卷而来，马克思称之为"24 小时制度"，克拉里称其为"24/7"。马克思指出，在昼夜颠倒的夜班制面前，"习俗和自然、年龄和性别、昼和夜的界限，统统被摧毁了"①。

马克思认为，资本作为以雇佣劳动为核心的"生产关系"，在根本上表征现代经济体制。资本的表层形式是具象的物，如厂房、机器、土地、货币、劳动力等，但资本的深层形式则是基于雇佣关系的经济制度性建构。马克思认为，机器的闲置是资本家机会成本意义上的重大经济损失，因而昼夜24 小时生产剩余价值是资本逻辑的内在要求。日夜不停地榨取同一劳动力在生理上是不可行的，因此，为了实现"24 小时连续不停的生产过程"就需要彻底毁坏工人生物钟，强行界定日工和夜工，让白天被压榨的工人和夜里被压榨的工人换班工作。马克思实证分析了一组英国工厂的夜班制，如内勒—维克斯公司炼钢厂、约翰·布朗公司钢铁厂、卡姆梅尔公司的"赛克洛普"钢铁厂以及桑德森兄弟钢铁公司等，结果发现这种"24 小时制度"对于工人自由时间的剥夺更加耸人听闻。

第一，肆无忌惮延长夜工的劳动时间。马克思指出，由于夜工更容易逃避调查委员会的监督，因此"昼夜 24 小时连续不断的生产过程，为打破名义上的工作日界限提供了极大的方便"②。马克思指出，在实际生产中，"昼夜轮班做工的办法，无论在忙时或平时，都会使工作日极度延长"③。例如，法定的夜班工作日规定为 12 小时，从晚上 8 点半至早晨 8 点半之间，但夜工实际的工作时间却往往长达 14 小时以上，"有时接班的人没有来，他们就不

---

①　马克思. 资本论：第 1 卷 [M]. 北京：人民出版社，2004：320.

②　马克思. 资本论：第 1 卷 [M]. 北京：人民出版社，2004：298.

③　马克思. 资本论：第 1 卷 [M]. 北京：人民出版社，2004：299.

得不连干两班，干 24 小时……甚至 36 小时"①。马克思无不愤怒地写道：资本家滥用"24 小时"换班制度，"把工作日延长到'骇人听闻和令人难以置信'的程度"②。

第二，强迫夜工进行无间歇劳动。一般而言，白班工人的休息时间是按照人体的生物钟制定的，如半小时的早饭时间、一小时的午饭时间。因此，资本家会想方设法缩短工人的生理时间，但总的说来，白班工人紧张与松弛的生理交替是有规律的。不同于白班工人，夜班工人由于完全颠倒了生物钟，无法根据生理需要制定合理的休息间隔。资本家以解雇工人作为威胁，强迫夜班工人取消"正规吃饭时间"，使夜班工人事实上处于一种无间歇的劳动状态。马克思指出，夜班工人"只有两次至多是三次半小时的吃饭时间，此外没有任何正规的休息时间"③。尽管工人的吃饭时间已少得可怜，但资本家仍恬不知耻地辩解道："规定'正规吃饭时间'是不可能的，因为熔炉由此失散的一定热量是'纯粹的损失'或'浪费'。"④ 除此之外，夜班工人"白天也不能睡觉，不能得到必要的休息"⑤，他们"短短的睡眠也睡不稳，在夜间他们担心睡过时间，在白天又被外面的喧闹声吵醒"⑥。

马克思愤怒地指出，笼罩在暗夜下灯火通明的夜间工厂是名副其实的人间"地狱"。以当时英国的火柴业为例，"工作日从 12、14、15 小时不等，此外还有夜间劳动，没有固定的吃饭时间，而且多半是在充满磷毒的工作室里吃饭。如果但丁还在，他会发现，他所想象的最残酷的地狱也赶不上这种制造业中的情景。"⑦ 马克思还指出，"24 小时制度"引发了严重的伦理问题，如"夜晚男女工人挤在同一个灯光暗淡的车间产生的严重后果"⑧，"少女和妇女不但白天而且夜里都在煤矿和焦炭堆上做工……这种不适于妇女的

---

① 马克思．资本论：第 1 卷 [M]．北京：人民出版社，2004：300.
② 马克思．资本论：第 1 卷 [M]．北京：人民出版社，2004：301.
③ 马克思．资本论：第 1 卷 [M]．北京：人民出版社，2004：300.
④ 马克思．资本论：第 1 卷 [M]．北京：人民出版社，2004：304.
⑤ 马克思．资本论：第 1 卷 [M]．北京：人民出版社，2004：298.
⑥ 马克思．资本论：第 1 卷 [M]．北京：人民出版社，2004：305.
⑦ 马克思．资本论：第 1 卷 [M]．北京：人民出版社，2004：286.
⑧ 马克思．资本论：第 1 卷 [M]．北京：人民出版社，2004：340.

职业几乎必然使妇女丧失自尊心，因而使她们品行堕落"①。显然，只要能"赚钱"，资本绝无人性可言。

5.2.4　"资本对补充劳动力的占有"

正如马克思在《1857—1858 年经济学手稿》中指出的，"'你必须汗流满面地劳动！'这是耶和华对亚当的诅咒"。几千年来的文明传统是将强制劳动视为男人承担的领域，女人则因为性别分工而免于各种形式的强制劳动，如奴隶劳动、徭役劳动、租佃劳动等。然而，伴随资本主义生产方式的兴起尤其是机器工业革命的推广，资本为了增加劳动时间总量，在不断延长工作日的同时也不断增加劳动人数，即把妇女纳入剩余价值生产体系。这样，妇女不仅要承担父权制下的"家务劳动"，同时还要在雇佣劳动制下遭受"过度劳动"。现代妇女的双重困境成为极具挑战和不可回避的时代课题。马克思在《资本论》及其手稿中阐释了资本时代的性别问题，关切了现代妇女的普遍命运与解放前景。

马克思从唯物史观的视域透析了妇女参与雇佣劳动的历史沿革。在资本主义工场手工业时期，由于自动化机器尚未广泛应用于生产，男性的体力劳动几乎是剩余价值的唯一来源。这个时期也是男性工人的黄金时期，体力劳动具有较高的价值。因此，工人的"工资是能够养活他自己和他的家庭的。他的妻子从事家务劳动而不是为资本家劳动……成年家长的工资不仅不需要妻子儿女的补充劳动就能养活他们，而且还能负担发展他们的劳动能力的费用"②。在男人有能力养家糊口的情况下，资本家虽然也想把妇女变成雇佣工人，但总的说来，这种倾向由于男工的激烈反抗而遭到削弱。③

随着工业革命的狂飙突进，机器的应用导致体力劳动大幅贬值。马克思总结了这一不可逆转的趋势："机器使男劳动力贬值了""现在四个工作日代替了原来的一个工作日……现在，一家人要维持生活，四口人不仅要给资本

---

① 马克思. 资本论：第 1 卷 ［M］. 北京：人民出版社，2004：298.

② 中共中央马克思恩格斯列宁斯大林著作编译局. 马克思恩格斯全集：第 37 卷 ［M］. 北京：人民出版社，2019：159-160.

③ 马克思. 资本论：第 1 卷 ［M］. 北京：人民出版社，2004：425.

提供劳动，而且要给资本提供剩余劳动"①。基本工资"分配到家庭所有成员身上"，妇女"不得不为自己挣工资"②。不仅如此，妇女劳动力由于价格低廉，从而成为同男性工人竞争的可怕敌人。马克思指出，"新的机器工人完全是少女和年轻妇女。她们靠机械的力量消灭了男工在较重的劳动中的独霸地位"③。这样一来，资本逻辑必然砸碎传统两性关系——分工合作，通过男女工人在劳动力市场的相互排挤和相互压制，构建出残酷的现代两性关系——生存竞争。很清楚，机器革命导致男性工人的工资下降是妇女大规模走出家庭的根本原因。资本规划的"家庭—工作"二元世界并非为了使妇女获得真正的独立和解放，而是为了榨取妇女的时间，使妇女成为资本增殖的一个链条。走出家庭的现代妇女遭遇更加残酷的现实，在"特殊生理机制"与资本逻辑不可调和的冲撞中，"家庭—工作"时间分配的恶化使妇女深陷生存、生育与发展的恶性循环。从资本逻辑的社会时间机制来看，资本对妇女自由时间的剥夺可以分为三个层面。

第一，剥夺妇女的妊娠时间。马克思认为，"通过生育而生产他人的生命"是妇女不同于男人的特有身体机能，是社会再生产的重要基础。从生理学上看，自成熟卵受精后至胎儿的分娩，会耗时 28 周时间，即 266 天左右。站在资本的立场，妊娠期妇女不产生经济报酬，因此资本家总是力图缩减妇女的产假，或者干脆阻止或取消妇女的妊娠。恩格斯在《英国工人阶级状况》中揭露了女工面临的极端生育困境："她们在怀孕后，一直到分娩前一瞬间还要在工厂里工作……因为她们如果早停止工作，那她们就得担忧她们的位置会被别人占去而自己会被解雇。"④ 资本对妇女生理时间的扰乱经常导致女工难以正常生育，"许多产婆和产科医生都证实了工厂女工分娩比别的

---

① 马克思. 资本论：第 1 卷［M］. 北京：人民出版社，2004：454.
② 中共中央马克思恩格斯列宁斯大林著作编译局. 马克思恩格斯全集：第 37 卷［M］. 北京：人民出版社，2019：193.
③ 马克思. 资本论：第 1 卷［M］. 北京：人民出版社，2004：543.
④ 中共中央马克思恩格斯列宁斯大林著作编译局. 马克思恩格斯全集：第 2 卷［M］. 北京：人民出版社，1957：446-447.

妇女困难，同样还证实了她们常常流产"①。

第二，剥夺妇女的抚育时间。马克思指出，人口的再生产包括生殖和抚育两个阶段，因此，正常的妇女在生育以后还要履行做母亲的职责，如"工人的妻子有必要的空闲时间来给自己的孩子喂奶"②。但从资本家的立场上看，妇女抚育子女的时间不能产生经济价值，因而必须被资本改造为劳动时间。马克思指出，"为资本家进行强制劳动……夺去了家庭本身惯常需要的、在家庭范围内从事的自由劳动的时间"③，"由于母亲外出就业，以及由此引起的对子女的照顾不周和虐待，例如饮食不适、缺乏营养、喂鸦片剂等等，另外，母亲还违反天性地虐待自己的子女，从而发生故意饿死和毒死的事件"④。恩格斯则指出，"女人常常在分娩后三四天就回到工厂去做工，婴孩当然只好丢在家里"⑤。这样一来，资本彻底剥夺了女人的天性，将其变成一种冷漠的生物。"一个没有时间照顾自己的孩子、没有时间让孩子在初生的几年中享受最普通的母爱的母亲……是不能成其为孩子的母亲的，她必然会对孩子很冷漠，没有爱，没有丝毫的关怀，完全像对待别人的孩子一样。"⑥

第三，剥夺妇女的发展时间。马克思认为，资本对待女性工人是毫无怜悯的，它的趋势是剥夺妇女的发展时间，使妇女彻底变成资本的奴隶。马克思指出，"平等地剥削劳动力，是资本的首要的人权"⑦。资本对男女两性采取的无差别剥削，使得女工具有和男工相同甚至更长的工作日。马克思认为，伦敦的服装厂是女工遭受剥削程度最高的部门，"工人在 15 小时之内是属于工厂，其中还不包括上下工走路的时间。于是，休息时间变成了强制闲

---

① 中共中央马克思恩格斯列宁斯大林著作编译局. 马克思恩格斯全集：第 2 卷［M］.
  北京：人民出版社，1957：446.
② 马克思. 资本论：第 1 卷［M］. 北京：人民出版社，2004：454.
③ 马克思. 资本论：第 1 卷［M］. 北京：人民出版社，2004：454.
④ 马克思. 资本论：第 1 卷［M］. 北京：人民出版社，2004：458.
⑤ 中共中央马克思恩格斯列宁斯大林著作编译局. 马克思恩格斯全集：第 2 卷［M］.
  北京：人民出版社，1957：429-430.
⑥ 中共中央马克思恩格斯列宁斯大林著作编译局. 马克思恩格斯全集：第 2 卷［M］.
  北京：人民出版社，1957：430.
⑦ 马克思. 资本论：第 1 卷［M］. 北京：人民出版社，2004：338.

逛的时间……把少年女工赶进妓院"①，"她们干完了白天的重活，就换一身好一点的衣服，陪着男人上酒馆"②。恩格斯则详细揭露了服装行业女工的悲惨遭遇："拿伦敦时装商店的例子来做证明……这些女孩子大部分来自农村，她们食宿都在老板那里，因而成了老板的十足的奴隶。在一年内约有四个月之久的时装季节里，即使是在最好的商店中工作时间每天也达十五小时，在订货急迫的时候每天达十八小时。但是大多数商店在这个期间的工作时间是没有任何限制的，因而女孩子们休息和睡眠的时间一昼夜从来不会超过六小时，常常只有三四个小时，有时甚至只有两小时。这样，她们即使不是通宵工作（事实上她们也常常通宵工作），一昼夜也得工作十九小时到二十二小时！"③ 在马克思看来，工人不同于奴隶，因为他只出卖一部分时间给资本家，而不是将整个生命依附于主人。在过度劳动的扭曲环境下，资本家与女工从雇佣关系事实上逐渐退化为"人身依附"的主奴关系。恩格斯指出，工厂制已经成为名副其实的女奴制。在 1844—1845 年马克思恩格斯思想变化的"狂飙突进"时期，不同于马克思要从抽象的人本学视角批判资本逻辑对于人的生存境遇的扭曲，恩格斯是从对英国工人的现实观察切入，真实和直观地揭露女性工人在维多利亚时代的现实处境，进而为马克思主义的社会批判理论引入了性别视角。从历史学和社会学的双重视角看：恩格斯的这段话，一方面是对资本主义特定历史时期的社会病理诊断，其反映的极端社会现象具有历史性与偶然性。另一方面则深刻揭示了现代社会在缺乏政治、法律、文化的条件约束下，社会被资本逻辑全面宰制后必然导致的极端野蛮状态。这样，恩格斯通过资本主义的个别极端事例揭示出资本的一般本性，进而使得资本主义的社会批判呈现为事实批判与价值批判的统一。

　　事实上，资本为了自身的利益，自始至终都没有改变对女性工人的定位——廉价劳动力。资本渴望更多的女性劳动力，根本原因不是女工的劳动效率更高，而是因为女工的价格更低廉。例如，在有些剥削部门，三个女工

---

① 马克思．资本论：第 1 卷 [M]．北京：人民出版社，2004：534.
② 马克思．资本论：第 1 卷 [M]．北京：人民出版社，2004：336.
③ 中共中央马克思恩格斯列宁斯大林著作编译局．马克思恩格斯全集：第 2 卷 [M]．北京：人民出版社，1957：496.

的工资等于一个男工的工资。① 另外，资本绝不会因为妇女生理的特殊性而善待她们，她们遭遇的"异化劳动"与男工没有质的区别，都是"为了一碗红豆汤出卖自己的长子继承权"②。显然，"那些不得不为自己挣工资的妇女"失去了珍贵的自由时间，直接或间接地牺牲了自身的生育权和发展权。由于妇女在劳动力市场并不能获得和男性平等的地位——同工同酬，因而与封建时代相比，现代妇女命运的悲剧色彩呈现更大的戏剧张力。

5.3 相对剩余价值生产：剥夺工人自由时间的隐形维度

绝对剩余价值生产是早期资本主义的显著现象，赤裸裸地展现了资本野蛮、残暴和无耻的面向。但单靠残酷的过度劳动，终究会遇到某些不可逾越的自然界限，伴随机器革命，资本转向以相对剩余价值生产为中心的增值模式。马克思指出，"自从工人阶级逐渐增长的反抗迫使国家强制缩短劳动时间，并且首先为真正的工厂强行规定正常工作日以来，也就是说，自从剩余价值的生产永远不能通过延长工作日来增加以来，资本就竭尽全力一心一意

---

① 马克思. 资本论：第 1 卷 [M]. 北京：人民出版社，2004：455.

② 在《圣经·创世记》原文中，这个故事是这样记载的：以扫和雅各是以撒和利百加所生的双生子。以扫为长子，雅各为幼子。有一天，以扫从田野回来累昏了，雅各正好在熬汤。以扫对雅各说，"我累昏了，求你把这碗红豆汤给我喝吧"。雅各说："如果你把长子继承权的名分给我，我就把红豆汤给你喝。"以扫说："我快死了，这长子继承权的名分对我有什么用呢？"于是，以扫为了喝一碗红豆汤就把自己珍贵的长子继承权卖给了雅各。这就是以扫"为了一碗红豆汤出卖自己的长子继承权"的故事。（创世纪 25：29-34）《新约圣经》后来提道："以扫因一点食物把自己长子的名分卖了。后来想要承受父所祝的福，竟被弃绝，虽然号哭切求，却得不到门路，使他父亲的心意回转。这是你们知道的。"（希伯来书 12：14）在马克思看来，生命的价值远远高于工资的价格，为了"活命"而出卖自己全部的生命能力是一种受"剥削"和"奴役"的表现，反映了劳动者与资本家不平等的地位。马克思在《资本论》及其手稿中多次引用了这个典故。参见马克思恩格斯全集：第 30 卷 [M]. 北京：人民出版社，1995：266. 马克思恩格斯全集：第 32 卷 [M]. 北京：人民出版社，1998：183. 马克思. 资本论：第 1 卷 [M]. 北京：人民出版社，2004：311-312.

加快发展机器体系来生产相对剩余价值"①。

相对剩余价值生产在不延长工作时间的情况下，通过缩短必要劳动时间，相应延长剩余劳动时间。其路径有：科学技术进步、劳动强度提升、生产分工细化与工厂规训强化等。相对剩余价值的生产本质上"不费资本分文"，对资本积累具有决定性意义。也就是说，相对剩余价值生产是零成本、高收益，它把果实放进资本家腰包，把代价转嫁给社会。在这种情况下，资本家赚得的时间正是工人损失的时间。由于相对剩余价值生产不延长工作时间，因而这种剥削方式更加隐蔽。事实上，在相对剩余价值的积累模式中，工人承受了更大的创伤，譬如，工人成为机器的附属品，劳动强度超出工人生理的承受范围，过度分工造成工人畸形的人格，"兵营式的纪律"构成了新型的恐怖专制。

5.3.1 科学技术进步："资本家是窃取了工人为社会创造的自由时间"

马克思在写作《1857—1858 年经济学手稿》时就提出这样的问题，即因技术进步而节约的时间究竟去哪了？在《资本论》中，马克思通过科学区分两种剩余价值类型，即"绝对剩余价值"与"相对剩余价值"，这个棘手的问题才得以圆满解决。

马克思认为，相对剩余价值是指在不改变工作日的前提下，通过缩短必要劳动时间，从而相应地延长劳动时间产生的剩余价值。②

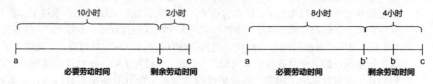

图 5-4 科学技术进步对剩余劳动时间的延长

如上图 5-4 所示，ac 线代表 12 小时的工作时间，ab 段代表的是 10 小时的必要劳动时间，bc 代表的是 2 小时的剩余劳动时间。通过科学技术进步，

① 马克思．资本论：第 1 卷［M］．北京：人民出版社，2004：471.
② 马克思．资本论：第 1 卷［M］．北京：人民出版社，2004：366.

资本缩短了必要劳动时间，从 ab 段的 10 小时减少到 ab′段的 8 小时，剩余劳动时间从之前的 bc 段的 2 小时延长到 b′c 段的 4 小时。相对剩余价值的实质就是把缩短的必要劳动时间转换为剩余劳动时间。可见，在 12 小时工作日不变的情况下，通过科学技术进步所节约的劳动时间并没有变成工人的自由时间，而是重新变成资本增殖的剩余劳动时间。

科学的进步并不是资本的功劳，资本只是利用了科学的成果为自己牟利。马克思指出，"科学根本不费资本家'分文'，但这丝毫不妨碍他们去利用科学。资本像吞并他人的劳动一样，吞并'他人的'科学"①。科学技术进步源自人民群众生产的创造创新，生产力进步节约的劳动时间本质上是"工人为社会创造的自由时间"。这种社会进步创造的自由时间被资本家窃取了。对于工人而言，相对剩余价值的生产并非没有代价。科学技术的资本主义应用，使得"活劳动"（工人）与"死劳动"（生产资料）的关系发生革命性颠倒，机器从工具变成了功能强大的"自律"系统，人则从生产的主体沦为客体。马克思认为，在工场手工业时期，工人是生产过程的主体，活劳动支配死劳动；而在机器工业时代，工人则变成机器的附属物，"在工厂中，死机构独立于工人而存在，工人被当做活的附属物并入死机构"②，"铁人起来反对有血有肉的人"③。在马克思看来，"主体的消失"是工业时代雇佣劳动的特有症候，"变得空虚了的单个机器工人的局部技巧，在科学面前，在巨大的自然力面前，在社会的群众性劳动面前，作为微不足道的附属品而消失了，科学、巨大的自然力、社会的群众性劳动都体现在机器体系中，并同机器体系一道构成'主人'的权力"④。卢卡奇在《历史与阶级意识》中进一步解读了资本主义的"物化现象"。卢卡奇指出，随着劳动过程的合理化和机械化，工人的活动越来越多地失去自己的主动性和创造性，变成一种麻木、直观的态度，从而越来越失去意志；"人无论在客观上还是在他对劳动过程的态度上都不表现为这个过程的真正的主人，而是作为机械化的一部分

---

① 马克思. 资本论：第 1 卷 [M]. 北京：人民出版社，2004：444.
② 马克思. 资本论：第 1 卷 [M]. 北京：人民出版社，2004：486.
③ 中共中央马克思恩格斯列宁斯大林著作编译局. 马克思恩格斯全集：第 37 卷 [M]. 北京：人民出版社，2019：200.
④ 马克思. 资本论：第 1 卷 [M]. 北京：人民出版社，2004：487.

被结合到某一机械系统里去。他发现这一机械系统是现成的、完全不依赖于他而运行的，他不管愿意与否必须服从于它的规律"①。

显然，从相对剩余价值生产的角度看，资本主义的科技具有鲜明的阶级色彩，即技术应用的根本动机是"缩短工人为自己花费的工作日部分，以便延长他无偿地给予资本家的工作日部分"②。只有资本家才是科技进步与财富盛宴的赢家，工人并没有真正分享工业革命的文明果实。马克思对此认为，资本家无耻地窃取了人类文明果实。马克思指出，"资本家是窃取了工人为社会创造的自由时间，即窃取了文明"③，"文明的一切进步，或者换句话说，社会生产力（也可以说劳动本身的生产力）的任何增长，都不会使工人致富，而只会使资本家致富，也就是只会使支配劳动的权力更加增大，只会使资本的生产力——资本支配劳动的客观权力增长"④。

5.3.2 劳动强度提升："一个工人完成以前两个或三个工人所完成的工作"

正如柏格森（Bergersen）指出的，物理时间是数量性的，或无连续性的空间化表征；而生命构成的时间意识则完全是质量性的。"人们通常辨别两种数量，一种是广度性的和可测量的；一种是强度性的和不可测量的。"⑤ 马克思深刻意识到物理时间计量劳动的局限，因此在《资本论》及其手稿广泛使用"劳动强度"这一概念。马克思指出，劳动计量必须同时考虑两个因素："1. 工作日的长度，或劳动的外延量；2. 正常的劳动强度，或劳动的内涵量。"⑥ 马克思认为，与工场手工业时期相比，机器工业时代推动了更快的生产节奏和更大的劳动强度，迫使工人在相同的工作日中消耗更大的精力，

---

① 卢卡奇. 历史与阶级意识 [M]. 杜章智，等译. 北京：商务印书馆，2014：156.
② 马克思. 资本论：第1卷 [M]. 北京：人民出版社，2004：427.
③ 中共中央马克思恩格斯列宁斯大林著作编译局. 马克思恩格斯全集：第31卷 [M]. 北京：人民出版社，1998：23.
④ 中共中央马克思恩格斯列宁斯大林著作编译局. 马克思恩格斯全集：第32卷 [M]. 北京：人民出版社，1998：183-184.
⑤ 柏格森. 时间与自由意志 [M]. 吴士栋，译. 北京：商务印书馆，1958：2.
⑥ 马克思. 资本论：第1卷 [M]. 北京：人民出版社，2004：592-593.

体验更强烈的紧张感和压抑感。① 由此一来，"机器迫使……一个工人完成以前两个或三个工人所完成的工作"②。显然，劳动强度的提升实际上是资本家变相延长工作时间的重要手段。

通过提升劳动强度，劳动量在单位时间内凝缩的"密度"可以加大，从而在不延长工作日的情况下榨取更多的剩余价值。马克思指出，机器生产"大大地推动了生产力的发展和生产条件的节约，同时迫使工人在同样的时间内增加劳动消耗，提高劳动力的紧张程度，更紧密地填满劳动时间的空隙"③。从这个意义上说，劳动强度的提升如果超过了工人生理的合理限度，必然会透支工人未来的生命，即"劳动的强度达到损害工人健康，从而破坏劳动力本身的地步"④。从整个的生命历程看，高强度的劳动严重损害工人健康，间接剥夺工人更多的自由时间。具体表现为两个方面：

第一，工人的"早衰"。如同无限的"赚钱"欲望，资本家对于提升工人劳动强度的欲望也是没有限度的。"资本家的最强烈的愿望就是要工人尽可能不间断地滥用他的生命力。"⑤ 劳动强度攀升的恶果是工人"未老先衰"。马克思指出，"劳动力由于被夺去了道德上和身体上正常的发展和活动的条件而处于萎缩状态，而且使劳动力本身未老先衰"⑥，"资本消费劳动力是如此迅速，以致工人到了中年通常就已经多少衰老了"⑦。恩格斯则强调了矿工的健康境遇："煤矿工人都衰老得早，四十岁以后……就已经不能工作了。到四十五岁或五十岁还能继续工作的煤矿工人是极其少见的。"⑧ 城市人

---

① 中共中央马克思恩格斯列宁斯大林著作编译局.马克思恩格斯全集：第37卷［M］. 北京：人民出版社，2019：24-25.

② 中共中央马克思恩格斯列宁斯大林著作编译局.马克思恩格斯全集：第32卷［M］. 北京：人民出版社，1998：381.

③ 马克思.资本论：第1卷［M］.北京：人民出版社，2004：472.

④ 马克思.资本论：第1卷［M］.北京：人民出版社，2004：480.

⑤ 中共中央马克思恩格斯列宁斯大林著作编译局.马克思恩格斯全集：第32卷［M］. 北京：人民出版社，1998：190.

⑥ 马克思.资本论：第1卷［M］.北京：人民出版社，2004：273.

⑦ 马克思.资本论：第1卷［M］.北京：人民出版社，2004：739.

⑧ 中共中央马克思恩格斯列宁斯大林著作编译局.马克思恩格斯全集：第2卷［M］. 北京：人民出版社，1957：536.

口的加速衰老要以农村的新鲜血液作为补充，其结果是农村人口也要加速老化。马克思指出，"工业人口的衰退只是由于不断从农村吸收自然生长的生命要素，才得以缓慢下来；甚至农业工人，尽管他们可以吸到新鲜空气，尽管在他们中间自然选择的规律起着无限的作用，也已经开始衰退了"①。在斯宾格勒看来，"乡村的最好血液不由自主地倾注到许多市镇中去，但也仅能一时支持它们而已"②。

第二，工人的"早死"。高强度劳动的代价是工人提前透支未来的生命。马克思指出，"资本是根本不关心工人的健康和寿命的""我们看到，正是大工业中的工人寿命最短"③。资本的本性是将劳动强度提升至极限。"资本是不管劳动力的寿命长短的。它唯一关心的是在一个工作日内最大限度地使用劳动力。它靠缩短劳动力的寿命来达到这一目的，正像贪得无厌的农场主靠掠夺土地肥力来提高收获量一样。"④ 因此，资本主义辉煌财富背后是人口的退化，即资本"依靠工人的劳动和技巧，取得了光辉的成就，但伴随而来的是，工人身体退化，遭受种种折磨，早期死亡"⑤。具体而言，马克思指出，"如果在较长时期内从事过度劳动，那么，工人本身，从而他的劳动能力，本来也许可以维持 20 年到 30 年，现在也许只能维持 7 年"⑥。例如，在美国南部从事棉花出口的庄园，"黑人所从事的是有时只要七年就把生命耗尽的过度劳动"⑦。

马克思总结道："当法律使资本永远不能延长工作日时，资本就力图不断提高劳动强度来补偿。"⑧ 从这个意义上说，"过度劳动"已不仅仅指代工

① 马克思. 资本论：第1卷 [M]. 北京：人民出版社，2004：311.
② 奥斯瓦尔德·斯宾格勒. 西方的没落：上册 [M]. 齐世荣，等译. 北京：群言出版社，2016：163.
③ 马克思. 资本论：第1卷 [M]. 北京：人民出版社，2004：311，739.
④ 马克思. 资本论：第1卷 [M]. 北京：人民出版社，2004：306-307.
⑤ 马克思. 资本论：第1卷 [M]. 北京：人民出版社，2004：285.
⑥ 中共中央马克思恩格斯列宁斯大林著作编译局. 马克思恩格斯全集：第32卷 [M]. 北京：人民出版社，1998：205.
⑦ 马克思. 资本论：第1卷 [M]. 北京：人民出版社，2004：273.
⑧ 中共中央马克思恩格斯列宁斯大林著作编译局. 马克思恩格斯全集：第37卷 [M]. 北京：人民出版社，2019：29.

作时长的过度，还包括工作强度的过度。提升劳动强度由于不会延长工作日，诡诈的资本家有时甚至故意缩短工作日，然后再通过劳动强度的提升进行过度补偿。显然，将巨量的工作任务压缩到狭小的时间段，是一种极具隐蔽性的剥削方式，既不利于监管，也不利于抗争。对此，哈维指出，晚期资本主义的加速或者强化劳动强度的企图，激发了劳工与资本之间的一些最激烈、最艰巨的斗争；"就加速和强化，就休息时间和时间安排方面进行的直接对抗，经常具有破坏性""然而，尽管有这种抵抗，但大多数工作时间都安排得极其紧张，在很大程度上是按照有利于资方而不是劳动方的方式来组织的"①。

5.3.3　生产分工细化："延长剩余劳动时间的有力手段"

除了科技进步、劳动强化外，生产分工细化也是"零成本"生产相对剩余价值的方式，即通过"分工来提高生产力，资本家是不费分文的"②。马克思指出了分工细化与资本逻辑的内在联系："分工是一种特殊的、有专业划分的、进一步发展的协作形式，是提高劳动生产力，在较短的劳动时间内完成同样的工作，从而缩短再生产劳动能力所必需的劳动时间和延长剩余劳动时间的有力手段。"③ 从局部来看，不断专业化的劳动并不会直接减少工人自由时间的数量；但总体上看，劳动的高度专门化一方面客观要求延长工人的劳动时间，另一方面高度分工后造成的畸形人格摧残了工人运用闲暇的能力，二者在事实上都剥夺了工人更多的自由时间。

第一，"学习时间"对自由时间的挤压。劳动技能的培养和学习是资本生产的条件，马克思认为，资本主义的综合技术学校和农业学校为工人及其子女提供了各种生产工具的实际操作的教育。④随着生产分工的细化，"资本

---

① 大卫·哈维. 后现代的状况：对文化变迁之缘起的探究 [M]. 阎嘉，译. 北京：商务印书馆，2003：289.
② 中共中央马克思恩格斯列宁斯大林著作编译局. 马克思恩格斯全集：第 32 卷 [M]. 北京：人民出版社，1998：366.
③ 中共中央马克思恩格斯列宁斯大林著作编译局. 马克思恩格斯全集：第 32 卷 [M]. 北京：人民出版社，1998：301.
④ 参见 马克思. 资本论：第 1 卷 [M]. 北京：人民出版社，2004：561.

主义生产方式的发展要求劳动能力有更高水平的教育"①。也就是说，专门化的劳动力作为一种"高级劳动力"，它"比普通劳动力需要较高的教育费用，它的生产要花费较多的劳动时间"②。在有些部门，"较难的局部劳动仍然需要较长的学习时间"③。英国马克思主义历史学家汤普森认为，学校对学生"节约时间""准时"的训练和教育是为了让学生将来能够适应工厂的时间制度，使其"习惯于劳动和疲劳"④。在马克思看来，资本对相对剩余价值的追逐势必衍生过度教育的趋势，从而在整个生命历程中不断挤压人的自由时间，与此同时，"孩子们的片面的、不生产的和漫长的学习日，只是白白地增加教师的劳动。同时，不仅无益地并且是绝对有害地浪费着儿童的时间、健康和精力"⑤。

第二，畸形人格摧残工人运用自由时间的能力。马克思指出，在利润的驱使下，生产分工的过度细化还对人性造成了灾难性的后果，它"把工人变成畸形物，它压抑工人的多种多样的生产志趣和生产才能，人为地培植工人片面的技巧，这正像在拉普拉塔各国人们为了得到牲畜的毛皮或油脂而屠宰整只牲畜一样"⑥。马克思指出，"工人有时被分为 12~15 个类别，各类别本身的组成部分不断改变……资本一会儿把工人拉来干 30 分钟，一会儿拉来干一小时，然后又把他推开，接着又把他拉来"⑦，在这种碎片化的生产方式面前，工人变得无所适从，"于是，休息时间变成了强制闲逛的时间，它把少年男工赶进酒店，把少年女工赶进妓院"⑧。马克思还引用欧文的话指出，"由于没有止境的单调的操作造成体力的过度消耗，他们变得任性放纵，不会思考或深思熟虑。他们除了下流的娱乐之外，不可能有任何体育、智育或

---

① 中共中央马克思恩格斯列宁斯大林著作编译局．马克思恩格斯全集：第 37 卷 [M]．北京：人民出版社，2019：346.

② 马克思．资本论：第 1 卷 [M]．北京：人民出版社，2004：230.

③ 马克思．资本论：第 1 卷 [M]．北京：人民出版社，2004：425.

④ 爱德华·汤普森．共有的习惯 [M]．沈汉，译．上海：上海人民出版社，2002：417.

⑤ 马克思．资本论：第 1 卷 [M]．北京：人民出版社，2004：556.

⑥ 马克思．资本论：第 1 卷 [M]．北京：人民出版社，2004：417.

⑦ 马克思．资本论：第 1 卷 [M]．北京：人民出版社，2004：336.

⑧ 马克思．资本论：第 1 卷 [M]．北京：人民出版社，2004：336.

精神方面的消遣"①。恩格斯则指出，"为了训练某种单一的活动，其他一切肉体的和精神的能力都成了牺牲品"②，"这种劳动的另一后果便是酗酒和纵欲……除了纵欲和酗酒，他们的一切享乐都被剥夺了，他们每天都在工作中弄得筋疲力尽，这就经常刺激他们去毫无节制地沉湎于他们唯一能办到的这两种享乐"③。

正如亚当·斯密在《国富论》中举的著名的制针厂的例子，资本主义生产分工的本质是加速资本积累的手段，即"政治经济学作为一门独立的科学，是在工场手工业时期才产生的，它只是从工场手工业分工的观点把社会分工一般看成是用同量劳动生产更多商品，从而使商品便宜和加速资本积累的手段"④。从相对剩余价值的生产上看，生产分工的过度细化必然产生巨大的经济报酬，但社会代价也是巨大的。工人为了适应过度专业化的分工，终生被迫囚禁在狭窄的活动单元，在丧失全面发展的空间的同时，还丧失了运用自由时间的能力。在马克思看来，"强制闲逛"的时间是比劳动时间还低一个层次的"无用"时间，工人闲暇的败坏腐化正是"劳动能力的贫乏化"的一种反映。

5.3.4　工厂规训强化："从空间上夺回在时间上失去的东西"

福柯把军队、学校和医院视为现代权力规训的重要场所。福柯认为，纪律是对人进行驯服的方法的总称，通过严格划分时间、空间和活动的编码，不断地征服人的本能力量，使身体运作像机器一样精准。实际上，现代工厂才是权力规训的核心舞台。马克思指出，由于延长工作日有巨大阻碍，资本"为了从空间上夺回在时间上失去的东西，就要扩充共同使用的生产资料如炉子、厂房等等，一句话，要使生产资料在更大程度上集中起来，并与此相

---

① 中共中央马克思恩格斯列宁斯大林著作编译局．马克思恩格斯全集：第 31 卷 [M]．北京：人民出版社，1998：109.

② 中共中央马克思恩格斯列宁斯大林著作编译局．马克思恩格斯全集：第 20 卷 [M]．北京：人民出版社，1971：316.

③ 中共中央马克思恩格斯列宁斯大林著作编译局．马克思恩格斯全集：第 20 卷 [M]．北京：人民出版社，1971：382，438.

④ 马克思．资本论：第 1 卷 [M]．北京：人民出版社，2004：422.

适应，使工人在更大程度上集结起来"①。从这个意义上讲，工业革命不仅是技术革命，同时也是制度革命。资本在进行劳动高度合理化和组织化的过程中，"创造了一种兵营式的纪律。这种纪律发展成为完整的工厂制度"②。

劳动力的大规模聚集和协作可以创造强大的"社会生产力"，即产生"1+1>2"的效果，进而迅速缩短必要劳动时间。这种高度组织化、合理化的生产方式完全不同于农业社会分散的小生产结构。通过身体与精神的规训，现代工厂使得时空的利用率最大化，把空前规模的劳动力压缩在极端狭小的空间内加速生产，但由此创造的效益并没有转为工人的自由时间，而是用于进一步生产相对剩余价值。显然，现代权力规训并不如福柯构想的神秘机制，规训人是资本家，而规训的对象是工人，惩戒的根本目的是获取更多的剩余价值。建立工厂的规惩制度成为资本积累的基本问题。

第一，身体规训。劳动的集体协作能够产生经济学意义上的规模效应，即生产规模越大，产出的指数增长就越大。马克思认为，只有通过建立严厉和无情的劳动纪律，才能将数量庞大的工人压缩在极端狭窄的空间进行同步化的生产，而劳动纪律就是对工人的身体进行训练和惩戒的过程，目的是使人的身体能够像机器一样高效地理性化地运转。马克思指出，"自动工厂的主要困难在于建立必要的纪律，以便使人们抛弃无规则的劳动习惯，使他们和大自动机的始终如一的规则性协调一致。"③马克思把工厂对工人身体的规训比作生物学的解剖实验，即为了实现高效的流水化生产作业，必须"牺牲工人来进行的。这就像解剖学家拿青蛙作实验一样，完全是拿无价值的生物体作实验……这些实验不仅靠牺牲工人的生活资料来进行，而且还以牺牲工人的全部五官为代价"④。工人的各个身体部位必须像机器的各个零件一样，精确无误的运动，即工人每分每秒都必须遵守"对钟表的指针和工厂法的服从""无论吃饭、喝水、睡觉，他都得听命令"⑤。恩格斯则指出，"工厂主

---

① 马克思．资本论：第1卷 [M]．北京：人民出版社，2004：488，544-545.
② 马克思．资本论：第1卷 [M]．北京：人民出版社，2004：544-545.
③ 马克思．资本论：第1卷 [M]．北京：人民出版社，2004：488.
④ 马克思．资本论：第1卷 [M]．北京：人民出版社，2004：526.
⑤ 中共中央马克思恩格斯列宁斯大林著作编译局．马克思恩格斯全集：第2卷 [M]．北京：人民出版社，1957：464.

是绝对的立法者。他随心所欲地颁布工厂的规则，他爱怎样就怎样修改和补充自己的法规，即使他在这个法规中加上最荒谬的东西"①。

马克思认为，身体规训的目的是消灭劳动的个性化特征。工厂制犹如兵营制，劳动纪律犹如军事纪律，即"人受钟声指挥、工人受工头监视、精神和体力活动的任何发展可能都完全被消灭"②。只有这样，工人身体的运动才能彻底适应机器生产的理性化特征。在这个意义上，马克思将工厂视为"屠宰场"，他认为身体规训更加恐怖的地方在于资本家为了节约空间，必然系统地掠夺工人的空气、阳光的生理需求，尽可能减少保护工人人身安全的设备和福利设施。"在一个工业部门中，社会劳动生产力和结合的劳动过程的技术基础越不发达，这种节约就越暴露出它的对抗性和杀人的一面。"③ 具体而言，马克思指出英国维多利亚时代制砖工人的悲惨遭遇超过了"小说家的最可怕的幻想"。无数男女工人住在极其狭窄的房间，"这种小屋通常只有两个房间，个别的才有三个房间，他们统统睡在地上，通风很差。他们劳累一天，浑身汗水，已经精疲力竭，哪还能讲究卫生、清洁和礼貌。这样的小屋多数都是混乱和肮脏的真正标本""这些住房供水不良，厕所更坏，肮脏，不通风，成了传染病的发源地"④。

第二，精神规训。马克思认为，恐惧是工厂对工人规训的法宝，一方面，"奴隶监督者的鞭子被监工的罚金簿代替了……一切处罚都简化成罚款和扣工资"。另一方面，"老板们用解雇来威胁工人"⑤。"扣工资"和"解雇"是对工人施加精神控制的致命武器，给工人内心造成极大战栗。恩格斯把周期性的恐惧视为工人的"心灵监狱"："工人没有一分钟的空闲时间，蒸汽机整天地转动着，轮子、传动皮带和锭子整天在他耳边轰隆轰隆、轧拉轧拉地响着，只要他喘一口气，拿着罚款簿的监工就会立刻在他背后出现。这样被判决活埋在工厂里，不停地注视着永不疲劳的机器，对工人说来是一种

① 马克思.资本论：第1卷［M］.北京：人民出版社，2004：489.
② 中共中央马克思恩格斯列宁斯大林著作编译局.马克思恩格斯全集：第32卷［M］.北京：人民出版社，1998：528.
③ 马克思.资本论：第1卷［M］.北京：人民出版社，2004：532.
④ 马克思.资本论：第1卷［M］.北京：人民出版社，2004：534，762.
⑤ 马克思.资本论：第1卷［M］.北京：人民出版社，2004：292，489.

最残酷的苦刑。这种判决最能使工人身体衰弱，精神萎靡不振。"① 一些女工怀孕后也不敢懈怠，因为只要工厂主发号施令，"不管女工们怎样衰弱，怎样痛苦，解雇的恐惧，失业的恐惧还是把她们赶回工厂来了"②。

精神规训的逻辑在于，现代劳动纪律必须依赖身体和心灵的双重强制。仅仅依靠身体强制必然导致工人本能地反抗，只有通过制造周期性的恐惧和紧张，才能使工人对劳动从抵触变为顺从，直至最后完全认同。在这种情况下，精神规训必然强化物化意识，使工人彻底丧失革命意志。资本主义只有依靠这种周期性的精神奴役，才能实现雇佣关系的再生产，从而使现代"主奴关系"固化为"永恒的范畴"。显然，现代社会规训的中心场所是工厂，而不是福柯说的监狱和学校；权力的操控者是在场的监工，资本家始终隐藏在背后默默注视工人的一举一动，权力的根本目的很明确——牟利！福柯抽掉资本主义的权力主体，把权力形而上学化和神秘化，这显然是错误的。

由上述分析可见，相对剩余价值的生产使得资本家对工人自由时间的剥夺更加隐蔽，但引发的后果更加严重，工人对时间的"相对剥夺感"也更为强烈。马克思指出，古代最伟大的思想家亚里士多德幻想过，如果技术进步能够用来为人服务，"那么师傅就不需要助手，主人就不需要奴隶了"③。但是，资本逻辑的宰制必然造成无法克服的自由时间悖论，即"机器消灭了工作日的一切道德界限和自然界限。由此产生了经济学上的悖论，即缩短劳动时间的最有力的手段，竟变为把工人及其家属的全部生活时间转化为受资本支配的增殖资本价值的劳动时间的最可靠的手段"④。科学技术的进步、管理知识的积累、劳动纪律的强化等节约的时间并没有留给工人，而是转化为资本增殖的劳动时间。相对剩余价值的生产对于资本家而言是零成本，即"劳动的社会生产力不费资本分文"⑤，但对于可怜的工人而言却是不能承受的折

---

① 中共中央马克思恩格斯列宁斯大林著作编译局. 马克思恩格斯全集：第2卷 [M].
　北京：人民出版社，1957：463.
② 中共中央马克思恩格斯列宁斯大林著作编译局. 马克思恩格斯全集：第2卷 [M].
　北京：人民出版社，1957：463，448.
③ 马克思. 资本论：第1卷 [M]. 北京：人民出版社，2004：469.
④ 马克思. 资本论：第1卷 [M]. 北京：人民出版社，2004：469.
⑤ 马克思. 资本论：第1卷 [M]. 北京：人民出版社，2004：387.

磨与苦难！显然，马克思的剩余价值理论完美地解答了"工人为社会创造的自由时间都去哪儿了"这一时代困惑。

5.4　人类自由时间匮乏的生存困境与社会再生产的危机

马克思曾在《德意志意识形态》中阐明社会再生产的基本图式，即"历史发展过程"包含三种类型的生产——物质生产、精神生产与人自身的生产。人类的生存、生育和发展是相互制约的有机整体结构。毋庸置疑，时间是有限的，"人的自然生命每天只有 24 小时，到共产主义社会也不会变成 25 小时"[①]。因此，人类的生存活动在任何社会形态都要面对紧张的时间分配问题。从这个意义上讲，科学合理地分配人类时间成为社会可持续均衡发展的首要条件。马克思指出，"社会生产小麦、牲畜等等所需要的时间越少，它所赢得的从事其他生产，物质的或精神的生产的时间就越多"，因而"社会必须合理地分配自己的时间，才能实现符合社会全部需要的生产"[②]。可见，社会的时间分配并不能随心所欲，而必须适应社会发展的长远要求。马克思认为，资本的盲目逐利催生了极端的"单向度"社会，即资本主义把社会的全部时间投入物质生产，造成现代人自由时间匮乏和社会再生产失衡，进而引发全局性的精神危机、人口危机和社会危机。这三大危机与经济危机相互耦合，叠加影响，加速推动了资本主义走向溃败和灭亡。

5.4.1　精神危机

自由时间是精神生产的关键条件。艺术、审美、公益、听演讲、教育子女等活动虽不产生效益，但却是人的自由全面发展的基础。从这个意义上讲，人类的劳动与闲暇应该保持合理张力，形成良性互动的关系，而绝不能

---

① 庄友刚，王砚．马克思自由时间思想视阈下的当代失业问题研究［J］．理论月刊，2014（10）：30.

② 中共中央马克思恩格斯列宁斯大林著作编译局．马克思恩格斯全集：第 30 卷［M］．北京：人民出版社，1995：123.

把劳动时间作为时间的唯一形态。然而，"随着资本侵入这里，剩余劳动时间成了对工人精神生活和肉体生活的侵占。"① 劳动时间的过度扩张必然形成对精神生活的强烈挤压。在这种情况下，非功利性的闲暇活动被完全边缘化。众多"唯利是图"的市民社会"原子"聚合为以劳动时间为准绳的"单向度"社会，现代人在这种畸形的时间结构下必然陷入精神的沉沦。劳动时间成为资本主义衡量生活价值的唯一标准，生活的自由向度和超越向度被"你的时间值多少钱"这样的追问所绑架和击垮。现代人禁锢在高度封闭的雇佣劳动制下，无法想象更高级和更自由的生存方式。

毫无疑问，西方精神的衰落与溃败并不是新课题，无数现代性思想家不知疲倦地探讨物质繁荣与精神贫困的时代悖论。资本时代是一个自我否定的悖论时代，物质辉煌与精神堕落犹如刺眼的伤疤。一方面，技术进步带来的生产力井喷激发人类对进步、自由、幸福等词汇的过度想象；另一方面，资本主义作为有史以来最富裕的社会，却不可思议地制造无数穷人。马克思在1856年的《〈人民报〉创刊纪念会上的演说》中指出，"在我们这个时代，每一种事物好像都包含有自己的反面。我们看到，机器具有减少人类劳动和使劳动更有成效的神奇力量，然而却引起了饥饿和过度的疲劳。新发现的财富的源泉，由于某种奇怪的、不可思议的魔力而变成贫困的根源。技术的胜利，似乎是以道德的败坏为代价换来的。随着人类越来越控制自然，个人却似乎越来越成为别人的奴隶或自身的卑劣行为的奴隶。甚至科学的纯洁光辉仿佛也只能在愚昧无知的黑暗背景上闪耀。我们的一切发现和进步，似乎结果是使物质力量具有理智生命，而人的生命则化为愚钝的物质力量。现代工业、科学与现代贫困、衰颓之间的这种对抗，我们时代的生产力与社会关系之间的这种对抗，是显而易见的、不可避免的和毋庸争辩的事实。"② 马克思把这一时代悖论概括为"物质生产的发展同艺术生产的不平衡"③。问题的

---

① 中共中央马克思恩格斯列宁斯大林著作编译局. 马克思恩格斯全集：第 37 卷 [M]. 北京：人民出版社，2019：161.

② 中共中央马克思恩格斯列宁斯大林著作编译局. 马克思恩格斯全集：第 12 卷 [M]. 北京：人民出版社，1958：4.

③ 中共中央马克思恩格斯列宁斯大林著作编译局. 马克思恩格斯全集：第 30 卷 [M]. 北京：人民出版社，1995：51.

关键在于，为什么古代世界没有爆发过严重的精神分裂现象，而生产力高度发达的工业时代却出现了严重的精神危机？马克思不断强调理解这一矛盾的困难："关于艺术……它的一定的繁盛时期绝不是同社会的一般发展成比例的……在艺术本身的领域内，某些有重大意义的艺术形式只有在艺术发展的不发达阶段上才是可能的。"① 遗憾的是，尽管无数现代诗人、学者以及艺术家对西方文化的全面溃烂做了眼花缭乱的解释，但却没有一个思想家能从科学的高度回答这个问题。应当说，马克思对自由时间匮乏的探讨为我们澄清现代性困惑提供了一把宝贵钥匙。

第一，社会再生产的时间分配失衡。马克思认为，生产方式决定时间分配方式。在使用价值占主导的社会形态中，社会经济并不会趋向单向度的劳动时间结构。商业在古代文明中始终居于从属地位。简而言之，古代社会之所以不存在精神匮乏，原因在于古代社会除了生产"小麦和牲畜"，还把大量时间用于精神生产。因此，社会多样化的时间分配客观上为人类精神发展腾出空间，从而缔造灿烂的古代文明，如埃及文明、古希腊文明、古印度文明和中华文明。例如，古印度作为一个神权社会，在宗教领域不留余地耗费大量时间，如节日、祈祷、冥想、祭祀、苦行以及纷繁复杂的宗教仪式。尽管物质落后，但庞大社会的精神工程客观上建构了人类精神家园，使得古代世界的精神活动始终具有高度稳定性；但如果以现代眼光来看的话，这些投入精神工程的时间都是"无用"时间，因为"资本只是把工人看作劳动力。只要有可能，他们的全部时间就都成为劳动时间"②。在这个意义上讲，资本主义把金钱奉为偶像，让交换价值完全凌驾于丰富的使用价值之上，进而将人类的多维活动压缩为单一的雇佣劳动，资本"通过强制劳动吸收工人的时间为基础，这样，工人就丧失了精神发展所必需的空间"③。

显然，社会时间的分配失衡作为资本主义基本矛盾的表现形式，是工业

---

① 中共中央马克思恩格斯列宁斯大林著作编译局．马克思恩格斯全集：第 30 卷 [M]．北京：人民出版社，1995：51.

② 中共中央马克思恩格斯列宁斯大林著作编译局．马克思恩格斯全集：第 10 卷 [M]．北京：人民出版社，1956：301.

③ 中共中央马克思恩格斯列宁斯大林著作编译局．马克思恩格斯全集：第 32 卷 [M]．北京：人民出版社，1998：343.

社会精神危机的罪魁祸首。具体而言，在资本强制下，工人的"全部可供支配的时间……用于资本的自行增殖。至于个人受教育的时间，发展智力的时间，履行社会职能的时间，进行社交活动的时间，自由运用体力和智力的时间，以至于星期日的休息时间（即使是在信守安息日的国家里），——这全都是废话！"① 可见，马克思并不像唯心主义那样通过抽象的概念演绎精神危机的根由，如韦伯从宗教改革确立的"理性模式"论证西方文化的祛魅和没落，或默克海默运用所谓的"启蒙的概念辩证法"论证现代性走向自我毁灭的内在规定性。社会存在决定社会意识，精神危机背后是现实危机。马克思从资本逻辑出发客观地揭示了占人口大多数的现代劳工的自由时间匮乏和精神贫困的必然联系。在这个意义上，《资本论》也警示我们，分析社会问题必须要实事求是，企图把复杂的社会现实还原为单一性的概念演绎，这其实是形而上学的智识懒惰。就如恩格斯所言：任何一种理论一旦脱离社会现实的具体分析，必然沦为教条，即"变成毫无内容的、抽象的、荒诞无稽的空话"。

第二，闲暇的俗化。古代社会的"脑力—体力"分工使得统治阶级客观上成为文化生产的担纲者。马克思认为，在使用价值占主导的古代社会，统治阶级的闲暇是以超越性的精神价值为枢纽，即"古代人连想也没有想到把剩余产品变为资本……他们把很大一部分剩余产品用于非生产性支出——用于艺术品，用于宗教和公共的建筑"②。所以，从精神层面看，"古代的观点和现代世界相比，就显得崇高得多，根据古代的观点，人，不管是处在怎样狭隘的民族的、宗教的、政治的规定上，毕竟始终表现为生产的目的"③。柯亨也认为，虽然"脑力—体力"分化是不平等的社会分工，但客观上劳动人民"为有闲阶级创造了物质剩余，使人类精神能够繁荣兴旺"④。少数统治

① 马克思. 资本论：第 1 卷 [M]. 北京：人民出版社，2004：306.
② 中共中央马克思恩格斯列宁斯大林著作编译局. 马克思恩格斯全集：第 34 卷 [M]. 北京：人民出版社，2008：598.
③ 中共中央马克思恩格斯列宁斯大林著作编译局. 马克思恩格斯全集：第 30 卷 [M]. 北京：人民出版社，1995：479.
④ 柯亨. 卡尔·马克思的历史理论 [M]. 岳长龄，译. 重庆：重庆出版社，1989：219.

者的精神发展在某种程度上也能推动了人类精神的整体发展。例如，古希腊哲人创造了深刻而伟大的思想，尽管这部分人仅是少数，但客观上为西方文明奠定了基石。而在资本占主导的工业社会，统治阶级的身份形态由古代世界的奴隶主、庄园主、骑士、僧侣置换为资本家。资本家的唯一目的是赚钱，即"资本主义生产发展到一定高度，就要求资本家能够把他作为资本家即人格化的资本执行职能的全部时间，都用来占有从而控制他人的劳动"①。

因此，作为现代世界的统治阶级的资本家是极端自私和世俗的，他们没有任何崇高的目的，因而无法引领现代精神文明的发展。马克思把资本家比喻为沉溺"积累欲和享受欲之间的浮士德"②，资本家的闲暇是挥霍与奢侈。"在一定的发展阶段上，已经习以为常地挥霍，作为炫耀富有从而取得信贷的手段，甚至成了'不幸的'资本家营业上的一种必要。奢侈被列入资本的交际费用。"③ 从文化史上看，浮士德将灵魂出卖给魔鬼换取满足欲望的权力，是不折不扣的欲望与堕落的象征。歌德笔下的浮士德所经之处，到处是悲剧的呻吟。在《浮士德》这本书中，浮士德为了满足情欲将纯真少女玛格丽特诱骗致孕，害死玛格丽特的哥哥，最后导致无辜的玛格丽被处以绞刑。此外，浮士德为了建立不切实际的乌托邦，竟下令处死妨碍他工程视线的一对善良农妇。歌德塑造的"浮士德"实际上描绘的就是资本家的形象，即毫无廉耻的利己主义者。歌德在结尾并没有从道德层面审判浮士德，而是认可浮士德的欲望和活力，最后让作恶多端的浮士德升入天堂。浮士德在马克思的著作中就是资本家的理想型，浮士德的性格就是资本家的性格。应当说，这种性格对于超越禁欲主义的中世纪有一定的解放意义，但随着资本的膨胀，浮士德的性格对于人类文明越来越具有威胁和毁灭性！马克思认为，浮士德是完全世俗化的，一个人之所以成为资本家，正是因为他毫无底线的逐利性格。合格的资本家必然是浮士德精神的高度内化。马克思指出，"资本来到世间，从头到脚，每个毛孔都滴着血和肮脏的东西"④。资本家把现代世

---

① 马克思. 资本论：第 1 卷 ［M］. 北京：人民出版社，2004：357.
② 马克思. 资本论：第 1 卷 ［M］. 北京：人民出版社，2004：105.
③ 马克思. 资本论：第 1 卷 ［M］. 北京：人民出版社，2004：685.
④ 马克思. 资本论：第 1 卷 ［M］. 北京：人民出版社，2004：871.

界变成精神的荒地，使一切活动都变为俗不可耐的"现金交易"，把"宗教虔诚、骑士热忱、小市民伤感这些情感的神圣发作，淹没在利己主义打算的冰水之中"①。从这个意义上说，资本家尽管是工业时代的统治者，但由于其低俗的精神境界，因而绝对不可能引领人类精神文明的创造和发展。

最后，闲暇的窄化。资本主义生产方式的兴起客观上造成闲暇范围的缩小。在古代社会，凡是与体力劳动相对的职业，如医生、律师、教士、哲学家、艺术家等，都被认为是具有荣誉色彩的"有闲"活动。但随着资本主义兴起，资本家把精神生产降格为商品生产，从而把脑力劳动变为雇佣劳动。这些曾经的"闲暇"转化为现代意义的劳动范畴。马克思对此举了一个例子予以说明："作家所以是生产劳动者，并不是因为他生产出观念，而是因为他使出版他的著作的书商发财，或者说，因为他是一个资本家的雇佣劳动者。"② 古代世界的艺术创造和哲学沉思之所以被视为"有闲"，是因为这些活动不为生计所迫；人为艺术而艺术，为思考而思考。资本逻辑改变了脑力劳动的动机，将曾经具有超越意义的自由活动变为一种"社会义务"，即专门化的职业。这样一来，曾经在封建时代备受尊崇和敬畏的人，如教士、学者、律师、医生和诗人，就变成由资本家出钱招雇的雇佣工人。脑力劳动在工业社会褪去"神圣光环"，变得和工厂劳动一样鄙俗。

活动的纯粹性是自由活动的决定性条件。如果说康德把真正的道德视为"把人作为目的，而不是作为手段"的话，那么我们也可以合乎逻辑地认为，真正的闲暇是将自由活动本身看作目的，而不是手段。例如，古希腊把哲学（Philosophia）理解为爱智慧，把追求真、善、美视为哲学的真正目的。但如果哲学变成职业，那么哲学思考的根本目的就不再是追求真、善、美，而变成生理意义的谋生活动，乃至把知识变成"私器"，即变成自己手中的"饭碗"。从这个意义上说，作为谋生意义的哲学思考就不能算是亚里士多德所说的闲暇（σχολή）。显然，伴随资本对人类社会活动的全面规制，现代人

---

① 中共中央马克思恩格斯列宁斯大林著作编译局. 马克思恩格斯选集：第1卷［M］. 北京：人民出版社，2012：403.

② 中共中央马克思恩格斯列宁斯大林著作编译局. 马克思恩格斯全集：第33卷［M］. 北京：人民出版社，2004：143.

的精神活动由于丧失纯粹性，而使得闲暇领域不断变小。当精神生产成为商品生产以后，精神产品必然打上资本逻辑的鲜红烙印。这样一来，对于现代社会靠哲学为生的人来说，思考就不再是自由，而是生存的负担。对此，马克思和恩格斯精辟地概括了青年黑格尔学派背后的资本逻辑："那些以哲学为业，一直以经营绝对精神为生的人们……每个人都不辞劳苦地兜售他所得到的那一份……竞争变成了激烈的斗争。"①

必须指出的是，把古代文明作为分析资本主义精神危机的参照系，只是为了客观地分析资本主义的后果，绝不是为了美化古代社会。对此，马克思高度警惕卢梭式"返回自然"的浪漫主义观点。他说："留恋那种原始的丰富，是可笑的，相信必须停留在那种完全空虚之中，也是可笑的。资产阶级的观点从来没有超出同这种浪漫主义观点的对立，因此这种浪漫主义观点将作为合理的对立面伴随资产阶级观点一同升入天堂。"② 在马克思看来，现代人的精神危机展现了资本主义基本矛盾的一个侧面，是不得不为资本主义的生产方式偿付的沉重代价。资本主义在物质领域的"生产过剩"与精神领域的"生产贫乏"是结构性的矛盾统一体，这充分说明资本主义的历史运动不是简单的线性运动，而是呈现"进步—倒退""繁荣—贫困""科学—愚昧"交织的矛盾辩证法。显然，认清这一悖论性的历史图式有助于打破"历史终结论"，即打破资本主义的进步神话，使人们清醒地意识到资本主义在根本上是不成熟的文明形态，它只能被量度为人类迈向更高级文明的过渡阶段。

5.4.2 人口危机

资本主义"单向度"的社会时间结构不仅必然导致精神危机，还必然导致人口再生产的危机。莱曼·斯通（Lyman Stone）于 2020 年 1 月在《国家评论》（*National Review*）发表文章指出，婴儿低谷不仅仅是在欧洲或美国或日本，人类正日益面临着"全球生育危机"；这场危机最好的情况是增长的空

---

① 中共中央马克思恩格斯列宁斯大林著作编译局. 马克思恩格斯选集：第 1 卷［M］. 北京：人民出版社，2012：142.

② 中共中央马克思恩格斯列宁斯大林著作编译局. 马克思恩格斯全集：第 30 卷［M］. 北京：人民出版社，1995：112.

前缓慢；在最坏的情况下有可能导致无人星球，即人口逐渐消失，人们的知识和生活水平停滞不前。① 实际上，马克思早在一百多年前就天才般地预言资本主义 20 世纪后半叶行将到来的人口危机。马克思认为，资本对人类生命时间的过度挤压，必然造成人口再生产困境。马克思指出，"经验向有头脑的观察者表明：虽然从历史的观点看，资本主义生产几乎是昨天才诞生的，但是它已经多么迅速多么深刻地摧残了人民的生命根源"，资本"在自己的实际运动中不理会人类在未来将退化并将不免终于灭绝的前途，就像它不理会地球可能和太阳相撞一样……我死后哪怕洪水滔天！这就是每个资本家和每个资本主义国家的口号"②。不言而喻，资本对自由时间的过度剥夺已经威胁全人类的存续。

马克思把人口再生产视为攸关资本主义生死存亡的关键因素。马克思指出，如同物质生产是一个不断重复的过程，人口的再生产"也必须是连续不断的，或者说，必须周而复始地经过同样一些阶段"③。马克思强调："劳动力所有者是会死的。因此，要使他不断出现在市场，劳动力的卖者就必须像任何活的个体一样，依靠繁殖使自己永远延续下去"④；"整个资本关系以工人阶级的经常存在和持续不断的再生产为前提，而工人阶级的经常存在、维持和再生产是资本主义生产的必要前提"⑤。恩格斯早在 1843 年调研转型时期的英国工厂时就揭示了潜在的人口危机。一方面，资本主义的发展离不开人口再生产，一定规模的人口数量无论作为劳动力还是作为消费者，始终是资本进行循环积累的前提。另一方面，资本不顾长期利益而剥夺人类自由时间尤其是妇女生育的生理时间的做法，必然对人口再生产造成强烈的抑制作用，从而根本性地破坏资本积累的条件。恩格斯在《英国工人阶级状况》中

① LYMAN STONE. The Global Fertility Crisis. ［EB/OL］. （2020-01-09）［2020-01-09］. https：//www. nationalreview. com/magazine/2020/01/27/the-global-fertility-crisis/.
② 马克思. 资本论：第 1 卷［M］. 北京：人民出版社，2004：311.
③ 马克思. 资本论：第 1 卷［M］. 北京：人民出版社，2004：653.
④ 马克思. 资本论：第 1 卷［M］. 北京：人民出版社，2004：199.
⑤ 中共中央马克思恩格斯列宁斯大林著作编译局. 马克思恩格斯全集：第 32 卷［M］. 北京：人民出版社，1998：194.

指出，"资产阶级的这种令人厌恶的贪婪造成了这样一大串疾病！妇女不能生育……整代整代的人都毁灭了，他们疲惫而且衰弱，——而所有这些都不过是为了要填满资产阶级的钱袋"①。

理解现代妇女的生育问题是透视人口衰退的一个窗口。在马克思看来，人口再生产与精神生产一样，本质上都涉及时间分配问题。人口的生殖无法像商品的生产那样由机器代劳，因而不能像商品那样随时随地、无限制地增长。此外，生育在任何社会形态下都是自然过程，人口再生产严格受妇女生命的时间周期的调控。因此，从社会发展的角度看，人类用于生育的时间是无法节约的常量。马克思认为，人口再生产必须依靠男女"性行为方面的分工"② 实现，因而家庭是人口再生产的基本场所。资本逻辑在全球空间的放纵和扩张孕育了具有极高风险的，同时对人口再生产不友好甚至是敌对的社会环境。在这种环境下，一方面作为具有人口生产功能的家庭单位走向解体，另一方面资本逻辑对育龄妇女的时间挤压也造成妇女生育潜能的破坏。毫无疑问，从性别视角检视马克思的自由时间思想，为我们理解当代资本主义人口危机提供了一把钥匙。

第一，资本对妇女自由时间的剥夺与家庭的解体。马克思认为，家庭是人口再生产的基本单位。"每日都在重新生产自己生命的人们开始生产另外一些人，即繁殖。这就是夫妻之间的关系，父母和子女之间的关系，也就是家庭。"③ "最初的分工是男女之间为了生育子女而发生的分工。"④ 男人与女人的不同自然生理属性决定两性的时间分配存在差异，即"家庭内的分工和

---

① 中共中央马克思恩格斯列宁斯大林著作编译局. 马克思恩格斯全集：第2卷［M］. 北京：人民出版社，1957：453.

② 中共中央马克思恩格斯列宁斯大林著作编译局. 马克思恩格斯选集：第3卷［M］. 北京：人民出版社，2012：162.

③ 中共中央马克思恩格斯列宁斯大林著作编译局. 马克思恩格斯选集：第3卷［M］. 北京：人民出版社，2012：159.

④ 这句话最早出现在《德意志意识形态》手稿中未保留下来的10页上的一句话。恩格斯在《家庭、私有制和国家的起源》中指出，"在马克思和我于1846年合写的一个旧的、未发表的手稿中，我发现了如下一句话：'最初的分工是男女之间为了生育子女而发生的分工。'"参见马克思恩格斯选集：第4卷［M］. 北京：人民出版社，2012：76，682.

家庭各个成员的劳动时间，是由性别年龄上的差异以及随季节而改变的劳动的自然条件来调节的"①。但资本主义"把工人的妻子儿女都抛到资本的札格纳特车轮下"②，进而把"工人及其家属的全部生活时间转化为受资本支配的增殖资本价值的劳动时间"③。这样一来，资本就彻底"且夺去了家庭本身惯常需要的、在家庭范围内从事的自由劳动的时间"④。家庭分工的时间失衡必然导致家庭趋向解体。妇女在长时间工作的情况下，甚至连给孩子喂奶的时间都挤不出来。马克思反讽地指出，"从卫生方面来看，危机还有其他许多益处。现在，工人的妻子有必要的空闲时间来给自己的孩子喂奶，而不必用戈弗雷强心剂"⑤。因此，资本对妇女自由时间的剥夺事实上导致家庭的解体。马克思和恩格斯在他们的著作中不断强调了这个事实："女人在工厂里做工不可避免地要把家庭整个地拆散"⑥。"一切传统的血缘关系……家庭关系都解体了……特别是女工……劳动时间延长到可怕的程度。"⑦ "事实的力量终于迫使人们承认，大工业在瓦解旧家庭制度的经济基础以及与之相适应的家庭劳动的同时，也瓦解了旧的家庭关系本身。"⑧ 显然，没有家庭的社会必然难以顺利实现人口的继替。

第二，资本对妇女自由时间的剥夺导致妇女生育潜能的损坏。生育能力是妇女在育龄时期的生育潜能。马克思在笔记本中引述穆勒的思想时指出，"妇女的生理构造。妇女最低限度在二十岁到四十岁期间至少每两年能够生一个孩子。因此一个妇女的自然生育数是十"⑨。妇女一生中只有小部分时间能够生育后代（见图5-5），这里的"生育数是十"实际上指的就是妇女最

① 马克思 . 资本论：第1卷［M］. 北京：人民出版社，2004：96.
② 马克思 . 资本论：第1卷［M］. 北京：人民出版社，2004：743.
③ 马克思 . 资本论：第1卷［M］. 北京：人民出版社，2004：469.
④ 马克思 . 资本论：第1卷［M］. 北京：人民出版社，2004：454.
⑤ 马克思 . 资本论：第1卷［M］. 北京：人民出版社，2004：454.
⑥ 中共中央马克思恩格斯列宁斯大林著作编译局 . 马克思恩格斯全集：第2卷［M］. 北京：人民出版社，1957：430.
⑦ 中共中央马克思恩格斯列宁斯大林著作编译局 . 马克思恩格斯选集：第3卷［M］. 北京：人民出版社，2012：785.
⑧ 马克思 . 资本论：第1卷［M］. 北京：人民出版社，2004：562.
⑨ 中共中央马克思恩格斯列宁斯大林著作编译局 . 马克思恩格斯全集：第42卷［M］. 北京：人民出版社，1979：9.

大的生育潜能。从资本主义的历史看，资本家对劳动妇女有苛刻的年龄限制，即使用身强力壮的年轻妇女。因此，资本剥夺的恰恰是妇女生命中能够生育的黄金时间。马克思详细调查了19世纪60年代英国服装业女工年龄的构成情况，并发现："1861年，在英格兰和威尔士的这些工业部门中雇用的女工总计有586298人，其中20岁以下的至少有115242人。"① 也就是说，20岁以上的女工占女工总人数近84%（见图5-6）。与此同时，"新的机器工人完全是少女和年轻妇女……她们把大批老年妇女和未成熟儿童从较轻的劳动中赶走。"② 显然，育龄时期的劳动妇女存在生理时间与劳动时间的巨大矛盾，当妇女一旦进入身不由己的资本增殖体系，便丧失了大量宝贵的时间，使得生育潜能不断遭到损坏。

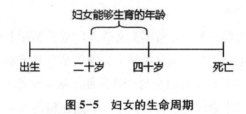

图5-5　妇女的生命周期

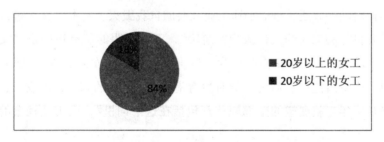

图5-6　1861年英国服装业各年龄段女工所占比例

恩格斯认为，"劳动妇女，由于她们的特殊生理机制，需要特别的保护"，因而，必须给予女人更多地可以自由支配的时间，而不是"让妇女和男子受

---

① 马克思．资本论：第1卷［M］．北京：人民出版社，2004：541.
② 马克思．资本论：第1卷［M］．北京：人民出版社，2004：543.

资本家同样厉害的剥削"①。但资本积累的策略是抹除两性的生理差别，对两性采取无差别的剥削。马克思从这个意义上揭露了资产阶级宣扬"平等"的丑陋本质："平等地剥削劳动力，是资本的首要的人权"②。"对工人阶级来说，性别……再没有什么社会意义了。他们都只是劳动工具。"③ 显然，把女人视为资本增殖的纯粹劳动工具，刻意抹除性别差异，无视女性"特殊生理机制"恰恰是极端的反人权。恩格斯痛心疾首地指出了抹掉女人性别特征后的时代悲剧："女人不成其为女人……也不能使女人真正成为男人的情况，这种最可耻地侮辱两性和两性都具有的人类尊严的情况，正是我们所赞美的文明的最终结果……眼看着人们的一切勤劳和努力到头来都成为笑柄，我们只能对人类和人类的命运本身感到失望，或者承认人类社会以前在追求自己的幸福时走错了道路。"④

以上述分析视角作为参考，资本主义的人口危机实际上也是妇女时间危机的一种表现。人不是机器，生命时间又必须服从自然节奏，尽管资本可以操控和改变人，但却不能改变妇女的生理周期。斯宾格勒在《西方的没落》中指出，资本对妇女生命时间的盲目掠夺，必然在整体性上导致社会用于人口再生产时间的匮乏，进而加速工业社会的自我毁灭。资本主义"进入了一个连续几世纪的惊人的人口减少的阶段"，工业文明的逻辑顶峰是"文明人类的不育状态"⑤。斯宾格勒认为，传统女人与现代女人的本质区别在于，前者具有生育潜能的，后者不具有生育潜能。"原始的妇女，即农妇，是母亲。她从童年起就渴望的全部职业都包括在这个词里"，而工业社会的女人

① 中共中央马克思恩格斯列宁斯大林著作编译局. 马克思恩格斯文集：第 10 卷 ［M］. 北京：人民出版社，2009：536.
② 马克思. 资本论：第 1 卷 ［M］. 北京：人民出版社，2004：338.
③ 中共中央马克思恩格斯列宁斯大林著作编译局. 马克思恩格斯选集：第 3 卷 ［M］. 北京：人民出版社，2012：408.
④ 中共中央马克思恩格斯列宁斯大林著作编译局. 马克思恩格斯全集：第 2 卷 ［M］. 北京：人民出版社，1957：432.
⑤ 奥斯瓦尔德·斯宾格勒. 西方的没落：上册 ［M］. 齐世荣，等译. 北京：群言出版社，2016：160.

则被彻底塑造成不能生育的劳动工具。① 鲍德里亚也指认了资本主义正在把女人变成"无性"机器人的事实："对于医学而言，参照的身体就是尸体……对政治经济学系统而言，身体的理想类型是机器人。机器人是身体作为劳动力的功能'解放'的完成模式，它是绝对的、无性的、理性的生产率的延伸。"②

很显然，资本主义犹如一个"工蜂社会"。工蜂本是蜂群中无生殖能力的雌性蜜蜂，承担了蜜蜂社会的几乎所有劳动，如筑巢、采粉、哺育幼虫等。在资本主义社会，妇女就如同"工蜂"一般，变成与男工一样纯粹的资本增殖工具。马克思写道："在自然的动物王国，是工蜂杀死不劳而食的雄蜂，而在精神的动物王国恰恰相反，是不劳而食的雄蜂杀死工蜂——用劳动把它们折磨死。"③ 照此看来，资本逻辑构建的毫无人性的"工蜂社会"使得人类面临"退化并将不免终于灭绝的前途"绝非杞人忧天，马克思对资本主义的时间批判仍是这个时代无法驳倒的真理。

5.4.3　社会危机

赫拉利（Haravi）在其畅销书《人类简史：从动物到上帝》中提出一个耸人听闻的预言。他指出，伴随科技革命的进展，"人类即将迎来第二次认知革命，人工智能和算法将战胜人类，99%的人将沦为无用阶层"④。实际上，赫拉利的夸张想象只是迎合文化市场的学术噱头。"无用阶层"并不是一个新概念，马克思在《资本论》中早已阐明，失业者，即"相对过剩人口"的大量涌现是资本积累的逻辑必然。马克思认为，随着资本积累的核心转向相对剩余价值，资本有机构成不断提高，即不变资本（机器）相比可变

---

① 参见奥斯瓦尔德·斯宾格勒.西方的没落：上册［M］.齐世荣，等译.北京：群言出版社，2016：162.
② 让·鲍德里亚.象征交换与死亡［M］.车槿山，译.南京：译林出版社，2006：133.
③ 中共中央马克思恩格斯列宁斯大林著作编译局.马克思恩格斯全集：第1卷（下册）［M］.北京：人民出版社，2006：249.
④ 尤瓦尔·赫拉利.人类简史：从动物到上帝［M］.林俊宏，译.北京：中信出版社，2014：361.

资本（工人）的占比的升高。这必然造成死劳动（机器）对活劳动（工人）的"排挤"，形成就业力市场的高度"内卷化"，即工人内部的过度竞争，从而导致大量工人源源不断地被"抛向街头"。马克思认为，工作是工人闲暇的前提，"现代的工人只有当他们找到工作的时候才能生存"①。因此，失业工人"闲着不做事"的时间并不是自由时间，而是"无用"时间。拿不到工资，工人就会体验生活"残酷的必然性"，被饥饿、沮丧、焦虑和死亡的阴影笼罩。从这个意义上讲，失业工人实际上是自由时间最为匮乏的群体。

马克思认为，一方面，"无用"时间阻碍工人的自由发展；另一方面，"无用"时间从量变到质变的集聚可能成为无产阶级革命的导火索，进而危及资本主义制度的存亡。在这个意义上看，赫拉利的幼稚之处在于，人类从"动物到上帝"并非简单的所谓的"认知革命"，即认知的演化推进了社会形态的更迭；在根本上，人类历史是生产方式演进的文明史。资本主义社会根本不可能容纳"99%的无用阶层"，因为哪怕有超过一半的人失业，资本主义就会彻底崩溃。马克思认为，失业是资本积累的重要环节，"过剩的工人人口是和原或资本主义基础上的财富发展的必然产物，但是这种过剩人口反过来又成为资本主义和层的杠杆，甚至成为资本主义生产方式存在的一个条件。过剩的工人人口形成一支可供支配的产业后备军，它绝对地从属于资本……为不断变化的资本增殖需要创造出随时可供剥削的人身材料"②。

纵观人类历史，只有资本主义社会才存在大规模的失业现象，这反映了资本积累的自我否定的逻辑。资本积累不是无限向上加速、发展的过程，而是不断向下衰减、趋向停滞的过程，即"工业的生命按照中常活跃、繁荣、生产过剩、危机、停滞这几个时期的顺序而不断地转换"③。事实上，在汤普森看来，工业社会"工作—闲暇"二元模式只是资本家规训工人的理想状态，工人在更多的时候处于极不稳定的工作状态，而一旦经济危机造成大规

---

① 中共中央马克思恩格斯列宁斯大林著作编译局．马克思恩格斯选集：第3卷［M］．北京：人民出版社，2012：407．
② 马克思．资本论：第1卷［M］．北京：人民出版社，2004：728-729．
③ 马克思．资本论：第1卷［M］．北京：人民出版社，2004：522．

模失业，工人就完全脱离"工作—闲暇"的规训场域。失业意味着雇佣权力的瓦解。当失业工人为了生存起来造反时，资本家就不再是"老板"，而变成"敌人"。资本家与无产者在这种极端情境下会成为真正意义上的两大对立阶级。可见，失业绝不只是单纯的经济问题，还是可能引发资本主义崩溃的严峻社会问题。马克思在《资本论》中分析了三类失业人口，并根据他们的生活特点剖析了三类失业现象对资本主义社会产生的潜在威胁。

第一，"流动的过剩人口"。这类人口是指城市和工业中心临时失业的工人。马克思认为，"由于工业循环的这种周期变换，机器生产使工人在就业上并从而在生活状况上遭遇的没有保障和不稳定性，成为正常的现象"①。在经济不景气的情况下，"抛向街头"的城市工人不再是被资本规训的对象，他们最易点燃反对资本主义的无产阶级革命。例如，1848 年法国的经济危机造成大量工人失业，这直接成为二月革命爆发的导火索。马克思在《1848 年至 1850 年的法兰西阶级斗争》中指出，"工人们没有选择的余地：不是饿死，就是斗争"②。到法国的六月革命时，失业工人的"无用"时间进一步升华为"革命"时间，工人运动的口号已经演变为"推翻资产阶级！工人阶级专政"，而阶级斗争则演变为"是保存还是消灭资产阶级制度的斗争"③。从资本主义的危机史来看，城市无产者最具有革命性。这类劳工不仅在社会化大生产中锻炼了良好的劳动纪律和组织纪律，同时还接触了先进社会思潮，如科学社会主义，因而这类群体的革命觉悟最高。

第二，"潜在的过剩人口"。这类人口是指农村的过剩人口。随着资本主义农业机械化的提高，一部分农民被机器从土地排挤出来，因而流入城市、建设工地、矿山、铁路，从事劳动时间长、工资低的工作。马克思认为，进城工作的农民工存在巨大流动性且不易监管，是社会风险扩散的源头。例如，一旦发生瘟疫，流动人口最易成为病毒扩散的传播媒介。马克思指出，"来自农村而大部分在工业中就业的居民阶层。他们是资本的轻步兵，资本

---

① 马克思. 资本论：第 1 卷 [M]. 北京：人民出版社，2004：522.

② 中共中央马克思恩格斯列宁斯大林著作编译局. 马克思恩格斯选集：第 3 卷 [M]. 北京：人民出版社，2012：453.

③ 中共中央马克思恩格斯列宁斯大林著作编译局. 马克思恩格斯选集：第 3 卷 [M]. 北京：人民出版社，2012：467，527.

按自己的需要把他们时而调到这里，时而调到那里。当不行军的时候，他们就'露营'。这种流动的劳动被用在各种建筑工程和排水工程、制砖、烧石灰、修铁路等方面。这是一支流动的传染病纵队，它把天花、伤寒、霍乱、猩红热等疾病带到它扎营的附近地区。"① 实际上，农民工一般生活在城市的临时性贫民窟，那里"是不完善和不卫生的真正典型"。城市的贫民窟一般供水不良，厕所无人维护且密不透风，过度拥挤和肮脏不堪的生活环境成为"传染病的发源地"。

第三，"停滞的过剩人口"。这类人口主要指没有固定职业的人，这些人构成社会最底层的人口，如需要救济的贫民及其子女、孤儿及丧失劳动力和各种迫于生计的流氓无产者、流浪者、罪犯、妓女。马克思认为，这类群体是社会不稳定的重要源头。这些社会边缘人为了生存，有的卖淫，有的偷窃、抢劫、杀人，还有的加入具有帮会性质的劳工组织——"帮伙"。马克思认为，社会"边缘人"对传统文化、道德礼仪、社会秩序造成巨大的挑战。例如，在"游手好闲"的帮伙中，"十三四岁的女孩因与她们的年龄相仿的男伙伴而怀孕的现象屡见不鲜。帮伙所在的开放村庄变成了所多玛和峨摩拉，这些地方的非婚生子比王国的其他地方要多一倍。受这种环境影响的姑娘出嫁以后，在道德上会落到怎样的结果，我们在前面已经指出。她们的子女即使不被鸦片毁掉，也是帮伙的天生的新兵"②。还有一部分流氓无产者（拉查罗尼）③ 受雇于资本家，成为资本家的"打手"，专门"干出最卑鄙的强盗行径和最龌龊的卖身勾当"，他们的生活环境是"盗贼和各式各样罪犯滋生的土壤"④。

总体而言，相比自由时间匮乏引发的精神危机和人口危机，"无用"时间集聚引发的社会危机是资本主义制度最直接和最根本的威胁。与经济危机一样，自由时间匮乏引致的精神危机、人口危机和社会危机充分证明资本积

---

① 马克思．资本论：第 1 卷 ［M］．北京：人民出版社，2004：765.
② 马克思．资本论：第 1 卷 ［M］．北京：人民出版社，2004：801.
③ 拉查罗尼是意大利游手好闲的流氓无产阶级分子的鄙称。这些人不止一次地被反动的君主专制集团利用来反对自由主义和民主主义的运动。
④ 中共中央马克思恩格斯列宁斯大林著作编译局．马克思恩格斯选集：第 3 卷 ［M］．北京：人民出版社，2012：461.

累是不可持续的，资本主义必然走向崩溃和灭亡！道路是曲折的，前途是光明的。从历史的长时段审度，人类历史是不断进步的，资本主义势必被更高级的文明类型取代，共产主义作为人类前途的曙光，必将引领人类走向自由与解放之路！

6 自由时间的实现

马克思深刻揭示了自由时间在无神时代的终极意义——人的自由而全面发展，将中世纪"堕落—救赎"的神学范式变革为历史唯物主义"苦难—解放"的科学范式。人类如何在资本主义的苦难中争取解放是科学社会主义最伟大的实践命题。从这个意义上说，自由时间解放不仅是人类积极探寻生命意义的重要维度，而且是实现人类解放的重要突破口。

在马克思的思想视野中，自由时间匮乏及其不平等是一个历史范畴。自由时间问题根源上是劳动异化造成的：工人为谁劳动，工人如何劳动？即工人究竟是为剥削阶级劳动还是为自己劳动？劳动过程究竟是痛苦的还是愉悦的？解决劳动问题是解决自由时间问题的关键钥匙。马克思认为，唯有通过消灭私有制和消灭阶级的共产主义革命，才能解放生产力和消除奴役式的生产关系，实现劳动与自由时间的双重解放，进而获得自由时间量和质的双重飞跃！首先，共产主义社会消灭了剥削，劳动不再是为别人劳动，过度劳动丧失了社会土壤，人类的自由时间数量空前增加。其次，共产主义社会消灭了强制分工，劳动可以自由选择，劳动体验充满无穷魅力，超越了阶级社会与劳动割裂的片面"闲暇"，人类的自由时间质量极大提升。最后，共产主义彻底解放了生产力，为自由时间的进一步创造提供了现实条件。

马克思认为，自由时间的实现不仅有利于实现人的高度发展，同时对于社会再生产的均衡发展、"人类与自然和解"的生态文明构建也具有重大意义。究其根本，共产主义社会超越了资本主义社会"单向度"的劳动时间结构，减少了对自然资源的不合理索取，使人的价值观及其存在方式发生了革命性转变，从而构建出一种"属人"的崭新文明形态。

6.1 共产主义的时间解放之路

马克思从科学社会主义的理论高度指出，阶级斗争是推动人类社会形态嬗变的根本力量。从短期看，阶级斗争是资本主义生产力与生产关系矛盾的产物，其目标是提高工资、缩短工作日；从长期看，阶级斗争肩负着无产阶级的伟大历史使命，即消灭任何奴役、实现人的彻底解放。更具体地讲，人类实现自由时间解放的唯一道路是消灭私有制和消灭阶级的共产主义革命。

6.1.1 消灭私有制

在马克思的思想中，消灭私有制有两层含义：一是解放生产力，即只有生产力解放才能真正为社会创造自由时间。二是消灭具有剥削性质的生产关系，即只有公有制才能让劳动者真正占有自由时间。

首先，生产力是社会创造自由时间的物质基础，用公有制取代私有制，能够真正打破狭隘生产关系对生产力发展造成的桎梏。正如恩格斯在《社会主义从空想到科学的发展》中指出的，周期性的经济危机证明，资本主义私有制是生产力健康、可持续发展的根本障碍，"把生产资料从这种桎梏下解放出来，是生产力不断地加速发展的唯一先决条件，因而也是生产本身实际上无限增长的唯一先决条件"[①]。"社会生产内部的无政府状态将为有计划的自觉的组织所代替……这是人类从必然王国进入自由王国的飞跃。"[②]

其次，在资本主义私有制下，通过对生产资料的垄断，资本家不支付等价物便占有工人的劳动，把本该属于工人的自由时间转化为"无酬劳动时间"。在马克思看来，消灭私有制是消灭阶级对立的先决条件。唯其如此，资本主义的财富基础——占有他人的劳动时间才会被彻底扬弃，劳动者才能

[①] 中共中央马克思恩格斯列宁斯大林著作编译局.马克思恩格斯选集：第4卷［M］.北京：人民出版社，2012：814.
[②] 中共中央马克思恩格斯列宁斯大林著作编译局.马克思恩格斯选集：第4卷［M］.北京：人民出版社，2012：815.

真正成为"自己时间的主人"。

空想社会主义思想家大都认识到废除私有制是实现自由时间解放的根本路径。但是，一方面，空想社会主义遵循"从天国降到人间"的唯心主义套路，因而使自己的主张成为"海市蜃楼"；另一方面，空想社会主义受限于萌芽时期资本主义不发达的生产力状况，无法看到阶级斗争是催生社会革命和消灭私有制的现实力量。马克思认为，"人体解剖对于猴体解剖是一把钥匙"①。只有当资本主义生产力与生产关系的矛盾充分暴露时，阶级斗争的形态、作用和历史意义才会充分显现。马克思指出，工业社会的自由时间悖论是资本主义基本矛盾的一种反映，随着资本主义生产力与生产关系矛盾的加剧，无产阶级必然发动推翻资本主义的社会革命，即"资本的趋势始终是：一方面创造可以自由支配的时间，另一方面是把这些可以自由支配的时间变为剩余劳动。如果它在第一个方面太成功了，那么，它就要吃到生产过剩的苦头，这时必要劳动就会中断，因为资本无法实现剩余劳动。这个矛盾越发展，下述情况就越明显：生产力的增长再也不能被占有他人的剩余劳动所束缚了，工人群众自己应当占有自己的剩余劳动。当他们已经这样做的时候，——这样一来，可以自由支配的时间就不再是对立的存在物了"②。在这里，"工人群众自己应当占有自己的剩余劳动"指的就是消灭私有制，从而彻底消灭阶级和剥削。工人阶级绝不是历史运动的"旁观者"，而是历史的主客体统一，马克思将阶级意识视作革命的关键条件。马克思指出，工人认识到私有制的非正当性是"了不起的觉悟"，"这种觉悟是以资本为基础的生产方式的产物，而且也正是为这种生产方式送葬的丧钟，就像当奴隶觉悟到他不能作第三者的财产，觉悟到他是一个人的时候，奴隶制度就只能人为地苟延残喘，而不能继续作为生产的基础一样"③。

---

① 中共中央马克思恩格斯列宁斯大林著作编译局．马克思恩格斯全集：第30卷 [M]．北京：人民出版社，1995：47.

② 中共中央马克思恩格斯列宁斯大林著作编译局．马克思恩格斯全集：第31卷 [M]．北京：人民出版社，1998：103-104.

③ 中共中央马克思恩格斯列宁斯大林著作编译局．马克思恩格斯全集：第30卷 [M]．北京：人民出版社，1995：455；中共中央马克思恩格斯列宁斯大林著作编译局．马克思恩格斯全集：第37卷 [M]．北京：人民出版社，2019：463.

　　我们可以清晰地理解空想社会主义与科学社会主义的根本区别：前者是从"应然"层面论证消灭私有制的正当性，后者是以"实然"为基础论证社会化大生产必然推动私有制的自我扬弃。毋庸置疑，消灭私有制是无产阶级肩负改造世界的伟大使命，阶级斗争是不可避免的。马克思和恩格斯在《共产党宣言》中把工人阶级的行动纲领概括为一句话："消灭私有制"①。在《1848 年至 1850 年的法兰西阶级斗争》中，马克思进一步阐明了公有制的本质就是用劳动权替代私有制，即用"按劳分配"的原则取代"按资分配"。"劳动权就是支配资本的权力，支配资本的权力就是占有生产资料，使生产资料受联合起来的工人阶级支配，也就是消灭雇佣劳动、资本及其相互间的关系。"② 在《资本论》中，马克思进一步深刻阐明"重新建立个人所有制"是扬弃私有制的关键。

　　这里的"个人所有制"实际上是对共产主义初级阶段的"按劳分配"原则的重申。马克思区分两类所有制："一种以生产者自己的劳动为基础，另一种以剥削他人的劳动为基础。"③ 前一种所有制是合法的，是"以自己的劳动为基础的所有权"；后一种所有制是非法的，其对生产资料和产品的占有的基础是对直接生产者的劳动果实的剥夺。毫无疑问，消灭私有制，进而彻底消灭剥削，无疑是人类历史上最伟大的革命行动。这不仅是因为"无产者在这个革命中失去的只是锁链，他们获得的将是整个世界"④，而且是因为无产阶级革命将推动整个人类文明的进步。与此同时，马克思基于唯物史观的科学理论也冷静地告诫革命者，生产力的高度发达是共产主义革命的基本条件，"如果我们在现在这样的社会中没有发现隐蔽地存在着无阶级社会所必需的物质生产条件和与之相适应的交往方式，那么一切炸毁的尝试都是

① 中共中央马克思恩格斯列宁斯大林著作编译局. 马克思恩格斯选集：第 3 卷［M］. 北京：人民出版社，2012：414.
② 中共中央马克思恩格斯列宁斯大林著作编译局. 马克思恩格斯选集：第 3 卷［M］. 北京：人民出版社，2012：478-479.
③ 马克思. 资本论：第 1 卷［M］. 北京：人民出版社，2004：873.
④ 中共中央马克思恩格斯列宁斯大林著作编译局. 马克思恩格斯选集：第 3 卷［M］. 北京：人民出版社，2012：435.

唐·吉诃德的荒谬行为"①。不难看出，如果排除人类学意义上的"东方道路"，"两个绝不会"就是"两个必然"的基础和前提，因为"无论哪一个社会形态，在它们所能容纳的全部生产力发挥出来以前，是绝不会灭亡的；而新的更高的生产关系，在它的物质存在条件在旧社会的胚胎力成熟以前，是绝不会出现的"②。就此，恩格斯也强调："只有通过大工业所达到的生产力的极大提高，才有可能把劳动无一例外地分配给一切社会成员，从而把每个人的劳动时间大大缩短，使一切人都有足够的自由时间来参加社会的公共事务——理论的和实际的公共事务。"③ 生产力的发展状况始终是制约革命时机成熟度的重要标尺。

纵观人类各个社会形态，阶级的存在是劳动者自由时间匮乏的根源。消灭私有制是消灭阶级的必要条件，但不是充分条件。因为"刚刚从资本主义社会中产生出来的，因此它在各方面，在经济、道德和精神方面都还带着它脱胎出来的那个旧社会的痕迹"④，被剥夺的"剥夺者"必然对新生劳工政权负隅顽抗。因此，改造与公有制相适应的上层建筑是一个漫长过程，这使得阶级斗争具有长期性和复杂性，马克思把这个阶段称为"无产阶级专政"。

6.1.2 消灭阶级

诚如柯亨解读的那样，阶级的存在与不发达的生产力状况相联系，反映了"人的历史境遇是一种匮乏的境遇"，而资本主义的使命就是"积累起无阶级社会的物质必要条件"⑤，使其生产力达到共产主义的最低水平。恩格斯也指出，资本主义对生产力的不断发展事实上消灭了阶级存在的客观理

---

① 中共中央马克思恩格斯列宁斯大林著作编译局. 马克思恩格斯全集：第30卷［M］. 北京：人民出版社，1995：109.
② 中共中央马克思恩格斯列宁斯大林著作编译局. 马克思恩格斯全集：第13卷［M］. 北京：人民出版社，1962：9.
③ 中共中央马克思恩格斯列宁斯大林著作编译局. 马克思恩格斯选集：第3卷［M］. 北京：人民出版社，2012：562.
④ 中共中央马克思恩格斯列宁斯大林著作编译局. 马克思恩格斯选集：第3卷［M］. 北京：人民出版社，2012：363.
⑤ 柯亨. 卡尔·马克思的历史理论［M］. 岳长龄，译. 重庆：重庆出版社，1989：332.

由。"人的劳动生产力既然已发展到这样高的水平，统治阶级存在的任何借口便都被打破了。为阶级差别辩护的最终理由总是说：一定要有一个阶级无须为生产每天的生活必需品操劳，以便有时间为社会从事脑力劳动。这种废话在此以前曾有其充分的历史合理性，而现在被近百年来的工业革命一下子永远根除了。"① 从这个意义上讲，人类平等化是人类文明的大势所趋，一旦迈入无阶级的共产主义社会，人类将彻底实现自由时间的解放，即"如果过度劳动者和有闲者之间的对立消灭了……如果资本不再存在……所有的人都将有可以自由支配的时间，发展自己的自由时间"②。

马克思从"人类社会"的文明高度揭示出人类平等是实现人类解放的前提。在《关于费尔巴哈的提纲》中，马克思宣示了唯物史观迎接"新世界"的基本立场："旧唯物主义的立脚点是市民社会"，而"新唯物主义的立脚点则是人类社会"③。就前者而言，所谓"市民社会"就是建立在"一切人反对一切人的战争"基础上的阶级社会；在这个社会，少数人垄断财富和自由时间被视为合法、永恒的现象，资产阶级的视界囿于既得利益，无法超越狭隘的阶级视域。就后者而言，"人类社会"是无阶级社会——共产主义社会的代名词，这个社会表征的是人类社会的财富、自由时间属于全人类，而非少数个人。

马克思认为，生产力发展是量变到质变的过程，消灭阶级并不能一步到位，消灭私有制只是消灭阶级的第一步，改造与公有制基础相适应的上层建筑是一个艰苦的过程。从这个意义上讲，在人类最终进入共产主义社会以前，阶级斗争是不可能熄灭的。马克思特别强调，人类文明存在阶级斗争并不是新观点。例如，古典经济学的代表人物如亚当·斯密、大卫·李嘉图、马尔萨斯等，都曾深刻揭示西方转型时期的资产阶级、地主阶级和工人阶级之间的利益对立；法国复辟时期的历史学家如 F. A. M. 米涅、J. N. A. 梯叶

---

① 中共中央马克思恩格斯列宁斯大林著作编译局. 马克思恩格斯选集：第 3 卷 [M]. 北京：人民出版社，2012：199.
② 中共中央马克思恩格斯列宁斯大林著作编译局. 马克思恩格斯全集：第 35 卷 [M]. 北京：人民出版社，2013：229.
③ 中共中央马克思恩格斯列宁斯大林著作编译局. 马克思恩格斯选集：第 1 卷 [M]. 北京：人民出版社，2012：136.

里、F. P. G. 基佐等，把 1789 年法国大革命的本质诠释为资产阶级同封建贵族、僧侣的斗争。显然，阶级斗争首先是客观存在的事实，其次才是一种理论视野。马克思在 1852 年给魏德迈的信中强调，他唯一的理论贡献不过是证明阶级斗争的结果必然是无产阶级专政，即代表劳苦大众的工人阶级统治代表少数人的剥削阶级。"无论是发现现代社会中有阶级存在或发现各阶级间的斗争，都不是我的功劳……我所加上的新内容就是证明了下列几点：（1）阶级的存在仅仅同生产发展的一定历史阶段相联系；（2）阶级斗争必然导致无产阶级专政；（3）这个专政不过是达到消灭一切阶级和进入无阶级社会的过渡。"①

马克思认为，无产阶级专政只是一种暂时的统治形式，"这个专政不过是达到消灭一切阶级和进入无阶级社会的过渡。"② 显然，阶级的存在与消亡实际上是一个复杂、漫长的历史过程，它的存在遵循自身特定的规律和周期。一般来讲，生产力发展的总体状况是衡量阶级存亡的客观尺度，生产力越落后的社会形态，社会等级越为森严，阶级固化也更为严重；而生产力越发达的社会则越具备进一步实现人类平等的客观条件。比如，西方早期工业化转型大背景下的 1789 年反对君主专制的法国大革命，就从形式上废除了阶级。

马克思把无产阶级革命产生的无产阶级专政称为"共产主义社会第一阶段"③。马克思指出，"在资本主义社会和共产主义社会之间，有一个从前者变为后者的革命转变时期。同这个时期相适应的也有一个政治上的过渡时期，这个时期的国家只能是无产阶级的革命专政"④。无产阶级专政社会的特征：一是只有公有制的经济基础，而不具有与之相适应的上层建筑；二是仍

---

① 中共中央马克思恩格斯列宁斯大林著作编译局. 马克思恩格斯文集：第 10 卷 [M].
北京：人民出版社，2009：106.
② 中共中央马克思恩格斯列宁斯大林著作编译局. 马克思恩格斯文集：第 10 卷 [M].
北京：人民出版社，2009：106.
③ 中共中央马克思恩格斯列宁斯大林著作编译局. 马克思恩格斯选集：第 3 卷 [M].
北京：人民出版社，2012：364.
④ 中共中央马克思恩格斯列宁斯大林著作编译局. 马克思恩格斯选集：第 3 卷 [M].
北京：人民出版社，2012：373.

然存在阶级和国家，只不过曾经的统治者与被统治者颠倒过来；三是无产阶级专政只是过渡状态，最终的目的是迈向无阶级、无国家的社会。马克思明确指出，刚刚废除了私有制的社会仍然需要"不断革命"，即"社会主义就是宣布不断革命，就是无产阶级的阶级专政，这种专政是达到消灭一切阶级差别，达到消灭由这些差别所产生的一切生产关系，达到消灭和这些生产关系相适应的一切社会关系，达到改变由这些社会关系产生出来的一切观念的必然的过渡阶段"①。列宁把是否承认无产阶级专政视为检验马克思主义者真伪的试金石。列宁指出，"为了完全消灭阶级，不仅要推翻剥削者即地主和资本家，不仅要废除他们的所有制，而且要废除任何生产资料私有制，要消灭城乡之间、体力劳动者和脑力劳动者之间的差别。这是很长时期才能实现的事业。要完成这一事业，必须大大发展生产力，必须克服无数小生产残余的反抗（往往是特别顽强特别难于克服的消极反抗），必须克服与这些残余相联系的巨大的习惯势力和保守势力"②。因此，与资本主义时期疾风暴雨的阶级斗争相比，无产阶级专政时期的阶级斗争较为温和，实质上是"随风潜入夜，润物细无声"。这也使得这一时期的阶级斗争更具隐蔽性、复杂性、艰巨性和长期性。

马克思将经历无产阶级专政后的无阶级社会称为"人类社会"。人类文明在此之前都是建立在阶级对立基础之上的。一旦迈入无阶级的共产主义社会，自由时间将彻底丧失阶级属性，成为全人类共同享有的财富。无阶级的社会是真正公平和正义的社会。在这个思想地平线上，马克思展望了人类文明的未来图景："群众的剩余劳动不再是发展一般财富的条件，同样，少数人的非劳动不再是发展人类头脑的一般能力的条件。于是，以交换价值为基础的生产便会崩溃，直接的物质生产过程本身也就摆脱了贫困和对抗性的形式。个性得到自由发展，因此，并不是为了获得剩余劳动而缩减必要劳动时间，而是直接把社会必要劳动缩减到最低限度，届时，与之相适应，由于给

---

① 中共中央马克思恩格斯列宁斯大林著作编译局．马克思恩格斯选集：第3卷［M］．北京：人民出版社，2012：532．

② 列宁选集：第4卷［M］．北京：人民出版社，2012：11．

所有的人腾出了时间和创造了手段，个人会在艺术、科学等方面得到发展。"①

6.2 共产主义的自由时间特点

进入共产主义社会，自由时间的分配、范围和质量将发生深刻转变，具体表现为自由时间效率增强、自由时间内涵拓宽和自由时间质量提高。显然，这些思想极大丰富和发展了科学社会主义理论，为我们把准未来社会运行的一般规律提供了重要启示。

6.2.1 自由时间效率增强：社会合理地分配"劳动—自由"时间

社会时间的合理规划是社会均衡发展的基础，也是共产主义社会运行的首要原则。马克思指出："如果共同生产已成为前提，时间的规定当然仍有重要意义……时间的节约，以及劳动时间在不同的生产部门之间有计划的分配，在共同生产的基础上仍然是首要的经济规律。这甚至在更加高得多的程度上成为规律。"② 显然，在共产主义社会，人类的时间不再受资本逻辑的盲目操控，而是"自由人的联合体"根据个人与社会的需要对"劳动—自由"时间进行有计划的合理分配。具体而言，未来社会对"劳动—自由"时间的合理规划具有两大制度优势：

第一，从宏观来看，有利于社会的可持续发展。人类的时间资源是有限和珍贵的，因此，时间分配既是一门艺术，更是一门科学。发展生产力的目的是"节约劳动时间"，而不是为了延长劳动时间。马克思批评了资本发展过程中的根本问题："资本本身是处于过程中的矛盾，因为它一方面竭力把

---

① 中共中央马克思恩格斯列宁斯大林著作编译局．马克思恩格斯全集：第 31 卷 [M]．北京：人民出版社，1998：101.

② 中共中央马克思恩格斯列宁斯大林著作编译局．马克思恩格斯全集：第 30 卷 [M]．北京：人民出版社，1995：123.

劳动时间缩减到最低限度，另一方面又使劳动时间成为财富的唯一尺度和源泉。"① 在资本主义生产方式下，人类醒着的宝贵时间全部被用来生产剩余价值，过度劳动不仅彻底挤压了人类的生理时间和发展时间，同时也造成了自然资源的巨大破坏和浪费。显然，资本逻辑统治下的社会是不可持续发展的。马克思认为，公有制社会通过对"劳动—自由"时间有计划、合理地分配，能够形成一个自我调节的社会结构。马克思在《资本论》中写道："设想有一个自由人联合体，他们用公共的生产资料进行劳动，并且自觉地把他们许多个人劳动力当作一个社会劳动力来使用……劳动时间的社会的有计划的分配，调节着各种劳动职能同各种需要的适当的比例。"② 这样，"社会化的人，联合起来的生产者，将合理地调节他们和自然之间的物质变换"③。显然，社会合理地分配"劳动—自由"时间不仅有利于实现社会三大生产的均衡，还能促进人与自然的和谐，实现"人和自然界之间、人和人之间的矛盾的真正解决"④。

第二，从微观来看，有利于个人的自由全面发展。马克思认为，"必然王国"只是生存的手段，而"自由王国"才是生存的目的。马克思指出，"真正的自由王国……工作日的缩短是根本条件"⑤。马克思认为，未来社会把社会必要劳动缩减到最低限度，每个人届时都拥有充裕的自由时间。更具体地来说，社会对"劳动—自由"时间的合理规划是妇女解放的根本条件。在资本主义社会，家务劳动时间不创造交换价值，因而被视为"无用"时间。但共产主义"把私人的家务劳动逐渐融化在公共的事业"⑥ 中，合理规划妇女的时间，充分实现"家庭—工作"的时间平衡。

实际上，生产的"无政府状态"和生态危机是资本主义不能科学合理规

① 中共中央马克思恩格斯列宁斯大林著作编译局.马克思恩格斯全集：第31卷［M］.北京：人民出版社，1998：101.
② 马克思.资本论：第1卷［M］.北京：人民出版社，2004：96.
③ 马克思.资本论：第3卷［M］.北京：人民出版社，2004：928-929.
④ 中共中央马克思恩格斯列宁斯大林著作编译局.马克思恩格斯全集：第42卷［M］.北京：人民出版社，1979：120.
⑤ 马克思.资本论：第3卷［M］.北京：人民出版社，2004：929.
⑥ 中共中央马克思恩格斯列宁斯大林著作编译局.马克思恩格斯选集：第4卷［M］.北京：人民出版社，2012：179.

划时间的表现。在不断缩短必要劳动时间的情况下，资本的逻辑仍然剥夺工人除吃饭睡觉之外的全部时间，必然导致生产过剩和社会再生产的内部失衡。只要资本逻辑占有统治地位，现代人就必须把醒着的全部时间用于获取生产，生态危机是经济扩张超过自然限度的必然衍生物。马克思指出，随着人类越来越成为资本的奴隶，自然界将彻底沦为资本家榨取剩余价值的"有用性的体系"。马克思认为，"人道主义，等于自然主义"，人类和自然和解的过程本身就是人类自我解放的过程。因此，在共产主义社会，当社会生产内部的无政府状态将为有计划的自觉的组织所代替时，社会才能在节约劳动时间的同时合理地分配自己的时间，从而实现人类社会的科学发展。

6.2.2　自由时间内涵扩大：闲暇与劳动的深度融合

存在人类几千年之久的"劳动—闲暇"对立实际上是阶级裂痕的产物。马克思指出，"劳动时间本身不可能像从资产阶级经济学的观点出发所看到的那样永远同自由时间处于抽象对立中"[1]。在共产主义社会，随着劳动变成"生活的第一需要"，自由时间的范围将全面拓展，劳动成为闲暇的一部分。

马克思认为，从根本上来说，劳动与闲暇其实都是人的类本质不可分割的维度。马克思之前的思想家之所以厌恶劳动，关键在于人类劳动在阶级社会中具有"异化"的形式。马克思说："斯密在下面这点上是对的：在奴隶劳动、徭役劳动、雇佣劳动这样一些劳动的历史形式下，劳动始终是令人厌恶的事情，始终是外在的强制劳动，而与此相反，不劳动却是'自由和幸福'。"[2] 但是如果抛弃"市民社会"的狭隘视域，站在"人类社会"的高度审视劳动就会发现，劳动其实本身蕴含了自由的向度。马克思指出，劳动是改造自然进而发展和提升自己的实践方式，劳动的本质是人的改造世界的自由力量的彰显。"诚然，劳动尺度本身在这里是由外面提供的，是由必须达到的目的和为达到这个目的而必须由劳动来克服的那些障碍所提供的。但是

---

① 中共中央马克思恩格斯列宁斯大林著作编译局．马克思恩格斯全集：第31卷[M]．北京：人民出版社，1998：108.

② 中共中央马克思恩格斯列宁斯大林著作编译局．马克思恩格斯全集：第30卷[M]．北京：人民出版社，1995：615.

克服这种障碍本身，就是自由的实现，而且进一步说，外在目的失掉了单纯外在必然性的外观，被看作个人自己自我提出的目的，因而被看作自我实现，主体的物化，也就是实在的自由，——而这种自由见之于活动恰恰就是劳动，——这些也是亚当·斯密料想不到的。"①

如前所述，判定一个活动是否具有自由属性的重要标准就在于，活动的本身是否就是活动的目的。从这个意义上讲，如果劳动不是为了谋生，而是目的本身，即"生活的第一需要"，那么心甘情愿的劳动就应视为自由活动。马克思认为，在消灭了阶级的共产主义社会，劳动将全面彰显出自由意蕴。"随着雇主和工人之间的社会对立的消灭等，劳动时间本身……将作为真正的社会劳动，最后，作为可以自由支配时间的基础，而取得完全不同的更为自由的性质，这种同时作为拥有自由时间的人的劳动时间，必将比役畜的劳动时间具有高得多的质量。"②　"雇佣劳动，也像奴隶劳动和农奴劳动一样，只是一种暂时的和低级的形式，它注定要让位于带着兴奋愉快心情自愿进行的联合劳动。"③　因此，雇佣劳动只是劳动向更高级形态过渡的形式，它注定要让位于带着快乐心情自愿进行的创造性劳动。在此基础上，劳动与闲暇水乳交融、相得益彰，二者的对立走向终结。在马克思看来，这种融合了劳动与闲暇的时间是一种最高形态的生命时间。换言之，这种时间的质量远远高于阶级社会的片面分工所游离出的闲暇时间。一方面，劳动成为闲暇的一部分事实上增加了自由时间的数量；另一方面，劳动与闲暇的融合也使人的自由全面发展成为可能。马克思指出，"生产劳动同智育和体育相结合，它不仅是提高社会生产的一种方法，而且是造就全面发展的人的唯一方法"④。肖恩·塞耶斯在这一点上高度领会了马克思的思想，他在《马克思主义与人性》中指出，"休闲就像是工作的补充，休闲一旦与工作分离，成为一种独

---

① 中共中央马克思恩格斯列宁斯大林著作编译局. 马克思恩格斯全集：第30卷［M］. 北京：人民出版社，1995：615.

② 中共中央马克思恩格斯列宁斯大林著作编译局. 马克思恩格斯全集：第35卷［M］. 北京：人民出版社，2013：230.

③ 中共中央马克思恩格斯列宁斯大林著作编译局. 马克思恩格斯选集：第3卷［M］. 北京：人民出版社，2012：9.

④ 马克思. 资本论：第1卷［M］. 北京：人民出版社，2004：557.

立的活动时，它就不再具有任何价值"①。在闲暇与劳动相互割裂的情况下，人是无法真正实现自由全面发展的。马克思在这个意义上指出，"自由时间——不论是闲暇时间还是从事较高级活动的时间，自然要把占有它的人变为另一主体，于是他作为这另一主体又加入直接生产过程。对于正在成长的人来说，这个直接生产过程就是训练，而对于头脑里具有积累起来的社会知识的成年人来说，这个过程就是［知识的］运用，实验科学，有物质创造力的和物化中的科学。对于这两种人来说，由于劳动要求实际动手和自由活动，就像在农业中那样，这个过程同时就是身体锻炼"②。

由此可见，自由时间其实是历史范畴，随着共产主义消灭各种"异化"形式的劳动，如奴隶劳动、租佃劳动、徭役劳动、雇佣劳动，劳动时间将升华为高级形态的自由时间。我们知道，在资本主义制度下，过去许多被视为非常神圣的职业如医生、律师、教师、思想家、艺术家等，被降为了"雇佣劳动者"。随着雇佣劳动制在共产主义被消灭，不仅脑力活动将重新复归"有闲"性质，而且过去被视为诅咒标志的体力劳动也具有"健身"的休闲性质。正是在这个基础上，劳动与闲暇的融合才使得人类的生活时间结构高度自由化。在共产主义社会，人一生的时间都是可以自由支配的时间，"劳动时间"与"非劳动时间"泾渭分明的阶级界划将成为历史云烟。

6.2.3 自由时间质量提高：慢节奏、高品质的闲暇生活

马克思认为，不同于资本主义快餐化的闲暇生活，未来社会自由时间的质量将极大提升，人们将真正享受悠闲的高品质闲暇生活。马克思在《资本论》及其手稿使用的自由时间概念 freizeit 中的 frei 是一个形容词，意即自由自在的、独立的，不受约束，是一种超出生理必然性和社会必然性的自由自觉的心理状态。马克思的 freizeit 概念在某种意义上也是回应他青年时期的人

---

① 肖恩·塞耶斯. 马克思主义与人性［M］. 冯颜利，译. 北京：东方出版社，2008：97.
② 中共中央马克思恩格斯列宁斯大林著作编译局. 马克思恩格斯全集：第31卷［M］. 北京：人民出版社，1998：108.

学思想，即"人的类特性恰恰就是自由的自觉的活动"①。自由时间本质上体现对"必然性"的超越。在马克思看来，人的生理时间也只是一种较低层次自由时间，因为吃饭、吃饭、睡觉、休息、生育、游戏、娱乐作为人自身的生产，在本质上摆脱不开"自然的必然性"。马克思设想的未来社会的自由时间是一种高质量的自由时间。马克思指出，"如果音乐很好，听者也懂音乐，那么消费音乐就比消费香槟酒高尚"②。

马克思和恩格斯在《德意志意识形态》中描绘和想象了未来社会慢节奏、高品质的闲暇生活。他们写道："在共产主义社会里，任何人都没有特殊的活动范围，而是都可以在任何部门内发展，社会调节着整个生产，因而使我有可能随自己的兴趣今天干这事，明天干那事，上午打猎，下午捕鱼，傍晚从事畜牧，晚饭后从事批判。"③ 这段经典叙述能够使我们在中国的庄学、禅学文化中产生某种深度共鸣。高质量的精神生活必然具有一种超脱空灵和悠然闲适的境界，激发出一种审美情怀。犹如陶渊明的"采菊东篱下，悠然见南山"，马克思和恩格斯心目中的打猎、捕鱼、畜牧和夜晚的精神批判都摆脱了生活的急迫性，使生命彰显自足的审美情趣。显然，高品质的闲暇生活一定是慢节奏的，无论品茶、吟诗、作画、冥想抑或阅读，只有淡定从容的步调才能使人进入超迈闲逸的逍遥之境。资本主义之所以无法使人过上高品质的闲暇生活，原因就在于资本的逻辑也是"加速"的逻辑，即无论是生产还是闲暇都受到"社会必要劳动"时间的强制，这使得闲暇不断快餐化和低俗化。

从这个意义上讲，鲍德里亚否认资本主义的闲暇与马克思的自由时间具有相同内涵且具有合理性，即被消费主义所裹挟的闲暇只能是"伪闲暇"。在现实中，自由时间的挤压和闲暇节奏的加速使得工人沉湎于"下流的活动"的感官刺激，在纵欲、酗酒等低俗活动中，工人企图通过短暂而强烈的

---

① 中共中央马克思恩格斯列宁斯大林著作编译局．马克思恩格斯全集：第42卷［M］．北京：人民出版社，1979：96．

② 中共中央马克思恩格斯列宁斯大林著作编译局．马克思恩格斯全集：第33卷［M］．北京：人民出版社，2004：361．

③ 中共中央马克思恩格斯列宁斯大林著作编译局．马克思恩格斯选集：第3卷［M］．北京：人民出版社，2012：165．

快感补偿异化劳动带来的挫折感，最终却只能产生无尽的精神空虚。马克思认为，废除了资本逻辑的共产主义社会，人们不再步履匆忙，能够充分地享受高品质的闲暇生活。当劳动不再为资本增殖服务，而是"本身成了生活的第一需要"，那么生活将高度审美化，即"按照美的规律来建造"①。那时，生活节奏随之减慢，人能够进入无忧无虑、逍遥自在的精神境面。诚如鲍德里亚解读的，"真实经验过的自由时间的指导性范例就是童年"②。其实，在某种意义上说，共产主义的生活节奏正是童年经验的深度复归。

因此，共产主义可以理解为逍遥的生活方式。马克思认可古代闲暇文化的积极意义，他说古希腊文化作为"一种规范和高不可及的范本"，代表了人类精神生活的童年。马克思追问道："儿童的天真不使成人感到愉快吗？他自己不该努力在一个更高的阶梯上把儿童的真实再现出来吗？每一个时代的固有的性格不是纯真地活跃在儿童的天性中吗？为什么历史上的人类童年时代，在它发展得最完美的地方，不该作为永不复返的阶段而显示出永久的魅力呢？"③ 毫无疑问，共产主义为人类生活开启了一个崭新的"童年"，进而极大激发人类的活力和创造力。恩格斯在《家庭、私有制和国家的起源》中也认为，共产主义也是对人类文明的童年时代——原始共产主义社会"在更高级形式的复活"④。

6.3 共产主义的自由时间文明

马克思绝不僵化地理解未来社会。马克思认为，"社会不是坚实的结晶

体，而是一个能够变化并且经常处于变化过程中的有机体"①。如果借助斯宾格勒的文化形态学视角，那么我们可以把马克思的"社会有机体"合乎逻辑地理解为"文明有机体"。换句话说，在马克思的思想深处，未来社会不只是经济制度变革，而是涉及人类生存方式的总体变迁，从这个意义上说，未来社会实际上就是未来文明。劳动时间创造商品的价值，自由时间创造生活的价值。资本主义构建的是一种"劳动时间文明"，这种文明把"劳动时间作为财富的尺度"，因而过度劳动不仅成为生产方式，还变成生活方式，构成工业时代的流行文化。马克思从人的自由的向度出发，认为以劳动时间作为财富尺度的文明是"贫穷"的象征。马克思认为，在共产主义社会，"财富的尺度决不再是劳动时间，而是可以自由支配的时间"②，即共产主义表征的是个人能力获得全面发展的"自由时间文明"。

从这个意义上说，共产主义作为更高级的文明形态，使人类的生命时间摆脱榨取，时间从"金钱"复归生命的本真向度，让时间真正彰显人的尊严！从文明变迁的视野看，在表征自由时间文明的共产主义社会，人类将实现财富形态、存在方式、文明结构的伟大跃迁！

6.3.1　人类财富形态的深刻革命：从劳动时间到自由时间

马克思在经济学手稿共计 7 处引述了一位法国经济学家在一本小册子中提出的"自由时间是财富的基础"的命题。这一命题颠覆了古典经济学对时间的价值评判，批判了庸俗资产阶级经济学将资本主义制度永恒化的观点，从而启迪马克思构想"自由时间财富观"的第三大社会形态。马克思认为，以自由时间作为财富的根本尺度，是第三大社会形态区别于第二大社会形态的根本特征。

资本主义作为一种商业文明，其特点可以概括为"时间就是金钱"。马克思认为，古典经济学和新教伦理语境中的"时间"实际上指的是可以创造交换价值的"劳动时间"。实际上，把劳动时间及其衍生出的交换价值——

---

①　马克思 . 资本论：第 1 卷 ［M］. 北京：人民出版社，2004：12-13.

②　中共中央马克思恩格斯列宁斯大林著作编译局 . 马克思恩格斯全集：第 30 卷 ［M］. 北京：人民出版社，1995：104.

"金钱"作为最高价值象征是资本主义的特有现象。交换价值在前现代社会从属于使用价值，商业活动是古代世界的边缘化活动，古人对待商业的态度就如欧洲人对待犹太人的态度一样。"古代的商业民族存在的状况，就像伊壁鸠鲁的神存在于世界的空隙中，或者不如说，像犹太人存在于波兰社会的缝隙中一样。"① 因此，古代文明的特征是贬抑交换价值，更加推崇具有超越维度的使用价值，如艺术和宗教。"古代人连想也没有想到把剩余产品变为资本……他们把很大一部分剩余产品用于非生产性支出——用于艺术品，用于宗教和公共的建筑。"② 随着资本的崛起，以犹太人为代表的商业精神才从人类文明的边缘走到中心，从而赋予货币至高无上的权力。马克思指出，"金钱贬低了人所崇奉的一切神，并把一切神都变成商品。金钱是一切事物的普遍的、独立自在的价值。因此它剥夺了整个世界——人的世界和自然界——固有的价值"③。金钱源于商品的交换价值，而商品由劳动创造，凝结的是劳动时间。因而从根本上来讲，资本主义对金钱的崇拜实际上和对劳动时间的崇拜是一回事，金钱与时间完全可以彼此通约。

从资本的文明史来看，交换价值遮蔽使用价值，进而劳动时间遮蔽自由时间的结果就是"一切人反对一切人战争"的"市民社会"的形成。马克思指出，"这种一切人反对一切人的战争所造成的结果，不是普遍的肯定，而是普遍的否定"④。不同于资产阶级把交换价值统治的"市民社会"视为人类文明的终点，马克思认为，政治解放只是人类解放的一个环节，社会形态演变的终点是从"自私自利"的"市民社会"过渡到"自由人的联合体"的"人类社会"，使"社会从犹太精神中解放出来"，即"从经商牟利和金

---

① 中共中央马克思恩格斯列宁斯大林著作编译局 . 马克思恩格斯全集：第 31 卷［M］.
北京：人民出版社，1998：371.
② 中共中央马克思恩格斯列宁斯大林著作编译局 . 马克思恩格斯全集：第 34 卷［M］.
北京：人民出版社，2008：598.
③ 中共中央马克思恩格斯列宁斯大林著作编译局 . 马克思恩格斯文集：第 1 卷［M］.
北京：人民出版社，2009：52.
④ 中共中央马克思恩格斯列宁斯大林著作编译局 . 马克思恩格斯全集：第 30 卷［M］.
北京：人民出版社，1995：106.

钱中解放出来"①。在共产主义社会，随着生产资料的公有，消费品"按需分配"，货币作为交换工具将消亡，"金钱将变成无用之物"②。当货币的交换功能在未来社会不断弱化乃至消失时，劳动时间也将不再被视为财富尺度，以资本主义为代表的商业文明将退出文明舞台。为此，马克思指出，"消除犹太本质的任务实际上就是消除市民社会中的犹太精神的任务，就是消除现代生活实践中的非人性的任务，这种非人性的最高表现就是货币制度。"③

　　从文明变革的大视野看，交换价值占主导的商品经济作为人类历史进程的过渡形态，其意义在于发展生产力的同时，打破人的依赖纽带、血统差别和教育差别，从而将人从"人的依赖"关系中解放出来，为个人的"全面发展"和"自由个性"奠定基础。由于商品经济仍然深刻表征了"物的依赖"性，因而按照历史的逻辑，交换价值占主导的生产方式无法永远处于支配地位，必然"让位于更高级的社会生产状态"④。马克思认为，价值由劳动时间决定归根结底只是历史现象，"在没有阶级对抗和没有阶级的未来社会中，用途大小就不会再由生产所必要的时间的最低额来确定，相反地，花费在某种物品生产上的时间将由这种物品的社会效用大小来确定"⑤。随着自由时间成为财富的尺度，使用价值而不是交换价值将成为评价经济效能的根本标准，人类的经济发展模式届时将发生巨变，即从资本主义的浪费型经济转向共产主义的循环型经济。马克思为未来社会构想的是立足使用价值和自由时间为支点的节约型的循环经济。他指出，"真正的经济——节约——是劳动时间的节约……节约劳动时间等于增加自由时间，即增加使个人得到充分发展的时间，而个人的充分发展又作为最大的生产力反作用于劳动生产力"，

① 中共中央马克思恩格斯列宁斯大林著作编译局.马克思恩格斯文集：第1卷［M］.北京：人民出版社，2009：49，55.
② 中共中央马克思恩格斯列宁斯大林著作编译局.马克思恩格斯选集：第3卷［M］.北京：人民出版社，2012：306.
③ 中共中央马克思恩格斯列宁斯大林著作编译局.马克思恩格斯文集：第1卷［M］.北京：人民出版社，2009：308.
④ 中共中央马克思恩格斯列宁斯大林著作编译局.马克思恩格斯全集：第31卷［M］.北京：人民出版社，1998：132.
⑤ 中共中央马克思恩格斯列宁斯大林著作编译局.马克思恩格斯全集：第4卷［M］.北京：人民出版社，1958：105.

马克思把这一经济公式概括为："真正的节约（经济）＝劳动时间的节约＝生产力的发展。自由时间和劳动时间之间对立的扬弃。"①

这些闪耀灼热思想火花的论述透露出马克思竭力谋划与探索不同于资本主义的新经济模式。实践没有止境，经济理论和制度创新也永无止境。人类的社会经济模式在复杂多变的环境中不断演变，人类生存方式具有开放性，可以有多种想象，因此，绝对没有一成不变的永恒的经济制度。从这个意义上说，虽然马克思没有给出共产主义新经济的具体细节，但其要旨是清晰的，即人类文明必须超越交换价值占主导的生产方式，探索和创造以使用价值为评价体系的更高级形式的经济模式。这样人类才能摆脱"抽象的统治"，摒弃社会发展的急功近利，激励人类多样化的时间分配，从而实现社会均衡的可持续发展。在这个意义上，共产主义将财富尺度转变为自由时间，实际上是对"历史之谜"的解答，即以自由时间为价值尺度的新经济模式标志着"人和自然界之间、人和人之间的矛盾的真正解决，是存在和本质、对象化和自我确证、自由和必然、个体和类之间的斗争的真正解决"②。

6.3.2　人类生存方式的深刻转向：从畸形发展到全面发展

共产主义作为一种自由时间文明，将实现人类生存方式的深刻转向，即从人的畸形发展到人的全面发展。马克思恩格斯认为，在共产主义社会，"每个人都有充分的闲暇时间从历史上遗留下来的文化——科学、艺术、交际方式等——中间承受一切真正有价值的东西；并且不仅是承受，而且还要把这一切从统治阶级的独占品变成全社会的共同财富和促使它进一步发展"③。

在资本主义的语境中，"时间就是金钱"，时间实际上被理解为劳动时间，"资本把工人只是看作劳动力。只要有可能，他们的全部时间就都成为

① 中共中央马克思恩格斯列宁斯大林著作编译局．马克思恩格斯全集：第 31 卷[M]．北京：人民出版社，1998：108，619．
② 中共中央马克思恩格斯列宁斯大林著作编译局．马克思恩格斯全集：第 42 卷[M]．北京：人民出版社，1979：120．
③ 中共中央马克思恩格斯列宁斯大林著作编译局．马克思恩格斯全集：第 18 卷[M]．北京：人民出版社，1964：246．

劳动时间"①。马克思把现代人比喻为西西弗斯，被罚终生推滚一巨石到山上，每当推到山顶，巨石就又会滚回山下。"在这种永无止境的苦役中，反复不断地完成同一个机械过程，这种苦役单调得令人丧气，就像西西弗斯的苦刑一样，劳动的重压，像巨石般一次又一次地落在疲惫不堪的工人身上。"② 与雇佣劳动相伴的是"异化"的死循环，即"折磨""摧残""愚钝""痴呆""残酷""挣扎""恐惧"等生存体验在工人的日常生活轮回上演。毫无疑问，自由时间匮乏必然产生人的畸形发展。马克思指出，"整个人类的发展，就其超出对人的自然存在直接需要的发展来说，无非是对这种自由时间的运用"③，"一个人如果没有一分钟自由的时间，他的一生如果除睡眠饮食等纯生理上的需要所引起的间断以外，都是替资本家服务，那么，他就连一个载重的牲口还不如"④。

在马克思的理想中，未来社会通过消灭剥削，因而"一个社会阶层把劳动的自然必然性从自己身上解脱下来并转嫁给另一个社会阶层的可能性越小，社会工作日中用于物质生产的必要部分就越小，从而用于个人的自由活动，脑力活动和社会活动的时间部分就越大"⑤。由此一来，未来社会的生活时间质量的跃升使人的自由全面发展真正成为可能。自由时间的极大丰富为培养"具有高度文明的人"⑥ 创造了条件。在马克思心目中，"文明的人"具有"社会的人"的一切属性，他不仅从事生产和创造，还具有多方面的享受能力，他是完整、丰富、全面和具有美感的人。

---

① 中共中央马克思恩格斯列宁斯大林著作编译局．马克思恩格斯全集：第 10 卷
　　［M］．北京：人民出版社，1956：301.
② 马克思．资本论：第 1 卷［M］．北京：人民出版社，2004：486.
③ 中共中央马克思恩格斯列宁斯大林著作编译局．马克思恩格斯全集：第 32 卷
　　［M］．北京：人民出版社，1998：215.
④ 中共中央马克思恩格斯列宁斯大林著作编译局．马克思恩格斯全集：第 13 卷
　　［M］．北京：人民出版社，1962：161.
⑤ 马克思．资本论：第 3 卷［M］．北京：人民出版社，2004：605.
⑥ 中共中央马克思恩格斯列宁斯大林著作编译局．马克思恩格斯全集：第 30 卷
　　［M］．北京：人民出版社，1995：392.

6.3.3　人类文明结构的深刻转型：从"物的文明"到"人的文明"

马克思认为，第二大社会形态是文明的过渡形态，建立在"发达的个人生产"基础上的第三大社会形态才是文明演进的终点。简而言之，未来社会将从"物的文明"实现向"人的文明"的升华。马克思和恩格斯指出，"我们的目的是要建立社会主义制度，这种制度将给所有的人提供健康而有益的工作，给所有的人提供充裕的物质生活和闲暇时间，给所有的人提供真正的充分的自由"①。

很显然，资本主义作为一种"物的文明"，"表现为一种非人的力量统治一切"②。正如鲍德里亚指出的，今天的人们不再像过去那样受到人的包围，而是受到物的包围；"我们生活在物的时代……在以往的所有文明中，能够在一代一代人之后存在下来的事物，是经久不衰的工具或建筑物，而今天，看到物的产生、完善与消亡的却是我们自己"③。马克思认为，物质生活是生存基础，但人的解放才是生存目的。"像野蛮人为了满足自己的需要，为了维持和再生产自己的生命，必须与自然搏斗一样，文明人也必须这样做。"④文明人与野蛮人的根本区别在于，野蛮人始终驻留在"必然王国"，而文明人却在"必然王国"的基础上建立"自由王国"，而"真正的自由王国……工作日的缩短是根本条件"⑤。在这个界面上，资本主义创造的生产力只是通向共产主义的手段。共产主义不同于资本主义的特点在于它是"人的文明"，即以人为本，始终把人的发展放到第一位。

认真回顾马克思青年时期的思想成长历程，可以从中归纳出马克思的一个基本哲学人类学观点：人不同于动物之处就在于，人的生活具有双重性，即人的生活是物质生活和精神生活的统一，二者是不可分割的辩证统一体。

---

① 中共中央马克思恩格斯列宁斯大林著作编译局．马克思恩格斯全集：第18卷[M]．北京：人民出版社，1964：570.
② 中共中央马克思恩格斯列宁斯大林著作编译局．马克思恩格斯全集：第42卷[M]．北京：人民出版社，1979：141.
③ 鲍德里亚．消费社会[M]．刘成富，等译．南京：南京大学出版社，2014：2.
④ 马克思．资本论：第3卷[M]．北京：人民出版社，2004：928.
⑤ 马克思．资本论：第3卷[M]．北京：人民出版社，2004：929.

精神生活具有自由和超越性，即"自由的自觉的活动"。物质生活则具有身不由己的"必然性"。动物没有"双重的生活"，动物没有自由和超越性，动物只能过本能生活。马克思强调，人的本质在于除了过物质生活，人还能过超越性的精神生活。在马克思看来，"自由王国"的真谛是人类通过文明的进步尽量摆脱"自然必然性"，从而真正展示人的类本质。可是，资本主义将工人的时间全部用来生产剩余价值，完全剥夺了工人的精神生活，把生产降到了动物水平。"异化劳动从人那里夺去了他的生产的对象，也就从人那里夺去了他的类生活"①，使"动物的东西成为人的东西"②，如此一来，"忧心忡忡的穷人甚至对最美丽的景色都没有什么感觉"③。资本主义"物的文明"建立在普遍的过度劳动基础上，由于剥夺了人的精神生活维度，使人不成为人。资本主义 500 年的文明史始终没有超越"物"的水平，停留在"野蛮人"的"必然王国"逻辑。

马克思认为，在没有彼岸的无神世界，自由全面发展是人类生存的终极意义。从这个角度看，自由时间实际上也是关涉形而上的生存论问题。因为人不能像"牲口"一样活着，而要挺立胸膛，追寻生命的价值！"人的根本就是人本身""人是人的最高本质……必须推翻使人成为被污辱、被奴役、被遗弃和被蔑视的东西的一切关系！"④ 共产主义推动解放自由时间的同时，也推动人类尊严的解放，赋予每个人平等、自由的发展机会。马克思坚信，随着"物的文明"迈向"人的文明"，人类在成为"自己时间的主人"的同时，也真正成为生命的主人。从这个意义上说，人类文明的出路只有一条，那就是迈向共产主义。马克思指出，只有消灭私有制、消灭阶级，人类才能真正获得自由时间的解放。资本主义生产力与生产关系的激化必然导致阶级

---

① 中共中央马克思恩格斯列宁斯大林著作编译局 . 马克思恩格斯全集：第 42 卷［M］. 北京：人民出版社，1979：97.

② 中共中央马克思恩格斯列宁斯大林著作编译局 . 马克思恩格斯全集：第 42 卷［M］. 北京：人民出版社，1979：94.

③ 中共中央马克思恩格斯列宁斯大林著作编译局 . 马克思恩格斯全集：第 42 卷［M］. 北京：人民出版社，1979：126.

④ 中共中央马克思恩格斯列宁斯大林著作编译局 . 马克思恩格斯选集：第 3 卷［M］. 北京：人民出版社，2012：10.

斗争的尖锐化，其结果是无产阶级作为一个伟大的革命阶级，将履行消灭阶级的历史使命，资本主义终将被没有阶级的美好"新世界"所取代。共产主义作为崭新的人类文明，在根本上顺应了历史潮流和人民呼唤。

7　马克思自由时间思想的地位与影响

从"人类社会"的高位审视，马克思自由时间思想是一个主旨清晰、逻辑严密、架构完整的科学体系，其不但深刻彰示了人类解放的时间向度，而且还融贯马克思的三大批判结晶——唯物史观、剩余价值理论和科学社会主义，为马克思思想的整体展示提供了至关重要的支点。回顾历史，苏东剧变已有30年，当代世界社会主义运动仍在低潮中艰难奋进。因此，当我们站在21世纪的时代纬度，回顾马克思的这一思想遗产时，必须以诚实和严谨的态度科学全面地评判马克思自由时间思想在马克思思想体系中的地位，审视其在西方学界产生的理论效应，进而启迪我们在更高层面上推动实现马克思主义的当代化，即运用马克思主义的基本方法分析和解决当代问题，从而使马克思主义理论具有当代形态。

7.1　马克思自由时间思想在马克思思想中的地位

评价马克思自由时间思想在马克思思想中的地位是本书的难点。长期以来，由于理论界忽视了马克思自由时间思想在马克思三大批判运思中的作用，导致这一思想在当代马克思主义研究的学术语言中一直处于尴尬的边缘状态。毋宁说，马克思的自由时间思想事实上并没有完全融入马克思主义的核心话语系统。显然，唯有实事求是、科学的理论探究，而绝不是任性、主观的态度，才能对马克思自由时间思想的地位做出科学评价。

通过对《资本论》及其手稿的文本分析，我们认为，自由时间是马克思一生思考的基础问题，马克思自由时间思想在马克思思想体系中具有基础性、全局性和战略性地位，是融贯马克思三大批判的桥梁。从同一性的方法论视野看，在马克思思想的深处，人类解放其实指的就是自由时间解放。当然，在今天，当我们独立面对马克思的自由时间思想做出这一大胆的判断时，极有可能招致学界的质疑和批判，但"在科学上没有平坦的大道，只有不畏劳苦沿着陡峭山路攀登的人，才有希望达到光辉的顶点"①。简而言之，学术探索只有进行时没有完成时，我们决不能因为胆怯而让马克思思想中的一颗明珠被浮躁的时代所掩盖。以下，我们从唯物史观、剩余价值理论和科学社会主义三个方面具体分析马克思自由时间思想的作用。

7.1.1　马克思自由时间思想对唯物史观的作用

如前所述，马克思自由时间思想的形成与马克思科学体系的构建始终处于不断交相互动的关系，毋宁说，马克思的自由时间观作为一种隐性话语是驱动马克思思想各个阶段朝纵深发展的关键动因。具体而言，在唯物史观科学体系的形成和发展历程中，马克思的自由时间思想对于宗教批判、哲学批判、阶级理论和"全面生产"理论发挥了不可替代的理论作用。

第一，青年马克思自由时间思想的孕育直接建构了无神论的生活价值观，促使青年马克思在伦理学意义上批判和扬弃基督教，为马克思进一步转向唯物主义奠定逻辑前提。

"对宗教的批判是其他一切批判的前提。"② 表面上看，马克思建立唯物史观的哲学革命的批判对象是青年黑格尔派，但真正的敌人却是潜伏在唯心主义后面的基督教神学。神学并不只是虚妄的幻想和一套崇拜的空洞仪式；关键的是，神学提供系统的世俗生活的价值体系，建构人对生活的基本态度。例如，基督教把天国与尘世分裂为对立的二重世界，人对"永生"的追求必然涉及对尘世生活的否定。"天堂—人间"二元对立的特点使得宗教具有鲜明的"厌世"特征。从这个意义上说，神学首先是一种建构生活态度的

---

① 马克思．资本论：第1卷［M］．北京：人民出版社，2004：24.
② 中共中央马克思恩格斯列宁斯大林著作编译局．马克思恩格斯选集：第3卷［M］．北京：人民出版社，2012：1.

伦理学。在马克思出生的那个时代，基督教统治了欧洲一千多年，几乎所有人都把生活的终极意义寄托在虚无缥缈的来生，直接或间接地否定生命本身的最高价值。浪漫主义思潮和青年黑格尔派在当时的时代意义在于，不仅批判基督教崇拜的偶像——上帝的虚假性，还从生活态度的伦理观上猛烈批判了基督教的"厌世"特点，从而震撼和教育在迷信深渊中不可自拔的人。

因此，马克思的《哲学笔记》和博士论文表面上讨论古希腊自然哲学——伊壁鸠鲁与德谟克利特的原子论的异同，本质上讨论的却是无神论的伦理学。伊壁鸠鲁否定宗教的根本原因在于，宗教不断地渲染人对死亡的恐惧以及对"不死"的妄想，即"永生"是"一切欲望中最古老和最强烈的欲望"，宗教信仰便是建立在"对不死的希望和对生存的渴望"① 基础之上的。伊壁鸠鲁认为，"人心最大的不安，起源于人们相信天体是有福祉的，是不可毁灭的，同时还认为他们具有与这些天体的特性相违反的愿望和行为；还起源于通过神话而引起的恐惧，再加上害怕死亡，害怕死后失去知觉"②。宗教扰乱人们心灵的宁静，"于是他们便认为现在的生活和永恒比较起来意义甚微，或者更正确些说，没有任何意义，他们便苟且偷安，虚度年华；他们由于胆小而轻视美德和活动，并且看不起自己，认为自己朝生夕灭，很不稳定，不能有所作为。"③ 因此，对虚幻"来生"的企图必然遮蔽现世生命的至高意义，进而剥夺人的世俗幸福。伊壁鸠鲁在这个意义上认为宗教信仰是可耻的。马克思在《神圣家族》中进一步揭秘基督教信仰的心理基础——发疯。马克思通过评述鲍威尔信徒关于玛丽花的命运的小说揭露了基督教骇人听闻的秘密。玛丽花是一个出身卑微但心灵高尚的女子，但由于家境贫寒沦落风尘。玛丽花就如同她的名字一般，是个朝气蓬勃、精力充沛和热爱生命的姑娘，她的这些品质深深感染了周围的人。鲁道夫结识玛丽花后，不断用基督教的教义给玛丽花灌输"罪孽深重"的意识，要她成为"自

---

① 中共中央马克思恩格斯列宁斯大林著作编译局. 马克思恩格斯全集：第40卷
　　[M].北京：人民出版社，1982：86.
② 中共中央马克思恩格斯列宁斯大林著作编译局. 马克思恩格斯全集：第40卷
　　[M].北京：人民出版社，1982：46.
③ 中共中央马克思恩格斯列宁斯大林著作编译局. 马克思恩格斯全集：第40卷
　　[M].北京：人民出版社，1982：86.

已有罪这种意识的奴隶"，并让她皈依上帝，以领受进入天堂的入场券。进入修道院后，那里不符合人性的生活使得玛丽花神经错乱，最后痛苦地死去。马克思指出，"教士已经成功地把玛丽花对于大自然美的喜爱变成宗教崇拜。对于她，自然已经被贬为迎合神意的、基督教化的自然，贬为造物""基督教的信仰只能在想象中给她慰藉，或者说，她的基督教的慰藉正是她的现实生活和现实本质的消灭，即她的死"。①

青年马克思赞同伊壁鸠鲁的生活哲学，认为有道德的生活必须超越对死亡的恐惧，积极拥抱生活。马克思指出，"伊壁鸠鲁绝没有想要永恒的生命""停止了对永恒的追求，就使我们的生命变得完善，这样我们再也不需要无限的时间"②。马克思追问，如果宗教把人的生活搞成因循守旧和苟且偷安，那么"这个伊壁鸠鲁还要再继续活上几千年"③ 到底有何价值？人在尘世间无限期的驻留并不会带来幸福，相反，会在生活的无聊循环中感受"无限的恶"。因此，人根本没有必要追求"来世"和"永生"，生命的意义并不在于时间的无限，而在于有限的时间中使人的生命价值臻于完善。恩格斯最后一次见马克思时，看见马克思躺在椅子上熟睡，而两分钟过后，马克思就毫无痛苦地与世长辞了。恩格斯认为，这种自然死亡对马克思是莫大的安慰，因为通过医学强制延长生命在某种意义上不过是延长痛苦罢了。"医术或许还能保证他勉强拖几年，无能为力地活着，不是很快地死去，而是慢慢地死去，以此来证明医术的胜利。但是，这是我们的马克思绝不能忍受的。"④ 显然，活得长并不如活得好更有意义。生命的深刻价值正是在于时间的有限性。正因为"向死而生"，人才会珍视生活，在短暂的生命中追寻和把握具有永恒维度的东西，如爱情、艺术、科学和幸福等。马克思的"自由—生

---

① 中共中央马克思恩格斯列宁斯大林著作编译局 . 马克思恩格斯全集：第2卷 [M].
北京：人民出版社，1957：220.
② 中共中央马克思恩格斯列宁斯大林著作编译局 . 马克思恩格斯全集：第40卷 [M].
北京：人民出版社，1982：75，33.
③ 中共中央马克思恩格斯列宁斯大林著作编译局 . 马克思恩格斯全集：第40卷 [M].
北京：人民出版社，1982：88.
④ 中共中央马克思恩格斯列宁斯大林著作编译局 . 马克思恩格斯全集：第10卷 [M].
北京：人民出版社，2009：504.

命"时间观建构了无神论高扬生命至上的伦理观,成为基督教的"解毒剂",把人从麻木与幻觉中解放出来。"我们,人,只生一次,谁也不会生两次。"① 我们在马克思早期的文艺作品中还能找到大量自由生命的时间意象,如"青春""时光如水""韶华飞逝""光阴荏苒""岁月如云""年年岁岁"等。马克思晚年在给燕妮的信中深情地回忆道:"时间之于我的爱情正如阳光雨露之于植物——使其滋润生长。在这爱情上集中了我的所有精力和全部感情。我又一次感到自己是一个真正的人,因为我感到了一种强烈的热情……诚然,世间有许多女人,而且有些非常美丽。但是哪里还能找到一副容颜,它的每一个线条,甚至每一处皱纹,能引起我的生命中的最强烈而美好的回忆?"② 一言蔽之,自由时间观是马克思无神论转向的伦理基础,构成唯物史观逻辑行程的第一站。

第二,马克思基于社会生产实践的自由时间思想猛烈批判和打击了形而上学,为唯物史观的理论建构奠定科学基础。

马克思的自由时间思想在批判基督教的同时,还猛烈批判了形而上学。神学与思辨哲学同根同源,即基于抽象的本体论思维强行把世界割裂为虚假二重世界的对立。从本体论的角度看,"世界的创造、原罪、赎罪,这一切及其全部虔诚的规定例如天堂等"都是"不受任何时间限制的观念规定"③。而唯心主义宣称的"不死的实体""理念""逻格斯""自在之物""绝对精神""实体""自我意识""类""唯一者"等,实际上都是二重世界的投射。超验观念的建构凭借的是哲学家的想象,并不真实存在。上帝之所以会死,是因为"上帝"只是人的想象物,"不死的上帝"从来就没有真实存在过。作为"人造物",它有生就有死。④ 在这个意义上,传统形而上学之所以会终

① 中共中央马克思恩格斯列宁斯大林著作编译局.马克思恩格斯全集:第 40 卷[M].北京:人民出版社,1982:245.
② 中共中央马克思恩格斯列宁斯大林著作编译局.马克思恩格斯全集:第 39 卷[M].北京:人民出版社,1979:515.
③ 中共中央马克思恩格斯列宁斯大林著作编译局.马克思恩格斯全集:第 40 卷[M].北京:人民出版社,1982:130.
④ 余虹.艺术:无神世界的生命存在——尼采的艺术形而上学与现代性问题[J].中国社会科学,2005(4):141-153.

结也是同样的原因。颠倒错乱的幻想只存在于高度封闭的社会环境中，一旦不如开放的科技时代，这些意识形态的命运就犹如鸡蛋碰上石头，必然被砸得粉碎。马克思深刻揭露了形而上学与神学的同构性秘密，即德国唯心主义"不过是关于精神和物质、上帝和世界相对立的基督教德意志教条的思辨表现"①。换言之，唯心主义只是批了哲学的"皮"，但"内核"仍是神学的二重世界信仰。马克思在求学时的日记中写道："帷幕降下来了，我最神圣的东西已经毁了，必须把新的神安置进去。我从理想主义，——顺便提一提，我曾拿它同康德和费希特的理想主义比较，并从其中吸取营养，——转而向现实本身去寻求思想。如果说神先前是超脱尘世的，那么现在它们已经成为尘世的中心。"②

唯心主义缺乏自然实在的坚实根据，它对观念的崇拜如同基督教对上帝的崇拜一样，只能通过不断制造妄念才能维系。二重世界分裂必然导致精神的分裂。马克思指出，"青年黑格尔派的意识形态家们尽管满口讲的都是所谓'震撼世界的'词句，却是最大的保守派"③。显然，在唯物史观看来，世界的真实根据乃是基于自然物质的一重世界，即只有一个有血有肉、有生有灭的生命世界存在，根本没有所谓的凌驾于自然之上的不受时间限制的"不死之物"。从这个意义上说，唯心主义由于无视自然世界的终极实在性，必然沦为"虚无主义"，即对客观世界的虚无。

马克思的"自由—生命"时间观凸显人类社会历史的时间性，是打击唯心主义的致命武器。在《德意志意识形态》中，马克思把博士论文的"感性时间论"提升为科学的"生命时间观"。不同于西方传统的抽象时间观凌驾于生活之上，马克思的时间观及其自由时间思想与人类社会生产实践紧密联系。唯心主义的错误在于无视解决生存问题的物质生产对社会历史的根本约束性。马克思认为，撇开虚假的本体世界，我们看到的是不断变化、活生生

① 中共中央马克思恩格斯列宁斯大林著作编译局 . 马克思恩格斯全集：第2卷 ［M］. 北京：人民出版社，1957：108.
② 中共中央马克思恩格斯列宁斯大林著作编译局 . 马克思恩格斯全集：第40卷 ［M］. 北京：人民出版社，1982：14-15.
③ 中共中央马克思恩格斯列宁斯大林著作编译局 . 马克思恩格斯选集：第1卷 ［M］. 北京：人民出版社，2012：145.

的生命世界。"全部人类历史的第一个前提无疑是有生命的个人的存在。"①
为了维持人的生命时间，即"为了生活，首先就需要吃喝住穿以及其他一些
东西"。马克思在《资本论》及其手稿中把这类时间称为"必要劳动时间"，
也就是"作为活的劳动能力的生命而不得不劳动的时间"②。同样，为了延
续人类的生命时间，"每日都在重新生产自己生命的人们开始生产另外一些
人，即繁殖"③，这种时间是生理时间。马克思和恩格斯还强调劳动阶级之所
以精神贫困，关键在于他们"很少有时间来编造关于自身的幻想和思想"。
在这个意义上说，马克思"自由—生命"时间观在摆脱"时间是什么"的抽
象思考，以及重新赋予历史范畴时间性和客观性的同时，超越了唯心主义哲
学及其狭隘的历史观。

第三，《资本论》及其手稿阐述的自由时间思想拓展了唯物史观的深度
和广度，使唯物史观理论臻于成熟。

首先，马克思经济学手稿对阶级与自由时间不平等的论述，把唯物史观
的理论逻辑推向了历史深处。唯物史观是马克思穷其一生不断发展的科学体
系，1844—1845 年的哲学革命并不标志着唯物史观创立的完结。事实上，成
熟时期的马克思一直在思索唯物史观创立初期的诸多未完善命题。例如，马
克思曾在《德意志意识形态》中论述精神生产时，粗略提及阶级与自由时间
不平等的关系，但由于缺乏政治经济学批判的理论支撑，马克思当时无法揭
示自由时间不平等的深层原因。随着经济学研究的深入，马克思在《1861—
1863 年经济学手稿》中运用唯物辩证法揭示了统治阶级占有剩余劳动的二重
性质及其联系，即统治阶级通过占有剩余劳动取得"两种东西"："首先是生
活的物质条件……其次是他们支配的自由时间"④。马克思在此基础上进一步

---

① 中共中央马克思恩格斯列宁斯大林著作编译局. 马克思恩格斯选集：第 3 卷［M］.
北京：人民出版社，2012：146.
② 中共中央马克思恩格斯列宁斯大林著作编译局. 马克思恩格斯全集：第 32 卷［M］.
北京：人民出版社，1998：93.
③ 中共中央马克思恩格斯列宁斯大林著作编译局. 马克思恩格斯选集：第 3 卷［M］.
北京：人民出版社，2012：159.
④ 中共中央马克思恩格斯列宁斯大林著作编译局. 马克思恩格斯全集：第 31 卷［M］.
北京：人民出版社，1998：214.

阐明阶级社会"劳动—自由"时间对立基础上"脑力—体力"劳动对立，分析了阶级社会自由时间不平等的历史形态，并概括了人类"史前史"文明的深层次矛盾，即"不劳动的社会部分的自由时间是以剩余劳动或过度劳动为基础的……一方的人的能力的发展是以另一方的发展受到限制为基础的。迄今为止的一切文明和社会发展都是以这种对抗为基础的"①。显然，马克思对自由时间的探究强化了唯物史观的历史深度。

其次，马克思对自由时间与"全面生产"的阐述拓宽了唯物史观的理论视野。马克思在《德意志意识形态》中明确指出生存、生育和发展是人类社会再生产不可分割的三大环节。马克思认为，"动物的生产是片面的，而人的生产是全面的""宗教、家庭、国家、法、道德、科学、艺术等，都不过是生产的一些特殊的方式，并且受生产的普遍规律的支配"②。显然，马克思的"生产"范畴具有多维内涵，在考察具体问题时必须分析生产的"特殊的方式"。在《德意志意识形态》时期，马克思主要聚焦物质生产，对精神生产和人自身的生产问题的论述不够深入。但到了《资本论》及其手稿时期，伴随"三大社会形态"理论的提出，马克思开始在自由时间视域下探究精神生产与人自身的生产等问题。在《1857—1858年经济学手稿》中，马克思阐发了自由时间对于精神生产和人自身的生产的重要作用，并探讨了时间分配与社会三大生产之间的交互作用；马克思特别强调精神生产对物质生产的反作用力，即"增加自由时间，即增加使个人得到充分发展的时间，而个人的充分发展又作为最大的生产力反作用于劳动生产力"③。马克思还在《资本论》中指出资本对人类自由时间的无度剥夺必然会产生巨大的精神危机、人口危机和社会危机。显然，马克思的"生产"并非唯物质生产，如果忽视社会再生产的整体性和有机性，必然滑入第二国际"经济决定论"的窠臼，把物质生产视为历史运动的唯一因素，看不到上层建筑对经济基础的互动

---

① 中共中央马克思恩格斯列宁斯大林著作编译局．马克思恩格斯全集：第32卷[M]．北京：人民出版社，1998：214.

② 中共中央马克思恩格斯列宁斯大林著作编译局．马克思恩格斯全集：第42卷[M]．北京：人民出版社，1979：121.

③ 中共中央马克思恩格斯列宁斯大林著作编译局．马克思恩格斯全集：第31卷[M]．北京：人民出版社，1998：108.

作用。

　　总体而言，马克思的自由时间思想蕴含唯物史观的重要内容，在唯物史观建构、发展的各个环节都显示了突出作用。从这个意义上说，如果离开对马克思自由时间思想的深刻理解，便无法准确和完整地把握唯物史观的科学体系。

7.1.2　马克思自由时间思想对剩余价值理论的作用

　　马克思主义的终极旨归是人类解放。实际上，在成熟时期马克思的深层话语中，人类解放其实指的就是自由时间解放。马克思在《资本论》第三卷中明确写道："自由王国只有建立在必然王国的基础上，才能繁荣起来。工作日的缩短是根本条件。"① 根据这段异乎寻常的论断可以合理推断出，在马克思的思想深处，自由时间与所有制的范畴在剩余价值理论中都具有全局性的运思功能。以下，我们借助同一性的视角来阐明这一论见。

　　第一，劳动时间问题与自由时间问题的同一性。资本、劳动时间、价值是马克思在《资本论》中使用频率最高的概念，劳动时间是贯穿剩余价值理论的中轴。从这个意义上看，资本问题实际上可以还原为时间问题。就资本批判的视角来看，劳动时间问题与自由时间问题实际上具有同一性。因为，如果资本的本质就是对劳动时间最大化榨取的话，那么工人自由时间的匮乏便是过度劳动的必然结果。简而言之，过度劳动与自由时间匮乏本质上是同一个问题，二者犹如同一枚硬币的正反面，是无法分割的问题整体。在《资本论》第三卷第八章"工作日"中，马克思对工作时间延长和自由时间匮乏后果的分析是同步展开的。正因如此，虽然马克思在《资本论》较少直接使用"自由时间"概念，但在资本批判的逻辑建构中，自由时间匮乏作为强烈的问题意识始终是在场的。

　　第二，经济解放与自由时间解放的同一性。如前所述，唯物史观侧重揭示人类历史从原始社会迈向共产主义社会的一般规律，而剩余价值理论则侧重证明资本主义走向灭亡的特殊规律。在剩余价值理论中，马克思论证只有

---

　　①　马克思 . 资本论：第 3 卷［M］. 北京：人民出版社，2004：929.

消灭私有制，人类社会才能真正获得经济的解放。其实，消灭私有制在马克思看来具有两重效应：一是经济解放，二是自由时间解放。甚至在某种意义上，自由时间解放是比经济解放更高层次的人类解放形式。就此，日本马克思主义学者内田弘把《1857—1858 年经济学手稿》主旨界定为"自由时间论"。内田弘认为，马克思政治经济学批判的本质是阐释"作为未来社会标识的自由时间概念"，以揭示"在资本发展中，自觉的个体从文明总体中重获自由时间的成长过程"①。

可见，从人类解放的主旨出发，运用同一性的方法视角，我们能够做出这一审慎的判断，即在剩余价值理论中，自由时间是衍生于所有制的重大问题，如果离开马克思自由时间思想，无疑会肢解剩余价值理论的完整性。

7.1.3　马克思自由时间思想对科学社会主义的作用

为了防止陷入乌托邦式的空想，马克思和恩格斯对未来社会的细节着墨不多。马克思说："我们不想教条地预期未来，而只是想通过批判旧世界发现新世界。"② 恩格斯则说，"无论如何，共产主义社会中的人们自己会决定，是否应当为此采取某种措施，在什么时候，用什么办法，以及究竟是什么样的措施。我不认为自己有向他们提出这方面的建议和劝导的使命。"③ 显然，未来社会的建设不存在现成图纸，也不存在一成不变的社会模式。从这个意义上说，马克思从自由时间解放逻辑出发譬画的未来蓝图弥足珍贵，是值得我们倍加珍惜的理论遗产。马克思自由时间思想不仅丰富和发展了科学社会主义理论，而且对于社会主义国家制定社会发展战略具有指导意义。

第一，理论上，马克思从自由时间与人的解放出发探索未来社会，丰富和完善科学社会主义理论，使科学社会主义成为与时俱进的科学体系。显而易见，马克思对共产主义的自由时间特点、自由时间文明的揭示，拓展了科

---

① 内田弘．新版《政治经济学批判大纲》的研究［M］．王青，等译．北京：北京师范大学出版社，2011：29.

② 中共中央马克思恩格斯列宁斯大林著作编译局．马克思恩格斯文集：第 10 卷［M］．北京：人民出版社，2009：7.

③ 中共中央马克思恩格斯列宁斯大林著作编译局．马克思恩格斯全集：第 35 卷［M］．北京：人民出版社，1971：145-146.

学社会主义的维度，深化了我们对未来社会的总体认识。首先，马克思自由时间思想阐述了未来社会的三条原则：一是自由时间的合理规划；二是自由时间内涵的扩大；三是自由时间质的提升。其次，马克思的自由时间思想阐述了未来文明的三大特征：一是以自由时间作为财富尺度，二是以人的全面发展作为人的生存方式；三以"人的文明"作为未来文明的基本标识。显然，马克思自由时间思想的理路为我们从总体上把握未来社会提供了一把钥匙。

第二，实践上，马克思自由时间思想对社会主义实际建设的指导。虽然马克思和恩格斯生前并没有看到社会主义的实现，但列宁领导的十月革命成功把社会主义由理想变为现实。在社会主义的建设中，马克思自由时间思想对工人解放发挥了重要影响。1866年9月初，在日内瓦召开的"国际工人代表大会"上，马克思根据伦敦总委员会的建议，拟定和通过了"8小时工作日"决议。十月革命胜利后，作为"人类进步的先锋"的苏联率先颁布《关于8小时工作日》法令，深入贯彻和执行了马克思的"8小时工作日"思想。第一次世界大战后，"8小时工作日"被西方国家承认和采纳。我国也在新中国成立后立即实行这一制度。在具体实践中，以苏联为代表的社会主义国家鼓励妇女"大量地、社会规模地参加生产"的同时，合理分配妇女的"家庭—工作"时间，切实提高了妇女在家庭和社会中的地位。社会主义的伟大实践在根本上促进了男女平等，使妇女成为国家的主人，进而推动了人类解放。

综上所述，马克思自由时间思想在马克思思想体系中占据基础性、全局性和战略性地位，具有重大的时代价值。事实上，积极推进人类自由时间的解放事业，已经成为实现马克思主义当代化的重要路径。在新时代，中国社会的主要矛盾已经转变为人民日益增长的美好生活需要和不平衡不充分的发展之间的矛盾。美好生活的构建离不开社会公平的促进，而减少经济不平等导致的自由时间不平等是题中应有之义。一方面，在决胜全面建成小康社会的征程中，中国的扶贫事业取得举世瞩目的伟大成就，有效地缩减了自由时间不平等的经济基础。另一方面，在"新时代美好生活"构建的历史潮流中，中国发挥社会主义的制度优势，大力发展社会主义精神文明，不断探索和构建以自由时间和人的发展为尺度的财富衡量体系，全面丰富和提升人民群众自由时间的质和量，鼓励全民投身教育、科学、艺术、交往等有意义的活动中去。中国特色社会主义在实践与理论的双重探索中寻求自由时间解放的道路，无疑将为人类文明形态的跃迁提供一种具有镜鉴意义的历史经验。

7.2　马克思自由时间思想对西方学界的影响

20 世纪 50 年代后，伴随资本有机构成提升，西方的劳动力市场从第二产业逐渐向第三产业转移。工人从马克思《资本论》中描绘的"粗鲁""蓬头垢面"的"蓝领工人"变成现代化办公楼中打着领带、西装革履的"白领工人"。如前所述，劳动分工细化的本质是相对剩余价值的生产，现代劳动形式虽然不断从体力劳动转向脑力劳动，但资本逻辑并没有本质的变化，脑力劳动者的劳动时间仍是剩余价值的源泉。如此一来，资本与自由时间的紧张关系在后工业社会非但不能缓解，反而随着资本积累由"福特积累模式"转向"灵活积累"模式不断增强，进而超出资本积累的传统时空界限——工作日的时间界限和工厂的空间界限，使资本能够随心所欲地挤压当代劳工的自由时间。

显然，后工业社会激化的"劳动—闲暇"矛盾激发了西方学界探索马克思自由时间思想的旨趣。正如哈维所言，西方思想史上关于时间的讨论汗牛充栋，但没有哪一个思想家像马克思那样系统地阐述工作日问题，并将自由时间与人类解放紧密联系起来。从这个意义上说，当代西方学界对自由时间的争论其实是马克思主义自由思想在晚期资本主义的一次巨大回响。以下，我们截取三位受惠于马克思自由时间思想的思想家：马尔库塞、施密特、科西克，主要评述他们对马克思自由时间思想解读的贡献与不足。

7.2.1　马尔库塞："爱欲乌托邦"的自由时间之维

马尔库塞不仅是法兰克福的代表性人物，同时也是西方马克思主义的旗帜性人物，他的两部代表作《单向度的人》《爱欲与文明》都不同程度地受到了马克思自由时间的影响。一方面，马尔库塞体认了马克思《1857—1858年经济学手稿》早期哲学人类学语境的自由时间思想，提出自动化是实现自由时间解放的重要路径；另一方面，马尔库塞的思想由于缺乏政治经济学批判的理论基础，因而他实际上是西方学界对马克思自由时间思想误读最严重的人。鉴于马尔库塞在国内学界的影响，有必要研判马尔库塞的自由时间思想的得失。

马尔库塞在《爱欲与文明》中把现代人的生命时间分为两部分：一是"劳动时间"（Arbeitszeit），即现代人谋生必须付出的时间；二是"自由时间"（Feriezit），即现代人工作以外可以自由支配的闲暇时间。马尔库塞乐观地认为，生产的自动化趋势有可能把自由时间与劳动时间的关系颠倒过来，在劳动时间降到最低的同时，使自由时间成为主导性的生活时间。由此一来，人类文明便进入崭新境域——爱欲乌托邦。马尔库塞指出，"在摆脱了统治的要求之后，劳动时间和劳动能量在量上不断减少，将导致人类生存发生质的变化：决定人类生存的不是劳动时间，而是自由时间。不断扩展的自由王国真正成了消遣王国，即个体机能得到自由消遣的王国"①。应当说，一方面，马尔库塞正确地指认了自由时间对于人类解放的重大价值，这是他的理论贡献；但另一方面，马尔库塞对自由时间的阐发完全撇开了马克思的剩余价值理论，尤其是撇开了阶级分析法，他把弗洛伊德的"压抑"思想片面地嫁接到马克思《1857—1858年经济学哲学手稿》前期的自由时间思想，进而化合成不伦不类的"爱欲乌托邦"。显然，马尔库塞对自由时间的理解存在一些明显的错误。

第一，错误地把生产力进步等同于自由时间解放。马尔库塞对自由时间的分析撇开了资本主义生产关系，直接把生产力进步与自由时间解放等同起来。应当说，这种错误的解读方式也对国内思想界产生了极大的负面影响。比如，我国马克思主义理论界的权威学者俞吾金教授也赞同马尔库塞"生产

---

① 赫伯特·马尔库塞. 爱欲与文明［M］. 黄勇，等译. 上海：上海译文出版社，2012：204-205.

力进步＝自由时间解放"的公式。① 实际上，自由时间与经济财富一样，不仅涉及生产，还涉及分配。分配问题必然涉及生产关系问题。马克思自由时间思想的理论深度在于，马克思通过批判资本主义的生产关系，现实地揭示阶级与自由时间不平等，资本与工人自由时间的匮乏等问题。显然，自由时间不是抽象的哲学问题，而是现实的社会问题。从某种意义上讲，马尔库塞对自动化与自由时间关系的肤浅理解，使得他偏离阶级立场，竟不自觉地成为资本主义的维护者。

第二，错误地将劳动时间与自由时间对立起来。马尔库塞对自由时间的思考延续的是西方传统的"劳动—闲暇"二元论模式，并片面地将劳动理解为"压抑"。实际上，"劳动—闲暇"的二元对立作为阶级对立的产物，在资本主义正好表现为一种虚假的意识形态。马克思指出，"直接的劳动时间本身不可能像从资产阶级经济学的观点出发所看到的那样永远同自由时间处于抽象对立中"②。事实上，劳动与闲暇其实都是人性的重要表现。简言之，马克思并不否定劳动，而只是否定劳动的异化形式，如奴隶劳动、徭役劳动、租佃劳动、雇佣劳动等。马克思认为未来社会将用自愿劳动取代强制劳动。显然，马尔库塞并没有理解马克思的劳动思想，他只是将弗洛伊德的"压抑"思想片面地嫁接到马克思的异化思想中，从而把劳动时间与自由时间抽象地对立起来。

第三，混淆"自由时间"和"无用时间"的区别。马尔库塞幻想通过自动化取代劳动，建立一个"爱欲乌托邦"，这样人类的自由问题就一劳永逸地解决了。但事实上，在资本主义制度下，劳动是闲暇的前提，工人"不做事是不能生活下去的，他们只能饿死"，工人只有将自己的时间卖给资本家才能拿到"活命"工资。如果工人被自动化排挤，那工人糊口的工资从何而来？资本主义的商品由谁购买？私有制下的自动化趋势只会导致就业力市场的深度"内卷化"，即强化工人内部间的过度竞争，而那些被淘汰出局的失

---

① 参见俞吾金. 物、价值、时间和自由—马克思哲学体系核心概念探析 [J]. 哲学研究，2004（11）：3-10.

② 中共中央马克思恩格斯列宁斯大林著作编译局. 马克思恩格斯全集：第31卷 [M]. 北京：人民出版社，1998：108.

业者的时间绝不是"自由时间",而是"无用时间"。失业者在"无用时间"
中体验的不是自由,而是奴役、饥饿以及丧失做人的尊严。而且,"无用时
间"一旦完成从量变到质变的聚集,便可能引爆翻天覆地的无产阶级革命。
资本主义私有制下自动化的前景绝对不可能是"爱欲乌托邦"。可见,马尔
库塞并不对"自由时间"与"无用时间"作区分。如果按照马尔库塞的逻
辑,只要不工作的时间都是自由时间,那么失业工人反倒成为最自由的人。
显然,一旦把抽象的思辨思维介入复杂的现实议题,就必然产生极其荒谬的
观点。

正如佩里·安德森在《西方马克思主义探讨》中所言,"整个西方马克
思主义的隐蔽标志只是一个失败的产物而已""它们所使用的语言,越来越
带有专业化和难以理解的特色。在整整一个历史时期里,理论已成为一种奥
秘的学科,它所使用的艰深术语,足以说明其远远脱离政治。"①　马尔库塞思
想的局限反映了西方马克思主义的局限,即满足于"关起门来做学问",因
而脱离群众、脱离政治和脱离斗争。从这个意义上讲,马尔库塞幻想的"爱
欲乌托邦"远比空想社会主义的"乌托邦"更加反动。因为,空想社会主义
至少认真分析过私有制导致的"过度劳动者和有闲者之间的对立",而马尔
库塞则完全无视私有制的现实,将马克思主义从政治经济学批判拉低至唯心
主义的抽象水平。一言蔽之,马尔库塞虽然打着马克思主义的"旗号",但
他并不是真正的马克思主义者,他对自由时间的空洞理解也根本无法解决人
类的生存困境。

7.2.2　施密特:"马克思把人的自由问题还原为自由时间的问题"

施密特是联邦德国著名哲学家、社会学家,法兰克福学派的当代代表之
一。施密特其在1960年完成的《马克思的自然概念》一书中阐发了极具洞
见的论断:"马克思把人的自由问题还原为自由时间的问题。"②　施密特探讨

---

①　佩里·安德森. 西方马克思主义探讨 [M]. 高铦,等译. 北京:人民出版社,
1981:55,70.
②　A·施密特. 马克思的自然概念 [M]. 欧力同,等译. 北京:商务印书馆,1988:
153.

了认识论意义上"自由"概念的局限性，他通过阅读马克思的著作领会了人类"劳动—闲暇"的生命时间结构对自由的根本制约性。

在马克思之前，人们主要基于认识论理解自由，把自由还原成"自由是什么"的抽象命题。例如，康德把自由理解为道德律的自觉；黑格尔把自由视为对必然性的认识①。事实上，成熟时期马克思并不是从认识论层面抽象地探讨"自由是什么"，而是现实地考察"自由的条件是什么"。马克思指出，对于只能"吃到半饱"和只有"一半睡眠时间"②的工人来说，抽象的自由没有任何意义，当务之急是"从资本的贪婪魔爪下夺回哪怕只是为了维持自己的肉体生存所必需的自由时间"③。马克思认为，自由在根本上不是个体问题，而是关联社会发展的整体状况，因而是一个人类学意义的群体性问题。显然，与之前的思想家相比，马克思对自由的认识具有巨大的现实感。就此而言，施密特深刻地指出，"在马克思看来，所谓自由时间总之并不是像按今天的语言所理解的只是时间的量的延长。文化的补充与修正今天应为'全民'服务，而不是当作物来提供的库存品。只有当'直接的劳动时间'结束它和'自由的时间处于抽象对立'的时候，人的许多本性才能达到普遍的发展，这种发展将回过头来再给生产力的增长以促进性的影响……在马克思看来，那时的生产力的发展绝不是人自己的目的，劳动时间的缩短归根到底应促成人的改造"④。

---

① "自由是被认识了的必然性。"黑格尔的这一观点不仅影响了恩格斯，也包括后来的苏联教科书体系，几乎所有的马克思主义哲学教科书都把马克思的自由概念置于认识论之下。实际上，正如阿尔都塞指出的，认识"自由"，并不等于实现"自由"，正如解释世界不等于改变世界一样。因此，从认识论出发，对"自由"的本质的探讨只是实现自由的一个前提，而"自由的条件"才是决定能否实现自由的关键。在这个意义上，亚里士多德是西方思想史上第一个真正认识到"自由的条件"远远比单纯地认识"自由是什么"要重要得多，他在《政治学》《尼各马可伦理学》《形而上学》等一系列著作中论述了，闲暇是人通向自由之境的根本条件。
② 中共中央马克思恩格斯列宁斯大林著作编译局．马克思恩格斯全集：第32卷［M］．北京：人民出版社，1998：189.
③ 中共中央马克思恩格斯列宁斯大林著作编译局．马克思恩格斯全集：第37卷［M］．北京：人民出版社，2019：238.
④ A·施密特．马克思的自然概念［M］．欧力同，等译．北京：商务印书馆，1988：156.

可以说，施密特正确领悟了马克思自由时间思想的巨大的现实感和历史感。但是，施密特主要运用《1844年经济学哲学手稿》的人学逻辑解读马克思的自由时间思想，错误地把马克思关于自由时间解放的思考指认为"乌托邦"，因而没有看到科学社会主义与空想社会主义的根本异质性。正如在《资本论》及其手稿看到的，马克思并不是从人本主义出发阐释自由时间的解放逻辑，而是根据资本主义生产力与生产关系矛盾运动得出自由时间解放的现实进程。在这个意义上，施密特对马克思自由思想的解读无疑具有片面性。但无论如何，从对马克思自由时间思想的整体把握来看，施密特相比马尔库塞前进了一步。

7.2.3 科西克：自由时间是理解"自由王国"的一把钥匙

科西克是东欧著名哲学家，捷克"存在人类学派"的主要代表人物之一。科西克把"自由时间"视作理解马克思"自由王国"的一把钥匙，他指出，"必然与自由的关系是受历史条件制约的，这种关系在历史上变化着。从唯物主义观点看，马克思把自由问题与创造自由时间（Free time）联系起来是完全顺理成章的。创造自由时间的一个重要方面就是缩短劳动时间。在这个意义上，他可以把必然与自由时间问题转换成劳动时间"①。从这段论述可以看出，科西克对马克思自由观的领悟到达了一个更高的思考境界，即"自由"不仅仅是一个认识问题，归根结底是由生产方式所决定的实践问题。

从近代哲学开启认识论转向以后，西方思想界一直在思想上承受"必然与自由"的二元对立。康德在《实践理性批判》中写道："这个世界上唯有两样东西能让我们的心灵感到深深的震撼，一是我们头顶上的灿烂天空，一是我们内心崇高的道德法则。"② 康德所说的"头顶的星空"指的便是自然界不可抗拒的"必然王国"，它以牛顿物理学为原型，把现象世界的一切事物运动纳入必然性的强制因果关系中，因此，物质世界没有自由可言。康德认为，"心中的道德法则"与"头顶的星空"不同，它不受自然规律的支配，

---

① 卡莱尔·科西克.具体的辩证法［M］.傅小平，译.北京：社会科学文献出版社，1989：164.
② 康德.实践理性批判［M］.邓晓芒，译.北京：人民出版社，2004：151.

超越了必然性的强制，是人自己决定自己，自己为自己立法，自己支配自己，自己就是自己行动的原因。因此，道德律超越现象界，是属于本体界的"自由王国"。可见，康德把"自由"作为先验范畴，而非事实判断。康德的二元论哲学实际上仍然是对古希腊以柏拉图为代表的形而上学的延伸，只不过康德进一步强化和扩大了本体世界与经验世界的鸿沟。

马克思指出，自由并不只是一个认识问题，自由究其根本是关涉阶级斗争和社会革命的实践问题。"自由是什么"，任何一个思想家都可以给它下一个定义。但在现实生活中，"自由的条件"却是客观的。马克思说："时间是发展的空间"①，没有自由时间，人就根本谈不上自由。科西克深刻地认识到马克思绝不是在先验意义上探讨自由，而是从社会生活实践，即"具体的世界"出发，诠释制约人类自由实现的条件。同时，科西克还意识到自由时间绝不只是一个数量范畴，也就是说，在以"物的依赖"资本主义社会，闲暇受到资本的规制，因此，闲暇其实成为资本主义异化世界的组成部分。大体说来，科西克领会了马克思自由时间思想的深层要义。"必然王国"与"自由王国"的关系并非如哲学家脑海中"头顶的星空"和"心中的道德律"的先验对立。在现实中，"必然王国"与"自由王国"的关系并不是一成不变的，而是相互作用、共同促进的关系。科西克认为，必然王国为自由王国创造了物质基础，物质世界边界扩大的同时，自由王国的基础也在扩大。与此同时，我们也要看到，科西克对马克思自由时间思想的理解存在两点不足：

第一，忽视了自由时间解放的另一维度——劳动的解放。马克思认为，未来社会创造自由时间实际上有两条路径：一是缩短劳动时间；二是提升劳动的吸引力，把劳动变成闲暇。显然，科西克更多地关注了前者，而忽视了后者。

第二，将自由时间与闲暇时间对立起来。实际上，不仅马尔库塞、鲍德里亚持有这种观点，而且国内也有大量学者持有这种观点，认为自由时间只存在于未来社会——共产主义社会，资本主义的闲暇时间只是自由时间的一

---

① 中共中央马克思恩格斯列宁斯大林著作编译局．马克思恩格斯全集：第30卷[M]．北京：人民出版社，1995：123．

种异化形式。科西克并没有理解马克思在《资本论》及其手稿中为自由时间划定的层级系统。在马克思的思想中，生理时间和娱乐时间也是自由时间，只不过相比于用于高级活动的发展时间，这类时间是较低层次的自由时间。

通过评判上述三位具有代表性的思想家我们可以看到，西方学界意识到，马克思自由时间思想是走向马克思思想深处和建构马克思主义整体性的一条新路。在人类解放的根本视域下，众多思想家都聚焦了马克思的基本课题——自由时间解放。正是在这个意义上，他们思想中渗透的问题意识才启发我们进一步研究和探索人类自由时间解放的时代课题。

结　语

　　"时间都去哪儿了"蕴含更为深刻和复杂的问题是：人类向何处去？人类究竟是在资本主义的宰制下走向"退化"和"灭绝"，还是在共产主义的指引下通向"自由"与"解放"？21世纪人类遭遇的时间困境是攸关全人类命运和前途的时代难题，当代人已走到"百年未有之大变局"的十字路口。按照雅斯贝斯（Jaspers）的说法，现代是一个思想贫乏的时代。① 在以"宏大叙事批判"为标识的后现代语言肆虐下，人类的历史视野正变得愈加狭窄，一些人类伟大思想家所殚精竭虑谋划的理想世界的远景已黯然失色。当代人仿佛丧失追寻真理和改造世界的勇气和信心，以至于禁锢想象、故步自封，排斥探索更符合人类尊严的未来文明。由于停滞于晚期资本主义的悲观精神状态，我们时代的世界图景展望、发展道路探索一度陷入精神危机和智识衰败。精神破败源自想象匮乏，对未来缺乏想象力的时代必然是没有希望、没有出路的时代！新时代呼唤新思想，而新思想引领新征程。

　　马克思并不否认资本主义的进步意义。他认为，资本的伟大功绩在于开创了一个崭新时代，这个时代所释放的巨大生产力为全人类共同摆脱饥饿和走向自由提供了潜在的可能性。资本的文明贡献在于"它创造了这样一个社会阶段，与这个社会阶段相比，以前的一切社会阶段都只表现为人类的地方性发展和对自然的崇拜。只有在资本主义制度下自然界才不过是人的对象，不过是有用物……资本按照自己的这种趋势，既要克服民族界限和民族偏见，又要克服把自然神化的现象，克服流传下来的、在一定界限内闭关自守

---

① 参见卡尔·雅斯贝斯. 时代的精神状况 ［M］. 王德峰，译. 上海：上海译文出版社，2013.

地满足于现有需要和重复旧生活方式的状况。资本破坏这一切并使之不断革命化，摧毁一切阻碍发展生产力、扩大需要、使生产多样化、利用和交换自然力量和精神力量的限制。"① 但资本主义的局限在于，在私有制的法权结构下，现代社会只能是阶级冲突不断升级的"市民社会"，这个社会的一切文明果实都被资本家所窃取。因此，在私有制下，生产力的发展非但没有成为劳动阶级自由时间解放的基础，反而进一步成为奴役劳动人民的手段，即"劳动生产力的发展创造了资本，或者说，财产，即为'有闲者'——游手好闲者、非劳动者——创造剩余产品，同时劳动还生出了它的寄生赘瘤；劳动生产力越发展，这个寄生赘瘤就越把劳动的骨髓吸尽"②。人类文明只有一条出路，那就是通向无阶级的"人类社会"——共产主义社会。马克思指出，资本主义生产力与生产关系的激化必然导致阶级斗争的尖锐化，其结果是，无产阶级作为一个伟大的革命阶级，必将履行消灭阶级的神圣历史使命，资本主义终将被没有阶级的美好"新世界"所取代！

共产主义作为一种崭新的人类文明，在根本上顺应了历史潮流和人民呼唤。"代替那存在着阶级和阶级对立的资产阶级旧社会的，将是这样一个联合体，在那里，每个人的自由发展是一切人的自由发展的条件。"③ 在没有剥削和没有阶级的未来社会，生产力的发展不再成为少数人牟取剩余价值的手段，而是服务于全人类。马克思指出，"社会生产力的发展将如此迅速，以致尽管生产将以所有的人富裕为目的，所有的人的可以自由支配的时间还是会增加。因为真正的财富就是所有个人的发达的生产力。那时，财富的尺度决不再是劳动时间，而是可以自由支配的时间"④。与此同时，随着劳动的异化形式——雇佣劳动被彻底废除，自愿劳动具有强烈魅力，闲暇范围因此扩

---

① 中共中央马克思恩格斯列宁斯大林著作编译局．马克思恩格斯全集：第30卷［M］．北京：人民出版社，1995：389-390.

② 中共中央马克思恩格斯列宁斯大林著作编译局．马克思恩格斯全集：第35卷［M］．北京：人民出版社，2013：286.

③ 中共中央马克思恩格斯列宁斯大林著作编译局．马克思恩格斯选集：第1卷［M］．北京：人民出版社，2012：422.

④ 中共中央马克思恩格斯列宁斯大林著作编译局．马克思恩格斯全集：第31卷［M］．北京：人民出版社，1998：104.

大，劳动成为人类展现主体性和超越性的手段，即劳动成为艺术，成为游戏，成为更有创造性和更高级的闲暇。从这个意义上说，共产主义作为一种自由时间文明，它使人类时间彻底摆脱了资本逻辑的宰制，时间从"金钱"复归生命本真的超越维度，进而彰显全人类的生命尊严！

虽然距离马克思写作《资本论》及其手稿已经过去百余年，但马克思揭示的人类解放的时间向度仍闪耀着光芒四射、无与伦比的思想力量。马克思的自由时间思想是成熟时期马克思的又一个思想制高点，可以说，在成熟时期的马克思思想深处，自由时间解放就是人类解放的同义词。马克思主义是与时俱进的科学体系，因此在把马克思自由时间思想作为分析当代中国社会自由时间问题的工具时，应注意理论联系实际，充分认识到我国现阶段的主要矛盾。马克思自由时间思想不应该是一个一经发现就被挖掘彻底的研究，它本质上是一个基于科学性质敞开的动态性研究。本书只是对马克思自由时间思想做一个基础性的梳理工作，这个思想在今天仍是一座庞大的"思想富矿"，亟待更多的学者参与开掘、整理，并将其转化和构建为严格的知识模式，与多学科进行交叉，生成具有战略高度和现实紧迫感的前沿课题。让我们感悟真理的力量，不忘初心，在时代浪潮中奋勇争先、锐意开拓、砥砺前行。在新时代，深刻领会马克思自由时间思想，有利于我们坚定共产主义理想信念，从容应对百年未有之变局，继续推进中国特色社会主义建设和世界社会主义运动的伟大征程。

参考文献

【中文文献】

著作类

[1] 中共中央马克思恩格斯列宁斯大林著作编译局. 马克思恩格斯全集: 第1—48卷 [M]. 北京: 人民出版社, 1956—1985.

[2] 中共中央马克思恩格斯列宁斯大林著作编译局. 马克思恩格斯全集: 第30—38卷 [M]. 北京: 人民出版社, 1995—2019.

[3] 马克思. 资本论: 第1-3卷 [M]. 北京: 人民出版社, 2004.

[4] 中共中央马克思恩格斯列宁斯大林著作编译局. 列宁选集: 第1-4卷 [M]. 北京: 人民出版社, 2012.

[5] 赫西俄德. 工作与时日·神谱 [M]. 张竹明, 等译. 北京: 商务印书馆, 1991.

[6] 柏拉图. 理想国 [M]. 郭斌和, 译. 北京: 商务印书馆, 1986.

[7] 亚里士多德. 政治学 [M]. 吴寿彭, 译. 北京: 商务印书馆, 1965.

[8] 亚里士多德. 尼各马可伦理学 [M]. 廖申白, 译. 北京: 商务印书馆, 2003.

[9] 亚里士多德. 物理学 [M]. 张竹明, 译. 北京: 商务印书馆, 1982.

[10] 亚里士多德. 形而上学 [M]. 苗力田, 译. 北京: 中国人民大学出版社, 2003.

[11] 奥古斯丁. 忏悔录 [M]. 周士良，译. 北京：商务印书馆，1963.

[12] 欧文. 欧文选集：第1—3卷 [M]. 柯象峰，译. 北京：商务印书馆，1965.

[13] 圣西门. 圣西门选集：第1—3卷 [M]. 王燕生，等译. 北京：商务印书馆，1979.

[14] 傅立叶. 傅立叶选集：第1—3卷 [M]. 赵俊欣，等译. 北京：商务印书馆，1979.

[15] 巴贝夫，韦耶德 G. 巴贝夫文选 [M]. 梅溪，译. 北京：商务印书馆，1962.

[16] 温斯坦莱. 温斯坦莱文选 [M]. 任国栋，译. 北京：商务印书馆，1965.

[17] 托马斯·莫尔. 乌托邦 [M]. 戴镏龄，译. 北京：商务印书馆，1982.

[18] 康帕内拉. 太阳城 [M]. 陈大维，等译. 北京：商务印书馆，1960.

[19] 约翰·凡·安德里亚. 基督城 [M]. 黄宗汉，译. 北京：商务印书馆，1979.

[20] 梅叶. 遗书 [M]. 陈太先，译. 北京：商务印书馆，1985.

[21] 摩莱里. 自然法典 [M]. 黄建华，译. 北京：商务印书馆，2009.

[22] 约翰·洛克. 政府论：上、下卷 [M]. 叶启芳，译. 北京：商务印书馆，1964.

[23] 约翰·穆勒. 论自由 [M]. 程崇华，译. 北京：商务印书馆，1959.

[24] 亚当·斯密. 国富论 [M]. 郭大力，等译. 北京：商务印书馆，1960.

[25] 詹姆斯·穆勒. 政治经济学原理 [M]. 赵荣潜，等译. 北京：商务印书馆，1980.

[26] 马尔萨斯. 政治经济学原理 [M]. 北京: 商务印书馆, 1962.

[27] 塞耶编. 牛顿自然哲学著作选 [M]. 上海外国自然科学哲学著作编译组译. 上海: 上海人民出版社, 1974.

[28] 康德. 纯粹理性批判 [M]. 李秋零, 译. 北京: 中国人民大学出版社, 2011.

[29] 康德. 实践理性批判 [M]. 李秋零, 译. 北京: 中国人民大学出版社, 2011.

[30] 康德. 判断力批判 [M]. 李秋零, 译. 北京: 中国人民大学出版社, 2011.

[31] 黑格尔. 小逻辑 [M]. 贺麟, 译. 北京: 商务印书馆, 1996.

[32] 黑格尔. 精神现象学: 上、下卷 [M]. 贺麟, 译. 北京: 商务印书馆, 1979.

[33] 黑格尔. 法哲学原理 [M]. 张企泰, 译. 北京: 商务印书馆, 1997.

[34] 费尔巴哈. 基督教的本质 [M]. 荣震华, 译. 北京: 商务印书馆, 1984.

[35] 马克斯·韦伯. 教伦理与资本主义精神 [M]. 于晓, 译. 上海: 生活·读书·新知三联书店, 1987.

[36] 卢森堡. 资本积累论 [M]. 彭尘舜等, 译. 北京: 商务印书馆, 1959.

[37] 施密特. 马克思的自然概念 [M]. 欧力同, 等译. 北京: 商务印书馆, 1988.

[38] 马丁·海德格尔. 存在与时间 [M]. 陈嘉映, 等译. 北京: 生活·读书·新知三联书店, 2014.

[39] 卢卡奇. 历史与阶级意识 [M]. 杜章智, 等译. 北京: 商务印书馆, 1992.

[40] 柯亨. 卡尔·马克思的历史理论 [M]. 岳长龄, 译. 重庆: 重庆出版社, 1989.

[41] 科西克. 具体辩证法 [M]. 傅小平, 译. 北京: 社会科学文献出

版社，1989.

[42] 兹维·罗森.布鲁诺·鲍威尔和卡尔·马克思：鲍威尔对马克思思想的影响 [M].王谨，等译.北京：中国人民大学出版社，1984.

[43] 托克维尔.旧制度与大革命 [M].冯棠，译.北京：商务印书馆，1992.

[44] 卢梭.社会契约论 [M].何兆武，译.北京：商务印书馆，2003.

[45] 柏格森.时间与自由意志.[M].吴士栋，译.北京：商务印书馆，1958.

[46] 埃米尔·涂尔干.社会分工论 [M].渠东，译.北京：生活·读书·新知三联书店，2000.

[47] 爱弥尔·涂尔干.宗教生活的基本形式 [M].渠东，等译.上海：上海人民出版社，2006.

[48] 米歇尔·福柯.惩罚与规训 [M].刘北成，译.上海：生活·读书·新知三联书店，2003.

[49] 乔治·古尔维奇.社会时间的频谱 [M].朱红文，等译.北京：北京师范大学出版社，2010.

[50] 让·鲍德里亚.消费社会 [M].刘成富，译.南京：南京大学出版社，2014.

[51] 让·鲍德里亚.生产之镜 [M].仰海峰，译.北京：中央编译出版社，2005.

[52] 让·鲍德里亚.象征交换与死亡 [M].仰海峰，译.南京：译林出版社，2006.

[53] 赫尔嘉·诺沃特.时间：现代与后现代经验 [M].金梦兰，等译.北京：北京师范大学出版社，2011.

[54] 路易·加迪，等.文化与时间 [M].郑乐平，等译.杭州：浙江人民出版社，1988.

[55] 费尔南·布罗代尔.15至18世纪的物质文明、经济和资本主义：第1-3卷 [M].顾良，等译.上海：生活·读书·新知三联书店，2017.

[56] 吉尔·利波维茨基.超级现代时间 [M].谢强，译.北京：中国

人民大学出版社，2005.

[57] 尼采．查拉图斯特拉如是说 ［M］．钱春绮，译．北京：生活·读书·新知三联书店，2014.

[58] 洛维特．世界历史与救赎历史 ［M］．李秋零，等译．北京：生活·读书·新知三联书店，2002.

[59] 恩斯特·布洛赫．希望的原理：第 1-3 卷 ［M］．梦海，译．上海：上海译文出版社，2012.

[60] 斯宾格勒．西方的没落：上、下卷 ［M］．齐世荣，等译．北京：群言出版社，2016.

[61] 卡尔·雅斯贝斯．时代的精神状况 ［M］．齐世荣，等译．上海：上海译文出版社，2013.

[62] 霍克海默，阿道尔诺．启蒙辩证法 ［M］．渠敬东，等译．上海：上海世纪出版集团，2006.

[63] 弗洛姆．逃避自由 ［M］．刘林海，译．上海：上海译文出版社，2015.

[64] 弗洛姆．占有还是存在 ［M］．李穆，译．上海：世界图书出版公司，2014.

[65] 弗洛姆．健全的社会 ［M］．孙恺祥，译．上海：上海译文出版社，2011.

[66] 弗洛伊德．文明及其不满 ［M］．严志军，译．上海：上海世纪出版集团，2007.

[67] 恩斯特·卡西尔．符号形式的哲学 ［M］．赵海萍，译．长春：吉林出版集团，2018.

[68] 恩斯特·卡西尔．人论 ［M］．甘阳，译．上海：上海译文出版社，2013.

[69] 乌尔里希·贝克．风险社会 ［M］．张文杰，等译．南京：译林出版社，2018.

[70] 乌尔里希·贝克．个体化 ［M］．李荣山，译．北京：北京大学出版社2011.

[71] 哈特穆特·罗萨. 新异化的诞生：社会加速批判理论大纲 [M]. 郑作彧，译. 上海：上海人民出版社，2018.

[72] 哈特穆特·罗萨. 加速：现代社会中时间结构的改变 [M]. 董璐，译. 北京：北京大学出版社，2015.

[73] 沃尔夫冈·希弗尔布施铁道之旅：19世纪空间与时间的工业化 [M]. 金毅，译. 上海：上海人民出版社，2018.

[74] 罗伯特·列文. 时间地图 [M]. 范东生，等译. 合肥：安徽文艺出版社，2000.

[75] 罗素. 西方哲学史 [M]. 李约瑟，等译. 北京：商务印书馆，1963.

[76] 伯特兰·罗素. 悠闲颂 [M]. 李金波，等译. 北京：中国工人出版社，1993.

[77] 肖恩·塞耶斯. 马克思主义与人性 [M]. 冯颜利，译. 北京：东方出版社，2008.

[78] 安东尼·吉登斯. 现代性的后果 [M]. 田禾，译. 南京：译林出版社，2000.

[79] 戴维·麦克莱伦. 青年黑格尔派与马克思 [M]. 夏威仪，等译. 北京：商务印书馆，1982.

[80] 戴维·麦克莱伦. 马克思以后的马克思主义 [M]. 余其铨，等译. 北京：中国社会科学出版社，1986.

[81] 戴维·麦克莱伦. 马克思传 [M]. 王珍，译. 北京：中国人民大学出版社，2005.

[82] 约翰·哈萨德编. 时间社会学 [M]. 朱红文，等译. 北京：北京师范大学出版社，2009.

[83] 大卫·哈维. 后现代的状况：对文化变迁之缘起的探究 [M]. 阎嘉，译. 北京：商务印书馆，2013.

[84] 大卫·哈维. 跟大卫·哈维读《资本论》[M]. 刘英，译. 上海：上海译文出版社，2014

[85] 大卫·哈维. 资本的限度 [M]. 张寅，译. 北京：中信出版

社，2017.

[86] 大卫·哈维．新帝国主义［M］．初立忠，译．北京：社会科学文献出版社，2009.

[87] 特里·伊格尔顿．马克思为什么是对的［M］．李扬，等译．重庆：重庆出版社，2017.

[88] 赫伯特·马尔库塞．爱欲与文明［M］．黄勇，等译．上海：上海译文出版社，2012.

[89] 马尔库塞．单向度的人［M］．刘继译，译．上海：上海译文出版社，2008.

[90] 凡勃伦．有闲阶级论：关于制度的经济研究［M］．李华夏，译．北京：中央编译出版社，2012.

[91] 丹尼尔·贝尔．后工业社会的来临［M］．高铦，等译．北京：新华出版社，1997.

[92] 丹尼尔·贝尔．资本主义文化矛盾［M］．赵一凡，等译．北京：生活·读书·新知三联书店，1989.

[93] 马歇尔·伯曼．一切坚固的东西都烟消云散了：现代性体验［M］．徐大健，等译．北京：商务印书馆，2013.

[94] 杰里·D. 穆尔．人类学家的文化见解［M］．欧阳敏，等译．北京：商务印书馆，2009.

[95] 斯塔夫里阿诺斯．全球通史［M］．吴象婴，等译．北京：北京大学出版社，2005.

[96] 曼纽尔·卡斯特．网络社会［M］．周凯，译．北京：社会科学文献出版社，2009.

[97] 萨缪尔森．经济学［M］．萧琛，译．北京：人民邮电出版社，2008.

[98] 保罗·巴兰，保罗·斯威齐．垄断资本［M］．南开大学政治经济学系，译．北京：商务印书馆，1977.

[99] 罗伯特·L. 海尔布隆纳．资本主义的本质与逻辑［M］．马林梅，译．北京：东方出版社，2013.

[100] 罗伯特·L. 海尔布隆纳. 马克思主义赞成与反对 [M]. 马林梅，译. 北京：东方出版社，2016.

[101] 乔纳森·克拉里. 24/7：晚期资本主义与睡眠的终结 [M]. 许多，译. 北京：中信出版社，2015.

[102] 路德维希·冯·米瑟斯. 自由与繁荣的国度 [M]. 韩光明，译. 北京：中国社会科学出版社，1995.

[103] 内田弘. 新版《政治经济学批判大纲》的研究 [M]. 王青，等译. 北京：北京师范大学出版社，2011.

[104] 吴瑞敏. 财富与时间：《1857—1858 年经济学手稿》研究 [M]. 上海：上海人民出版社，2015.

[105] 杨洪源. 政治经济学批判的逻辑建构："1857—1858 年手稿"再研究 [M]. 北京：中国人民大学出版社，2018.

[106] 王嘉. "资本一般"与政治经济学批判："1861—1863 年手稿"再研究 [M]. 北京：中国人民大学出版社，2018.

[107] 彭宏伟. 资本社会的结构与逻辑：《资本论》议题再审视 [M]. 北京：中国人民大学出版社，2018.

[108] 熊进. 论马克思的时间概念 [M]. 武汉：武汉大学出版社，2014.

[109] 李金霞. 马克思的自由时间理论 [M]. 北京：当代世界出版社，2011.

[110] 吴国盛. 时间的观念 [M]. 北京：北京大学出版社，2006.

[111] 汪天文. 社会时间研究 [M]. 北京：中国社会科学出版社，2004.

[112] 汪天文. 时间理解论 [M]. 北京：人民出版社，2008.

[113] 景天魁. 时空社会学：理论和方法 [M]. 北京：中国人民大学出版社，2012.

[114] 湛晓白. 时间的社会文化史：近代中国时间制度与观念变迁研究 [M]. 北京：社会科学文献出版社，2013.

[115] 王晶. 用时间消灭空间：论马克思恩格斯的传播时空观 [M].

北京：中国书籍出版社，2014.

[116] 尤西林. 心体与时间：二十世纪中国美学与现代性 [M]. 北京：人民出版社，2009.

[117] 张志伟. 西方哲学十五讲 [M]. 北京：北京大学出版社，2004.

[118] 张汝伦. 现代西方哲学十五讲 [M]. 北京：北京大学出版社，2004.

[119] 衣俊卿. 文化哲学十五讲 [M]. 北京：北京大学出版社，2004.

[120] 张一兵. 回到马克思 [M]. 南京：江苏人民出版社，1998.

[121] 孙亮. 重审马克思的"阶级"概念：基于政治哲学解读的尝试 [M]. 南京：江苏人民出版社，2016.

期刊类

[1] 仰海峰. 马克思资本逻辑场域中的主体问题 [J]. 中国社会科学，2016（3）.

[2] 曹典顺. 唯物史观理论演进的研究范式 [J]. 中国社会科学，2019（8）.

[3] 俞吾金. 物、价值、时间和自由——马克思哲学体系核心概念探析 [J]. 哲学研究，2004（11）.

[4] 仰海峰. 历史唯物主义的双重逻辑 [J]. 哲学研究，2010（11）.

[5] 仰海峰. 历史唯物主义双重逻辑的当代境遇 [J]. 哲学动态，2010（12）.

[6] 余静. 马克思的时间范畴及其当代意义 [J]. 马克思主义研究，2008（3）.

[7] 刘新刚，盛卫国. 关于马克思自由时间范畴的思考——兼与余静教授商榷 [J]. 马克思主义研究，2008（12）.

[8] 刘海春. 论马克思人类解放的"劳动—休闲"之维 [J]. 马克思主义与现实，2016（6）.

[9] 张永红，胡若痴. 关于马克思自由时间范畴的再思考 [J]. 教学与研究，2011（6）.

[10] 马惠娣，成素梅. 关于自由时间的理性思考 [J]. 自然辩证法，

1999 (1).

[11] 陈彦霞, 庞晓光. 自由时间和人的全面发展 [J]. 自然辩证法研究, 2002 (9).

[12] 李洋. 马克思的社会时间理论及其当代启示 [J]. 社会主义研究, 2016 (4).

[13] 阎孟伟. 人的生命活动的时间结构及其当代意义 [J]. 江汉论坛, 2019 (6).

[14] 徐晓宇. 实践·解放·自由时间：马克思哲学自由观研探 [J]. 人民论坛, 2017 (15).

[15] 曾宇辉, 刘艺. 马克思的"自由时间"及当代启示 [J]. 学术论坛, 2005 (12).

[16] 赵华飞, 周丽. 马克思的"自由时间"思想及其现实意义 [J]. 理论月刊, 2018 (10).

[17] 庄友刚, 王砚. 马克思自由时间思想视阈下的当代失业问题研究 [J]. 理论学刊, 2014 (10).

[18] 王雅林. 自由时间利用的理论和实践 [J]. 求是学刊, 1982 (4).

[19] 任爱玲. 马克思"自由时间"的哲学内涵及现实启示 [J]. 晋阳学刊, 2012 (5).

[20] 乔荣生. 自由时间：衡量人的全面自由发展实现的标准与尺度 [J]. 河北学刊, 2012 (4).

[21] 张圣兵. 引入自由时间的小康社会指标体系及评价 [J]. 管理学刊, 2017 (5).

[22] 徐潇亮. 自由时间理论视域下的休闲教育 [J]. 学理论, 2019 (1).

[23] 刘方喜. "自由时间"论：马克思主义美学在消费时代的新拓展 [J]. 湖北大学学报 (哲学社会科学版), 2008 (6).

[24] 李士坤. 马克思自由时间理论与休闲 [J]. 北京联合大学学报 (人文社会科学版), 2014 (1).

[25] 王猛. 试析马克思的自由时间观 [J]. 湖北民族学院学报（哲学社会科学版），2014（1）.

[26] 梁洪霞，王芳从："996 工作制"看我国休息权的国家保护义务 [J]. 西南政法大学学报，2019（5）.

[27] 武慧俊. 休闲消费视阈下马克思人的解放理论及其当代价值 [J]. 山西师大学报（社会科学版），2017（4）.

[28] 刘浏. 论创新驱动发展战略的价值与实现路径——以马克思自由时间理论为视角 [J]. 延边党校学报，2016（3）.

[29] 董瑞华. 马克思的闲暇时间理论与休闲经济 [J]. 当代经济研究，2002（3）.

[30] 徐俊武，吴伟杰. 自由时间、收入与幸福感——基于中国家庭追踪调查数据的经验分析 [J]. 南京审计学院学报，2016（2）.

[31] 高放. 科学社会主义与民主社会主义的百年分合 [J]. 理论参考，2007（8）.

学位论文类

[1] 熊杰. 马克思的时间概念 [D]. 武汉：武汉大学，2010.

[2] 黄杰. 论马克思的自由时间思想 [D]. 长春：吉林大学，2014.

[3] 李洋. 马克思的社会时间理论及其当代意义研究 [D]. 上海：华东师范大学，2018.

[4] 谢秀华. 工业社会休闲异化批判——兼论马克思休闲思想及其当代意义 [D]. 长春：吉林大学，2008.

[5] 王晓杰. 马克思休闲思想及中国休闲经济发展研究 [D]. 长春：东北师范大学，2008.

[6] 庞睿. 马克思休闲理论的逻辑建构 [D]. 济南：山东大学，2015.

[7] 杜颖. 当代中国理性休闲消费研究——基于马克思休闲观的视角 [D]. 长春：吉林大学，2019.

[8] 孙琳琼. 自由理想何以实现——马克思哲学的审美之维 [D]. 天津：南开大学，2012.

[9] 张憬玄. 马克思恩格斯妇女解放思想及实践研究 [D]. 泉州：华

侨大学，2018.

　　[10] 邵然.《资本论》与人类解放的现实道路 [D].长春：吉林大学，2017.

　　[11] 吴耀国.《资本论》及其手稿中的空间思想研究 [D].南京：东南大学，2016

　　[12] 吴兰丽.社会时间论 [D].武汉：华中科技大学，2009.

【外文文献】

　　[1] MARX. Early Political Writings [M]. New York：Cambridge University Press，1994.

　　[2] MARX. Later Political Writings [M]. New York：Cambridge University Press，1994.

　　[3] WOOD. The Degradation of Work? [M].London：Hutchinson，1982.

　　[4] GOULD. Marx's Social Ontology [M].Cambridge：The MIT Press，1978.

　　[5] MOISHE POSTONE. Time，Labor and Social Domination：A Reinterpretationof Marx's Critical Theory [M].Canbridge：Cambridge University Press，1993.

　　[6] SCHOR JULIETT B. the overworked American：the Unexpected Decline of Leisure [M].New York：Basic Books，1992.

　　[7] ANDRÉ GORZ. Farewell to the Working Class：An Essay on Post-industrial Socialism [M].Lodon：Pluto Press，1982.

　　[8] HERBERT MARCUSE. Towards A Critical Theory of Society：Collected Paper of Herbert Marcuse [M]. London and New York：Routlege of Taylor ＆ Francis Group，2001.

　　[9] ALTHUSSER. Reading Capital [M].Verso Books：New York，1970.

　　[10] MARCUSE. Triebstruktur und Gesellschaft [M].Frankfurt am Main：Suhrkamp Verlag，1970.

　　[11] SCHMIDT. The Concept of Nature in Marx [M].London：NLB，1978.

[12] GRAMSCI. Selections from The Prison Notebooks [M]. New York: International Publishers Co, 1971.

[13] MOISHE POSTONE. Time, labor, and social dominationg: a reinterpretation of Marx's critical theory [M]. London: Cambridge University Press, 1993.

[14] FRASER. The voices of time [M]. New York: G. Braziller, 1966.

[15] HERBERT MARCUSE. Towards a Critical Theory of Society: Collected Papers of Herbert Marcuse [M]. London and New York: Routlege of Taylor & Francis, 2001.

[16] MCKINON R. I. Money and Capital in Economic Development [M]. Washington, D. C: Brookings Institution, 1979.

[17] PATINKIN. Money, interest and prices: an integration of monetary and value theory [M]. New York: Harper & Row, 1965.

[18] ALTHUSSER, Louis. For Marx [M]. London: Verso, 2005.

[19] ALTHUSSER, Louis. Reading Das Kapital [M]. London: Verso, 1998.

[20] LEBOWITZ, MICHAEL. Beyond Capial: Marx's political economy of the working class [M]. New York: St Martin's Press, 1992.

[21] ITOH, MAKOTO. The basic Thory of Das Kapitalism: The Forms and Substance of the Das Kapitalist Economy [M]. Hampshire: Macmillan Press, 1998.

[22] ROSENTHAL, JOHN. The Myth of Dialectics: Reinterpreting the Hegel- Marx Relation [M]. New York: St Martin's Press, 1998.

[23] TONY SMITH. The Logic of Marx's Capital [M]. New York: State University of New York Press, 1993.

[24] ZYGMUNT BAUMAN. Modernity and Ambivalence [M]. Cambridge: Polity, 1991.

[25] ARENDT. Denktagebuch [M]. Piper Muechen Zuechich, 2002.

[26] JURGEN HABERMAS. New Conservatism: Cultural Criticism and Historian's Debate [M]. MIT Press, 1989.

[27] KELLEY, D. R. Versions of History from antiquity to the Enlightenment [M]. New Haven and London: Yale University Press, 1991.

[28] MARGARET CANOVAN. Hannah Arendt: A Reinterpretation of Her Political Thought [M]. Cambridge: Cambridge University Press, 1992.

[29] PATRICIA BOWEN-MOORE. Hannah Arendt's Philosophy of Natality [M]. London: Macmillan, 1989.

[30] HENRI LEFEBVRÉ. Introduction to Modernity [M]. London and New York: Verso, 1995.

[31] LUKACS G. History and Class Consciousness: Studies in Marxist Dialectics [M]. Cambridge, Mass: MIT Press, 1972.

[32] ROBERT J, ANTONIO. Marx and Modernity [M]. Malden, MA: Blackwell Publishers, 2003.

[33] SUKE WOLTON. Marxism, Mysticism and Modern Therory [M]. Oxford: Macmillan Press Ltd, 1 996.

[34] STAVROS TOMBAZOS. Time in Marx: The Categories of Time in Marx's Capital [M]. London: Historical Materialism Book Series, 2013.

[35] WAYNE HOPE. Time, Communication and Global Capitalism [M]. Leiden: A product of Palgrave Macmillan UK, 2016.

[36] NANEY S LOVE. Marx, Nietzsche, and Modernity [M]. New Zealand: New York: Columbia University Press, 1986.

[37] WEST. Marx's Hypotheses on the length of the working day [J]. The journal of political economy, 1983 (2).

[38] WILLIAM M. JOHNSTON. Karl Marx's Verse of 1836-1837 as a Foreshadowing of His Early Philosophy [J]. Journal of the History of Ideas, 1967 (2).

[39] JOND WISMAN. Legitimating Inequality: Fooling Most of the People All of the Time [J]. American Journal of Economics and Sociology, 2011 (23).

[40] FOLBRE NANCY. The future of the elephant-bird [J]. Population and DevelopmentReview, 1997 (24).

[41] RONALD R. RINDFUSS. Fertility and Women's Employment in Industrialized Nations [J] . Annual Review of Sociology, 2000 (3).

[42] WATLTINS. E. Work Hard , Play Harder [J] . Lodging Hospitality , 2011 (4).

致　谢

　　"书山有路勤为径，学海无涯苦作舟。"时间问题不仅是困扰人类精神史的艰深课题，而且是规制人类现实生活的重大难题，无数伟大思想家无不为之殚精竭虑。在我看来，时间既不是冰冷的金钱，也不是抽象的数字；究其根本，时间是人的活生生的生命！离开生命谈论时间没有任何意义。扎根马克思著作对"现实的人"的生命关切，我希望本书能使人们对时间概念的领会前进一小步。

　　摆在面前的这本书犹如一部青春的日记簿，它记录着我攻读博士学位三年半的拼搏与汗水。不仅马克思的全部著作浩如烟海，有关时间的论著更是汗牛充栋，仅整理和阅读相关文献就耗时两年，写作历时一年半。如果算起大一开启的《资本论》阅读苦旅，对时间概念的领悟实际上已耗费了整整十年光阴！什么是时间？什么是自由？什么是永恒？在我本科就读的那所西北边陲大学，每当夜幕降临荒凉的黄土地，这些问题犹如一道闪电震撼着我的年少轻狂。苍穹繁星璀璨，大地白雪皑皑，白杨树挺立在天地间，那些飘扬在风中的追问或许永远没有答案。我在那个西部世界初尝了沉思带给人的浩淼感，那种孤独、自由、宏大的感觉犹如穿梭黑暗而无限的宇宙。回首往昔，作为一个土生土长的重庆人，若不是十年前大西北求学的独特体验，我可能不会踏上学问的征途。求真知犹如取真经，是一条寂寞而坎坷的路。在这里，我要对所有帮助我成长的人由衷地道一声，谢谢！

　　感谢我的博士生导师黄长义教授。黄老师站位高、视野广、思想深，对学生论文的每一次指点都能高屋建瓴、循循善诱、切中肯綮，尽量把学生的能力发挥到极致。就这篇论文而言，无论是从选题到开题，还是从论文撰写

258

到完稿，在立论方法、逻辑结构、具体论证到文字表述、注释规范乃至参考文献的排列等方面，黄老师都是高要求、严标准，不仅注重内容与形式的统一，更追求理性与审美的平衡。每次看到黄老师对论文细节处所做的修改，我都不得不为自己的"不拘小节"心生惭愧，并为黄老师扎实严谨的治学态度而动容，在凛然受教之余更使我受益匪浅，岂敢不终生拳拳服膺黄老师的栽培。树高千丈必有其根，江河万里必有其源。黄老师第一次和我吃饭时就告诉我为人处世要多怀感恩之情。随着年岁增长，我逐渐明白感恩之要义在于饮水思源。人不能无师自通，三年半前我还是一个硕士，转瞬之间却成为一个博士，是导师的辛勤授业使我的科研能力得以跃升。黄老师是我一生行动的坐标，奋进的榜样！

感谢华中科技大学马克思主义学院的欧阳康教授、董慧教授、杨金华教授、张峰教授、成良斌教授、洪明教授、谭亚莉教授、李杨老师。

欧阳康教授是享誉国内外的学术大家，我们在他的引导下重读经典和启获新知。欧阳老师早在十年前就运用社会认识论系统地研究过"社会时间"问题，这在理论界还未从国外社会学引介"社会时间"概念的当时，可以说极具前瞻性和开拓性。欧阳老师做学问敢于大胆创新，尝试回答一系列无人涉足的重大时代课题，不断拓展理论认知的空间；他的阅历、智慧以及宽广的视野决定了他对时间的领会比我们其他人都更为深刻。董慧老师长期耕耘后现代空间哲学，对列斐伏尔、爱德华·W. 苏贾、大卫·哈维等人的思想研究的造诣颇高。她得知我想尝试时间问题的突破时，认为厘清资本与自由时间匮乏的内在逻辑具有重要学术价值，深化《资本论》时间课题的研究切实可行，并提示我写作一定要紧密地结合课题的新时代意义。董慧老师的话坚定了我破题的信心。后来，从博士论文的开题到预答辩，董慧老师更是悉心指出论文结构的逻辑问题，帮助我进一步完善了论文的架构。

杨金华老师和我交流选题时也认为时间问题非常有难度，并勉励我通过大量的原著阅读奠定理论基础。在杨老师的启发下，为了理解西方的时间思想史脉络，整个博一上学期我几乎把所有的时间和精力都用于阅读康德的《纯粹理性批判》。事实证明，杨老师的话对我的课题拓荒具有关键意义，正是有了对海德格尔所谓的"流俗时间"概念的深刻理解，我才有了导航时间概念的指南针，不至于在浩如烟海的阅读旅程中迷失方向。

除了董老师与杨老师对我选题的直接指导外，我在其他老师的课堂也收获了重要的知识、方法以及治学态度。在张峰老师的课堂中，我被他的学识渊博和教学幽默而折服，很少有人能做到张老师那样海阔天空、恣意而谈。从社会、政治、经济、文化再到党史，张老师对一个问题的深入分析经常伴随多个视角的快速切换，能够牢牢抓住学生的注意力，极具开放性、趣味性和启发性。在博士公共课中，谭亚莉老师对待教学极为认真，她把教学课件做得如同电影一般精美，课件中密密麻麻的知识点通过精巧的图像化使人眼前一亮，不会有任何"审美疲劳"。价值与工夫成正比，谭老师对待教学课件的态度对我产生了深刻影响。我也深深钦佩洪明老师的教学态度。当代马克思主义的博士公共课经常持续一个上午，但洪明老师在四个小时的世界史讲授中不仅始终保持教学热情，而且在每一个细节、每一句话和每一个观点上都精益求精，四个小时的课程竟无盲点，这种高密度的知识输出征服了即便是最为挑剔的学生。

在博士公共课中，成良斌老师还为我们讲授了自然辩证法。成老师思想缜密、论点严谨、逻辑清晰，他的思维有一种理科特点的结构秩序感。虽然我只上了成老师的一次课，但成老师的科学精神不自觉地影响了我对自己的学术要求，即人文社会科学的价值标准终究是由"科学"衡量，离开了客观性支撑的人文学科是无根的，因而必须要从现实出发，实事求是地研究问题。我还要衷心感谢李杨老师。三年半来，李杨老师担任了我从博士面试、开题、预答辩和答辩的秘书，见证了我从冲动走向成熟的过程。答辩秘书的角色虽然不是"裁判"，但却有一双睿利的眼睛，这种注视能够清楚地看见一个人的优点和缺点，驱策人不断成长。回想起来，至今我还没有跟李杨老师当面交谈过，但是无声的思想激荡或许更为深刻。谢谢您！

感谢我的本科老师陈张林老师。理科出生的我原本学的是经济类专业，曾经的梦想是创业挣大钱，但陈老师给我们讲授的公共课——《毛泽东思想概论》，却重构了我的价值观，改变了我的人生定位。中国哲学出身的陈老师认为，人道主义（humanitarianism）是社会主义的基本原则，即个性是自我实现的基础，要把人当人看，要给人自由，要捍卫人的尊严！自由显然比金钱更重要。这些思想犹如一道电流击中了我的要害。我想成为怎样的人？我到底能成为怎样的人？在那个迷茫的年纪，陈老师没有给我答案，却给了我重新发现自我的一把钥匙。陈老师常说："即便做骄傲的人，也决不做自卑的人！"高尚是高尚者的通行证。在理想主义式微的年代，陈老师让我仿佛看到"人"的一种理想型——君子风范。陈老师身上的光明磊落与浩然之气是和他多年的儒学修养须臾不离的。与陈老师交往近十年，在我眼中，陈老师始终表里如一，修身治家，恪守"学为人师，行为世范"。与陈老师打交道，实际上也是与中国古典学问打交道。

感谢我的硕士生导师冯书泉老师。怀着对"主义"的困惑，2014 年我考入了党的最高学府——中央党校，跟随冯书泉老师研究科学社会主义。毕业于北大的冯老师博学儒雅、治学严谨、诲人不倦，多年来孜孜不倦地钻研和解读科学社会主义经典文献，具有扎实深厚的学术造诣。追忆往昔，我与冯老师时常漫步在秋冬的颐和园，一边散步一边探讨，一边陷入沉思，北国风光仍然历历在目。冯老师教导我，诚实是做学问的基本态度，一个人不能只会吹喇叭抬轿子。多年来冯老师一直包容我、爱护我。在党校时，我的思想天马行空、无拘无束，由于观点过于独特和犀利，我的硕士论文第一次没有通过盲审，但冯老师不仅没有责备我，反而肯定了我的努力。冯老师维护了一个年轻人的自尊心，这个细微的举动多年来一直感动着我。冯老师作为一个有社会责任感的知识分子，他的光辉人格魅力是我人生道路的指路明灯。同时，我还要感谢中央党校科社教研部的孙劲松教授、杨玲玲教授和赵宏教授。我无数次在课堂上反驳老师的观点，老师却没有因此怪我，反而鼓励我继续思考。这种自由与宽容深刻诠释了中央党校卓尔不群的品格——解放思想。

特别感谢北京大学为我提供的学习平台。由于党校离北大近，硕士三年期间我还在北大的燕南园租了一个单间，办了和一张饭卡，系统旁听了一系列课程，包括张维迎教授的"博弈论"、林毅夫教授的"结构经济学"、周建波教授的"经济学史"、先刚教授的"黑格尔精神现象学"、吴增定教授的"海德格尔哲学"、吴飞教授的"宗教学"、杨学功教授的"马克思主义哲学原理"、许振洲教授的"政治学原理"、王一川教授的"美学"、赵光武教授的"后现代哲学"、戴锦华教授的"电影学"，等等。北大的老师有教无类，从来没有忽视像我这类"旁听生"，总是耐心地解答我的疑惑。尤其是国际关系学院的许振洲教授鼓励我上课随时打断他，向他提出尖锐问题。我反复旁听了多遍许振洲教授的课，每次上课他都乐意挤出宝贵的时间让我提问。北大确实是中国最自由和开放的大学。记忆中，北大的阶梯教室总是人满为患；遇到大型讲座，台上台下更是堵得水泄不通、寸步难行；有站着的、坐着的、蹲地上的，还有一些衣衫褴褛的工人、白发苍苍的退休老者，他们坐在前排认真地做着笔记。有的人已在北大旁听了十年。这些人不图功名，常年租住在阴暗、潮湿和拥挤的地下室，书籍和知识照耀了没有光的地下世界，我为他们精神的纯粹而深感震撼。北大的旁听经历也使我明白，人追求知识的权利神圣不可剥夺，大学犹如教堂，在知识面前，任何人都是平等的！

谢谢我的师门邱思纯、许正伟。邱思纯师姐是性格开朗的武汉姑娘，她有一副乐于助人的"热心肠"。我常常看见邱师姐在学校活动室刻苦自习的背影，桌子上摆满了密密麻麻的资料。从硕士到博士，无数个日夜风雨兼程，邱师姐持之以恒地研究一个问题——舆情管理。邱师姐奋斗的样子令人动容。许正伟师弟是年龄比我大的"大哥"，他经常跟我分享家庭经验、人生感悟，他朴实而温暖的话语让我体认智慧源于经验，它就渗透于柴米油盐的日常。

衷心谢谢2017级的同窗蒋洋洋、黄陈橙、徐如刚、黄陈晨、王帅、曾异。与你们一起上课、读原著、吃火锅，也曾为小问题争得面红耳赤。这些都是我这几年来的美好回忆。陈晨不仅是一位长发飘飘的美女，还是思想深刻的才女。她思想独立，不受周围意见的左右，对生活有一份独特的倔强，她是一个勇敢、善良、自信的女生。如刚曾是高中教师，他阅历丰富、性格稳重、学术扎实，被我们亲切地称为"刚哥"。王帅是一个热爱运动的阳光男孩，我经常在朋友圈看见他在网球场挥汗如雨的英俊照片。曾异跟我都有共同的学术兴趣，即都对西方马克思主义有浓厚的兴趣。时光走得太快，很遗憾没有更多的时间与你们相处，衷心祝愿你们未来的生活幸福和精彩！

非常谢谢我的宿舍兄弟徐浩，作为理科博士生的他每天专注地听我弹吉他开"个人演唱会";谢谢隔壁物理学院的宿舍兄弟龚琪龙、赵梦浩,他们经常邀请我打英雄联盟,他们坚持劳逸结合,不仅游戏打得好,而且是大名鼎鼎的"学霸"。那些歌声、笑声、吉他声、思想碰撞声竟把不大的寝室变成了欢乐的海洋!

感谢多年一如既往支持我的父母。正如马克思在《德意志意识形态》里指出的那样,除了物质生产和精神生产外,人类生活的本质还是基于最平凡的事实——家庭生活。"每日都在重新生产自己生命的人们开始生产另外一些人,即繁殖。这就是夫妻之间的关系,父母和子女之间的关系,也就是家庭。"感谢父母对我的鼓励与信任,让我在生命旅途中追寻梦想、体验精彩。无论何时何地,父母都是平凡生命中最伟大、耀眼的太阳!

孔子言:"逝者如斯夫,不舍昼夜。"人生能有几个10年?生命能有几次20岁?青春散场,时光回不去。还好,我没有挥霍时光,在无价年华做了有意义的事——读书和思考。读博期间,日子虽苦,心却不累。任何人的命运都无法脱离时代,一个人的遭遇往往也是一代人的际遇,不同人的命运或多或少总能找出相似性。每一代人都有独特的精神史,不同形式的困惑与危机,不同道路的探寻建构了对同一个社会的不同理解。显然,年龄问题是人生不可回避的大课题。来到"三十而立"的人生节点,我心底持存的困惑是:在不断变化的时代精神中,"90后"如何反思自己特殊的精神史?"90后"的时代坐标在哪里?"90后"的时代价值是什么?力量来自信心,信心源自勇气。我明白,思想的路远比脚下的泥泞更加惊险和崎岖,但我会顽强拼搏、不懈奋斗、风雨兼程、永不言败!以永不枯竭的激情探险更多"思想无人区",攀登更多"思想险峰"。我相信,梦想必然实现!只要我们在学术道路上敢于追求真理、坚持真理,就一定能够冲破黑暗,战胜智识的虚无,跨越时代的迷惘;就一定能够征服思想的顶峰,俯瞰未来激动人心的美好图景。三十年后,我们决不会因为辜负了人生而感到羞愧!

况达

2021年1月7日于华中科技大学西十三舍